Christine de Pizan, Autorin des berühmten Buches von der
›Stadt der Frauen‹, eröffnet den Reigen philosophischer Texte
von Frauen und gibt mit ihren Worten »Bediene dich deines Verstandes!« die Maxime für ihre Nachfolgerinnen aus. Nicht die
Vernunft ist Ursache für die Mangelhaftigkeit der Welt, sondern
die herrschende Unvernunft. Die Vernunft ist allein der Wahrheit verpflichtet und nicht an Interessen gebunden. Sie kann
nicht in männliche und weibliche Vernunft zerfallen. Der Band
versammelt Zeugnisse von der Zeit des Humanismus bis heute,
die teilweise hier zum erstenmal in deutscher Sprache vorliegen.
In der Einleitung werden grundlegende Fragen der feministischen Philosophie aufgezeigt und mit Verweis auf die folgenden
Texte diskutiert.

Ruth Hagengruber, geboren 1958, studierte in München, Heidel-
berg und Neapel Philosophie und Geschichte der Naturwissenschaften und promovierte an der Ludwig-Maximilians-Universi-
tät München. Seit 1993 ist sie wissenschaftliche Mitarbeiterin und
Lehrbeauftragte an den Universitäten Koblenz und Köln und
Mitglied der Internationalen Assoziation der Philosophinnen,
der Deutschen Gesellschaft für Philosophie und der Leibniz-Ge-
sellschaft. Veröffentlichungen: ›Inseln im Ich‹ (1980); ›Tommaso
Campanella‹ (1994) und zahlreiche Aufsätze und Vorträge zu
philosophischen Themen.

Klassische philosophische Texte von Frauen

Herausgegeben von Ruth Hagengruber

Deutscher Taschenbuch Verlag

Originalausgabe
September 1998
Deutscher Taschenbuch Verlag GmbH & Co. KG,
München
Umschlagkonzept: Balk & Brumshagen
Umschlagbild: ›Une Grande Curiosité‹ (1983) von Leonor Fini
(© VG Bild-Kunst, Bonn 1997)
Satz: IBV Satz- und Datentechnik, Berlin
Druck und Bindung: C. H. Beck'sche Buchdruckerei,
Nördlingen
Gedruckt auf säurefreiem, chlorfrei gebleichtem Papier
Printed in Germany · ISBN 3-423-30652-1

99 : P - 219   SE

Inhalt

Vorwort

Mit der Philosophie der Philosophinnen wird ein neues Stück Philosophiegeschichte geschrieben, von dem selten Kenntnis genommen wurde, das aber dennoch immer vorhanden war. Die Tradition der Philosophinnen hat nicht erst heute, nicht erst in diesem und nicht erst im vergangenen Jahrhundert begonnen. Ihre Schriften reichen so weit zurück wie die Philosophiegeschichte selbst. Bis in unsere Zeit ist diese Tradition zu wenig bekannt geworden, die Forschung hat kaum begonnen, die Schätze zu heben und Texte von Philosophinnen der Öffentlichkeit zugänglich zu machen. Die in diesem Band vorgelegte Auswahl klassischer Texte von Philosophinnen stellt einen kleinen Ausschnitt der hinter uns liegenden sechshundert Jahre philosophischer Reflexionen von Frauen dar. Aus der Fülle der Schriften wurden Texte ausgesucht, die von besonderer Bedeutung sind, weil sie neue Wege für die Philosophie eröffnet und wichtige Philosophien beeinflußt, vorbereitet oder ausgelöst haben.

Die Philosophiegeschichte der Philosophinnen

Novität und Tradition

Die Geschichte der Philosophinnen währt ebensolange wie die Geschichte der Philosophie. Wir besitzen Zeugnisse des Denkens und Wirkens von Frauen aus zweitausendsechshundert Jahren. Ihre Existenz und ihre Verbreitung sind keine Novität, vielmehr stellt dieses Buch einen kleinen Ausschnitt einer großen Tradition dar. Gilt in der traditionellen Philosophiegeschichte Sokrates als der Urheber des Philosophierens, so nennt Sokrates selbst zwei Frauen als den Ursprung seiner Lehre: Aspasia und Diotima. Auch sein Schüler Platon hielt es für eine Selbstverständlichkeit, daß die Herrschaft der Philosophen im Staate gleichermaßen von Philosophen wie Philosophinnen ausgeübt werden sollte.* Irrig also zu glauben, es gäbe sie erstmalig in der heutigen Zeit. Philosophinnen hat es immer gegeben. Sie sind jedoch nicht in allen Epochen in Erscheinung getreten, in nachfolgenden Zeiten in Vergessenheit geraten oder gar systematisch der Rezeption entzogen worden. Warum ist das so? Wieso erscheint uns das Auftreten von Philosophinnen heute als Novität? Die Frage lautet nicht: Woher kommen plötzlich die Philosophinnen; sie lautet vielmehr: Wo liegt die Ursache dafür, daß das philosophische Werk von Frauen in manchen Zeiten eine Öffentlichkeit findet, in anderen wiederum nicht.

Besonders aufschlußreich ist deshalb, die Epochen zu untersuchen, in denen die Philosophinnen ihrer Zeit Gehör fanden, in denen sie veröffentlichen konnten und ihre Tradition manifestiert und gepflegt wurde, wie etwa im 17. und 18. Jahrhundert. Hier ist uns nicht allein eine Fülle von Schriften von Philoso-

---

* Politeia 451c–456e.

phinnen belegt, es wurden auch große Schritte zur Erforschung ihrer Tradition geleistet. Das berühmte Lexikon des Gilles Ménage von 1690* über die antiken Philosophinnen bildet noch heute eine wertvolle Grundlage für die Erforschung der Philosophinnengeschichte. Auf der anderen Seite beinhaltet Wahrnehmung oder Verdrängung von Philosophinnen ebenso eine Aussage über die Zeiten, in denen dies geschieht. Die Schriften selbst dokumentieren diese Zusammenhänge. Die Philosophinnen fordern teilweise explizit gesellschaftliche Veränderungen, teilweise implizieren ihre theoretischen Erörterungen Kritik an den traditionellen Überzeugungen ihrer Epoche. Die hier getroffene Auswahl der Texte zeigt beispielhaft, wie der intellektuelle Einsatz der Philosophinnen für die Durchsetzung vernünftiger und gerechter Prinzipien sie häufig an den Rand der Gesellschaft, der Macht und der Institutionen gedrängt hat. Nicht wenige Biographien lassen es gerechtfertigt erscheinen, ihr Leben und Wirken als heroisch zu bezeichnen. Als Olympe de Gouges Gleichheit und Freiheit auch für alle Schwestern forderte, bezahlte sie ihren philosophischen Rechtssinn 1793 auf der Guillotine. Die Geschichte der Philosophinnen und ihrer Philosophie erweist sich als notwendiges Komplementär zur traditionellen Philosophiegeschichte, als Kritik an ihren Mängeln und Fehlleistungen, aber auch als endlich wieder entdeckter Beitrag zu ihrer Ergänzung.

Eine kritische Wertung jener Tradition, die die intellektuellen Leistungen der Frauen leugnete, bildet selbst einen Gegenstand der philosophischen Betrachtung. Weshalb wurde die Auslöschung, Vernichtung und Verstummung der Stimmen der Frauen von Männerkulturen legitimiert? Christine de Pizan, die ihre Stimme am Ausgang des Mittelalters erhebt, deren Text hier aus gutem Grunde am Anfang steht, sieht ihre Aufgabe darin, in das Dunkel der Unvernunft das Licht der Vernunft zu tragen. Mit ihr läßt sich eine Tradition der Philosophinnen begründen. »Bediene dich deines Verstandes« war ihre Losung gegen die Verleumdungen von Frauen, aber auch ihr Aufruf an die Frauen, ihre eigene Vernunftgeschichte beginnen zu lassen.

---

* Gilles Ménage, Mulierum philosopharum historia. Lyon 1690 u. 1692. Engl. Übersetzung: The History of Women Philosophers. Translated from the Latin and Introduced by Beatrice H. Zedler. Lanham 1984.

Die Geschichte der Philosophinnen als Vernunftgeschichte

Im 17. und 18. Jahrhundert erreichten Reflexion und Tradition der Philosophinnen einen Höhepunkt, der sich in ihren zahlreichen Schriften widerspiegelt. Zugleich gelang es ihnen in jener Zeit, die sich als Epoche der Aufklärung versteht und das »philosophische Zeitalter« genannt wird, mit ihren Leistungen auf allen Gebieten der Philosophie und Wissenschaften vertreten zu sein und auf die der Tradition verhafteten Institutionen einzuwirken. Theologie und Metaphysik, Ästhetik und Moral, Fragen der Wirtschaft, der Politik und des Rechts wurden von Philosophinnen und Philosophen gleichermaßen diskutiert. Einige von ihnen standen im Mittelpunkt des wissenschaftlichen und/oder gesellschaftlichen Geschehens. Namen wie Margaret Cavendish, Anne Conway, Olympe de Gouges, Emilie du Châtelet, Sophie Germain und viele andere belegen dies. Wo immer Ziel und Bestreben der Wissenschaft galt, da finden wir Philosophinnen im Gespräch mit den Philosophen und Wissenschaftlern ihrer Zeit, denen es um wissenschaftliche Inhalte, nicht aber um den Ausschluß der Frauen ging. Ein Beispiel hierfür sind die Äußerungen des Marquis du Condorcet. Auch Leibniz bestätigt die Nähe seiner philosophischen Konzeption zu den Ideen von Anne Conway, und Voltaire lobt seine Freundin Emilie du Châtelet als seine Lehrerin; Sophie Germain legt in ihren ›Allgemeinen Betrachtungen über den Zustand der Wissenschaften und der Literatur‹ eine Entwicklungsgeschichte der Menschheit vor, die Auguste Comte beeinflußt. Im Sinne des Aufklärungsphilosophen Christoph Meiners liegt der Schluß nahe, es wüßten nur die »dummen Zeiten« der Philosophiegeschichte nichts von der Existenz der Philosophinnen zu berichten. Als er feststellte, »daß nämlich Weiber um desto weniger geachtet, und desto mehr gemißhandelt werden, je träger, unempfindlicher und geistloser die Männer sind«, sprach er damit zugleich aus, daß nur die Dümmsten die Gleichheit der Geschlechter bestreiten.
Die Plausibilität dieser Aussage steigert sich bei der Betrach-

tung der Zeugnisse angesehener Philosophen. Sokrates nennt Diotima und Aspasia seine hervorragenden Lehrerinnen, Platon fordert selbstverständlich die Gemeinschaft der Philosophenherrschaft für Frauen und Männer; Descartes, Hobbes, Locke und Leibniz, Wolff und Kant zollen den philosophierenden Frauen Tribut. John Stuart Mill und Edmund Husserl setzen sich für sie ein. Herausragende Vertreter ihres Faches haben der philosophischen Leistung von Frauen Anerkennung gezollt. Wer die philosophische Leistung sucht, wird diese nicht an der geschlechtlichen Ausprägung des Kopfträgers messen wollen. Vernunft ist ein geschlechtsunabhängiges Programm. Das beweist nicht allein das Werk der Philosophinnen, sondern auch die Tradition der Plagiate. Die Übernahme ihres Gedankenguts und die Aufnahme ihrer Ideen in das Werk von Männern ließ ihren Geist weiterleben, verdrängte aber die Urheberinnen aus dem Bewußtsein der Geschichte.

Häufig wird heute – auch im neueren Feminismus – behauptet, die Vernunftgeschichte selbst sei die Ursache für die Unterdrückung der Frauen. Das Gegenteil ist der Fall. Die mangelnde Vernunft oder die mangelhafte Verwirklichung vernünftiger Ideen hat zu allen Zeiten zur Unterdrückung geführt, nicht nur zur Unterdrückung der Frauen. Die Unterdrückung des Geschlechtes ist eine Folge der intellektuellen Unterdrückung. Die hier vorgelegten Texte stellen dies unter Beweis: Christine de Pizan zeigt die rigorose Verleumdung und Verunglimpfung von Frauen durch Meinungen, fern aller Erfahrung, Marie de Jars de Gournay brandmarkt die Formen schlechten Philosophierens am Beispiel der Vermischung geistiger und materieller Inhalte, Olympe de Gouges und Mary Wollstonecraft fordern die Gleichheit für alle Menschen. Diese Frauen handelten und argumentierten intellektuell redlich und richtig; daß ihre vernünftigen Überzeugungen so lange aus der Philosophiegeschichte ausgeschlossen wurden, bestätigt allein, daß die Wissenschaftsgeschichte voller Irrtümer ist. Dies macht jedoch die Idee der Wissenschaft nicht obsolet. Im Gegenteil, es muß die Aufforderung beinhalten, die Fehler der Geschichte zu kritisieren, die Geschichte durch weitere und bessere Erkenntnisse zu vervollständigen. Bereits Christine de Pizan suchte eine Antwort auf die Frage, ob es für

Frauen überhaupt sinnvoll sein kann, an einer Wissenschafts- und Vernunfttradition mitzuwirken, die doch die Frauen so häufig ausgeschlossen habe. In ihrem Buch der ›Stadt der Frauen‹ läßt sie die allegorische Gestalt der Frau Vernunft antworten: »Bediene dich wieder deines Verstandes und kümmere dich nicht weiter um solche Torheiten.« »Weißt du nicht, daß die höchsten Dinge zugleich die umstrittensten sind?« Gerade weil die Geschichte voller Irrtümer ist, ergeht der Auftrag von Frau Vernunft an sie, an der Geschichte mitzuwirken. Zwar wird auch eine Wissenschaftsgeschichte, die von Frauen geschrieben wurde oder geschrieben werden wird, nicht frei von Fehlern sein. Doch Wissenschaften auszuüben bedeutet im besten Sinne, sich darum zu bemühen, dem besten Wissen gemäß auf entstehende Fragen und Probleme zu antworten. Wer sich aus der Tradition der Vernunftgeschichte aus dem Grunde verabschieden will, weil nie alles vollständig erkannt wird, der verzichtet darauf, die Dinge nach eigenem besten Wissen zu beurteilen. Was geschieht und was wißbar wäre, wird so blinden Mächten, sei es der Gesellschaft oder der Natur, zurückgegeben. Sollte die unvernünftige Welt tatsächlich die bessere sein?

Es gibt heute Philosophen und Philosophinnen, die die Tradition der wissenschaftlichen philosophischen Forschung mit dem Argument ablehnen, in ihr seien die Ursachen des Ausschlusses, der Unterdrückung und der Fehler der Menschheitsgeschichte begründet. Einige feministische Theoretikerinnen verabschieden sich deshalb aus der Wissenschaft allgemein, anstatt sich aus der falschen Wissenschaft zu verabschieden. Niemals kann die echte Suche nach Erkenntnis die Ursache der Unterdrückung sein, denn Unterdrückung bedeutet ja, das eigentlich Wahre nicht zu Wort kommen zu lassen. Unterdrückung kann nicht im Erkenntniswillen begründet sein, sondern nur in all jenen Regungen, die der Erkenntnis zuwiderlaufen. Die Unterdrückung der Frauen, ihr Ausschluß aus der Wissenschaft und der gesellschaftlichen Öffentlichkeit – dies kann doch niemals als Resultat vernünftiger Einsicht, sondern immer nur als Ergebnis der herrschenden Unvernunft gewertet werden.

Die Differenz in der Erfahrung und die Methode widerspruchsfreier Begriffsbildung

Die weit verbreitete Auffassung, in der Vernunfttradition lägen die Ursache des Ausschlusses von Frauen sowie die Fehler der Wissenschaft begründet, läßt sich leicht als Widerspruch in sich selbst ausweisen. Denn was will diese Behauptung anderes bezeugen, als daß es bessere und richtigere, mit einem Wort vernünftigere Einsichten gibt, als die herrschenden Überzeugungen. Wer Erkenntnis kritisiert, kann dies nur aus dem Anspruch größerer Erkenntnis heraus tun. Heute ist es üblich, von der »Relativität des Wissens« zu sprechen. Selbst Feministinnen gebrauchen das Argument von der Relativität des Wissens, um ihren Anspruch auf Einzug in die Domäne der Philosophiegeschichte zu legitimieren. Männliche Philosophen argumentieren für die Frauen, weil sie ihren Beitrag als einen von vielen »Interessensgruppen« zum Diskurs zulassen wollen. Beide Positionen haben nichts mit der Frage richtiger und wissenschaftlicher Erkenntnis zu tun, den wesentlichen Kriterien zur Beurteilung philosophischer Texte.

Kritik an der Philosophie- und Wissenschaftsgeschichte kann nur insoweit geübt werden, als auf bessere Gründe rekurriert wird. Absurd aber wäre es, die begangenen Fehler als grundlegende Falschheit des Konzepts »Vernunft« zu kritisieren, anstatt zu erkennen, daß diese Irrtümer dem Mangel an Vernunft zuzuschreiben sind. Würde die feministische Forschung den Anspruch auf intersubjektive Überprüfbarkeit und allgemeine Geltung aufgeben, beraubte sie sich ihrer stärksten Bastion: Allein aus der Vernunft können Verhältnisse der Willkür und der Unvernunft gezielt werden, kann geschehenes Unrecht angeklagt werden. Wenn die Unterdrückten ihre Unterdrücker nicht durch Vernunft überzeugen, wodurch sollten sie es sonst tun? Durch Macht, Kraft oder Gewalt, durch Charme, Gefälligkeiten und Schmeicheleien, wie Rousseau meinte? Worauf sollte frau – wenn sie die Verhältnisse kritisieren will – sich beziehen, wenn nicht auf vernünftige und einsichtige Gründe? Es wäre unvernünftig, das Unvernünftige der Vernunft anzulasten. Die Schrecken der Zerstörung und die Übeltaten sind das Resultat des Machtmißbrauches, der sich darin äußert, unvernünftig und zerstörerisch zu herrschen. Frauen waren und sind noch immer häufig Opfer dieses Mißbrauchs. Gegen die Vernunft zu handeln bedeutet, widersprüchlich zu handeln. Viele Beispiele der Unterdrückung der Frauen zeigen diesen inneren Widerspruch gewalttätiger Handlungsweisen. Gerade in dieser Hinsicht kommt den Philosophinnen eine wichtige Aufgabe zu. Ihre Reflexionen über Recht und Gerechtigkeit müssen diese Widersprüche aufzeigen. Das Unrecht, das spezifisch gegen die Frauen gerichtet war, bedarf keiner spezifischen oder nur Frauen zugänglichen Methode, um erkannt zu werden. Diesen Mißbrauch des Rechtes kenntlich zu machen, ist allen möglich, denen eine widerspruchsfreie und allgemeine Argumentation einsichtig ist. Viele Philosophinnen haben die Aufgabe wahrgenommen, die Widersprüche in den Schlußfolgerungen aufzudecken. Beispielhaft seien hier Olympe de Gouges und Mary Wollstonecraft genannt, die aus diesem Anspruch auf eine widerspruchsfreie Argumentation heraus ihre Kritik der herrschenden Verhältnisse entwarfen und unbeirrt Unrecht als Unrecht namhaft machten. Insofern ist die Philosophie der Philosophinnen eine Kritik an der herkömmlichen Philosophiegeschichte. Sie leistet einen Beitrag dazu, die Einseitigkeit und Zweckgebundenheit philosophischer Ansätze, die mangelhafte Begründungen der Argumente und die mangelnde Gültigkeit bisheriger Theorien aufzuzeigen. Wie die Aufgabe jeglicher Philosophie ist es auch ihre Aufgabe, Wissen kritisch zu beleuchten, es, wo nötig, zu revidieren und einen Beitrag zu seiner Vervollständigung zu leisten. Über viele Jahrhunderte haben Philosophinnen diese Aufgabe wahrgenommen. Heldinnenhaft haben sie sich gegen den Strom der Zeiten für dieses Ideal eingesetzt und sind für diesen Einsatz bestraft worden. Philosophinnen wurden verfolgt, einige starben für ihre Überzeugung. Der Prozeß gegen Aspasia zeigt Ähnlichkeiten mit dem Prozeß gegen Sokrates. Die Ermordung der Olympe de Gouges zeigt, welchen Mutes es bedarf, als Philosophin zu leben. Diese Frauen waren keine Parteigängerinnen, sie hatten weder einen politisch-bürgerlichen noch einen wissenschaftlichen Machtapparat hinter sich. Ihr Anspruch auf Wahrheit, ihre Argumentationen für Recht und Gerechtigkeit sind radikale philosophische Forderungen. Gerade darin ist die Ursache ihres Ausschlusses zu suchen. 1790 erhob Olympe de Gouges die noch heute gültige Forderung, Frauen anteilsmäßig zu allen Staatsämtern zuzulassen. 1622 forderte Marie de Jars de Gournay das noch heute heftig umstrittene Priesteramt für Frauen. Die Forderungen von Olympe de Gouges und Marie de Jars de Gournay machen deutlich, daß es sich nicht um subjektive und interessengebundene Forderungen handelte. Sie beruhen auf vernünftigen Überlegungen und Argumentationen, die allein deshalb so genannt zu werden verdienen, weil sie in sich widerspruchsfrei sind, während der Verstoß gegen diese Rechte und der Ausschluß der Frauen aus öffentlichen und religiösen Ämtern dem Anspruch der rechtlichen Gleichheit der vernünftigen Wesen widerspricht. Weil die Überzeugungen dieser Frauen auf allgemeinen Grundsätzen beruhen, sind ihre Ansprüche nie verjährt. Zwar wagten zu ihrer Zeit nur wenige, sich ihren Überlegungen anzuschließen. Heute sind es viele, längst noch nicht alle. Die mangelnde Verwirklichung der Gleichheitsgrundsätze in aller Welt mindert jedoch nicht den Geltungsanspruch der Gleichheit.

Früher kollidierten die Gleichheitsansprüche mit Rechtsansprüchen, die aus der Geburt oder dem Besitz abgeleitet wurden. Solche Kollisionen betrafen nicht immer nur Frauen, sie waren durch die Ungleichheit der Stände und anderes verursacht. Heute werden Gleichheitsrechte durch Interessensherrschaften verletzt, Geld und politische Macht verhelfen manch unvernünftigem Argument zu schneller Durchsetzung. Wie leicht wäre es, Gleichberechtigung zu verwirklichen, wenn nur die Vernunft das Urteil über die Leistung von Frauen und Männern sprechen würde. Noch immer gilt, daß die Unterdrückung der Frauen in allen Ländern mit der politischen Korruption einhergeht – eine Feststellung, die Jean de Condorcet schon vor mehr als zweihundert Jahren getroffen hat.

Wenn, was wahr und richtig genannt werden darf, dem Kriterium der Widerspruchsfreiheit und Allgemeinheit, mit einem Wort, der Gesetzmäßigkeit genügen soll, dann ist die kritische

Arbeit der Philosophinnen an der Philosophietradition keine spezifische und nur den Frauen zugängliche Einsicht. Wie läßt sich dann aber auf die Frage antworten, ob Frauen *anders* denken? Wie läßt sich begründen, daß Frauen bevorzugt auf anderen Gebieten forschen, als Männer das tun? Unterscheidet sich die Philosophie der Philosophinnen von der der Philosophen? Gibt es spezifische Themen von Frauen? Diese Fragen lassen sich klar mit »ja« beantworten. Zwar gilt einerseits: So viele Varianten des möglichen Wissens es geben kann – und sie sind unendlich –, so muß doch die Antwort auf die Frage, was richtiges Wissen ist, immer dieselbe sein. Andererseits aber gilt ebenso: Es ist für das rechte Wissen gleichgültig, ob über die Lebenswelt von Frauen oder Männern, von Großen, Kleinen, Dicken oder Dünnen geurteilt wird. Wer sich der Suche nach wahrem Wissen unterwirft, muß diese Anstrengung in allen Bereichen gleichermaßen verfolgen. Wahre Aussagen können in den unterschiedlichsten Erfahrungsbereichen gebildet werden.

Die Erfahrungswelten sind unterschiedlich, nicht allein unter den Geschlechtern, sondern unter allen. Wahre Sätze basieren auf Erfahrungen, sie sind jedoch nicht dasselbe. Die Bedingungen der Erfahrung sind relativ. Die Schlüsse, die aus ihr gezogen werden mögen, können zwar ebenfalls sehr unterschiedlich sein, doch muß ihre Beurteilung formalen Gesichtspunkten genügen, nicht inhaltlichen. Säße die Wahrheit in den Dingen, wäre sie so relativ wie diese. Die Frage »Hat die Vernunft ein Geschlecht?« kann nur stellen, wer der Überzeugung ist, daß die Vernunft mit den materiellen Unterschieden verknüpft und so verschiedenartig wie diese ist. Die Philosophiegeschichte hat aber gezeigt, daß Wissen und Erkennen unabhängig von Hautfarbe, Körpergröße und dergleichen besteht. Damit wird nicht behauptet, die Erfahrung spiele keine Rolle bei der Findung richtiger Sätze. Unser Wissen entstammt der Erfahrung, und die Erfahrungswelten sind für jeden anders. Wir können jedoch über sehr unterschiedliche Erfahrungen gleichermaßen richtige Aussagen machen. Durch eine Kreisformel können verschiedenartige runde Gegenstände richtig bemessen werden, jedoch keine rechteckigen, für die eine andere Formel gilt. Beide Formeln beschreiben in richtiger Weise ihren Gegenstand. Richtige philosophische Prinzipien begründen wahre Aussagen in jenem Bereich, für den sie gelten. Es ist denkbar, daß Prinzipien gefunden werden, die nur im Bereich der Lebenserfahrung von Frauen anzuwenden sind, so wie auch Prinzipien denkbar sind, deren Anwendungsbereich allein die Lebenswelt der Männer beschreibt. In beiden Fällen sagt der Anwendungsbereich jedoch nichts über die Richtigkeit der Prinzipien aus, die, wie oben bereits gesagt wurde, allein formalen Kriterien genügen muß.

Feministische Utopie: Die Ordnung einer besseren Welt

Der größte Bereich unserer Erfahrungen ist noch längst nicht erkannt, der größte Teil unserer Erfahrungswelt längst nicht durch umfassende Erkenntnisse richtig strukturiert. Jeden Tag machen wir Erfahrungen, deren Gesetzmäßigkeit wir (noch) nicht wissen. Andere Erfahrungen wiederum ordnen wir, zum Beispiel durch Zeitmesser und Zahlen, durch gesellschaftliche Sitten und Normen. Die meisten der Begriffe, denen wir solche Ordnungen der Wirklichkeit verdanken, wurden von Männern gefunden. Männer haben bislang – durch Wissenschaften und Technik – für eine Strukturierung der Wirklichkeit gesorgt. Es ist an der Zeit, daß Frauen ebenfalls Ordnungssysteme schaffen, um die Erfahrungswelt nach ihren Vorstellungen und Ordnungen zu strukturieren. Es ist denkbar, daß wir die chaotische Wirklichkeit mittels der unterschiedlichsten begrifflichen Raster ordnen. Ausschlaggebend für die Anwendbarkeit der Begriffe auf die Wirklichkeit wird auch hier die widerspruchsfreie Ordnung sein. So können neue Begriffssysteme alte ersetzen, differenziertere geschaffen und neue Zusammenhänge offengelegt werden. Die Philosophinnen, die in diesem Band vorgestellt werden, haben solche neuen begrifflichen Systeme erdacht. Sie haben dazu beigetragen, die Zahl möglicher richtiger Sätze über unsere Wirklichkeit zu vermehren. Sie haben Zusammenhänge erforscht, die bis dahin unberücksichtigt geblieben sind oder gar ausgeschlossen wurden. Mit ihren Anstrengungen zur Klärung und Erweiterung des begrifflichen Systems, durch das wir unsere Welt ordnen, haben in der Geschichte der Menschheit die Philosophinnen einen wesentlichen und notwendigen Beitrag auf der Suche nach Wahrheit geleistet. Ihre Vorschläge und Lösungen für eine bessere und gerechtere Gesellschaft zu ignorieren, ihren Beitrag zur Erforschung von Wahrheit, Gerechtigkeit und Freiheit aus der philosophischen Tradition auszuschließen bedeutet, die Philosophie eines Teils ihres Wissens zu berauben. Die feministische Wissenschaftskritik und Philosophiegeschichte hat ihren Auftrag sowohl darin, die traditionelle Wissenschaft hinsichtlich einseitiger und voreingenommener Resultate zu berichtigen und aufzudecken, inwieweit Wissenschaftler und ihre Institutionen von unterschiedlichsten Interessen geleitet sind, als auch darin, neues Wissen zu finden. Philosophinnen schaffen neue Bereiche der Erkenntnis. Die traditionelle, uns heute bekannte und verengte Philosophiegeschichte wird neu zu schreiben sein, weil sie um die Beiträge von Philosophinnen aus allen Jahrhunderten ergänzt werden muß. Da die Philosophie eine Wissenschaft ist, die auf möglichst vollständiges Erkennen der Wirklichkeit gerichtet ist, braucht sie die Philosophie der Philosophinnen.

Eine Einführung in die Philosophie-
geschichte der Philosophinnen

Humanismus und Renaissance

Christine de Pizan (1365–1430): Wissenschaftlicher Humanismus

Christine de Pizan ist eine jener Philosophinnen, die am Ende des Mittelalters gegen die voreingenommenen Meinungen der »alten Theologen und Philosophen« Anerkennung für die Leistungen der Frauen forderte. Aus einer italienischen Gelehrtenfamilie gebürtig, lebte sie am französischen Königshof, wo sie um 1399 ihre literarische Tätigkeit begann. In ihrem ›Buch von der Stadt der Frauen‹, dem später zahlreiche Werke über soziale, politische und ethische Fragen folgten, vereinigt sie eine Fülle literarischer Traditionen. Das Bild der Stadt erinnert an mittelalterliche Idealstaaten christlicher Manier, wie etwa an den Gottesstaat des Augustinus, es weist auch voraus auf die neuzeitlichen Staatsutopien, wie sie in der Renaissance häufig verfaßt wurden und in denen die Verwirklichung bürgerlicher Gerechtigkeit und die Anerkennung der Wissenschaften im Vordergrund standen. Wenngleich diese Stadt der Frauen als Utopie gezeichnet ist, hat die Darstellung von Christine de Pizan doch auch eine realistische Dimension. Es ist ihre Absicht, am Beispiel der Bewohnerinnen der Stadt die Leistungen berühmter Frauen aufzuzeigen, von denen sie Kenntnis hat. So gewinnt diese Schrift auch eine historische Dimension, wenngleich nicht alle darin erscheinenden Gestalten historisch belegbar sind. Mystikerinnen und Märtyrerinnen, sagenhafte Heldinnen und historische Figuren stehen nebeneinander.

Daß diese Schrift in ihrer Bedeutung mit der Bibel des Feminismus, ›Das andere Geschlecht‹ von Simone de Beauvoir, verglichen wird, läßt sich aus zwei Gründen rechtfertigen. Das ›Buch von der Stadt der Frauen‹ bildet den Ausgangspunkt für die feministische Tradition und einen zentralen Bezugspunkt für die künftige literarische Produktivität von Philosophinnen, die darauf Bezug nehmen.

Zugleich gibt Christine de Pizan damit Antworten auf Fragen, wie sie noch heute in der Selbstvergewisserung der feministischen Philosophie aktuell sind. Können Frauen eine Wissenschaft fortführen, von der sie ausgeschlossen, ja unterdrückt und verleumdet wurden? Ihre Antwort lautet: Die Wissenschaftsgeschichte ist voller Fehler, auch Philosophen und Theologen irren. Die als allegorische Lichtgestalt in Erscheinung tretende Dame Vernunft erteilt Christine deshalb den Auftrag, selbst an der Wissenschaftsgeschichte mitzuwirken. Aufgabe sei es, den Anteil der Frauen, die bereits an der Wissenschaftsgeschichte mitwirkten, aufzuzeigen und als Kriterium für Wissenschaft die eigene Erfahrung zu setzen. Die Aufforderung, die Meinung der Autoritäten an der eigenen Erfahrung zu überprüfen, und der wohlbekannte Aufruf »Bediene dich deines Verstandes« bilden die methodische und erkenntnistheoretische Voraussetzung für das Werk der Philosophinnen der künftigen Jahrhunderte. Zugleich formuliert sie damit frühzeitig eine Überzeugung, die zum wesentlichen Bekenntnis der Wissenschaftsauffassung der Neuzeit wurde. Lange vor dem berühmten Topos der Renaissancephilosophie, das Buch der Natur den Büchern der Autoritäten vorzuziehen, bewertet sie das Erfahrungswissen positiv und stellt es den Schriftlehren gegenüber.

Die Verfasserin begründet zunächst, was sie veranlaßt hat, das Buch zu schreiben. Es waren die Verleumdungen, die über die Frauen verbreitet werden. Philosophen, Dichter und Theologen lasten den Frauen alle möglichen Untugenden an, und diese üblen Reden entsprechen keineswegs ihrer eigenen Erfahrung. Christine de Pizan macht sich auf die Suche nach der Wahrheit. Auf dem Weg dorthin geleiten sie die Allegorien Vernunft, Rechtschaffenheit und Gerechtigkeit. Mit ihrer Hilfe überprüft sie solche Reden. Aus dieser Untersuchung entsteht die Stadt der Frauen. Die drei allegorischen Gestalten stehen für je einen

»Bauabschnitt« der idealen Stadt, und jede hat im Gefolge eine Anzahl von Philosophinnen, Herrscherinnen, Wissenschaftlerinnen, Technikerinnen, die sie bevölkern. Maria, die Himmelskönigin, ist die Herrscherin und wird in zentraler Position plaziert. Christine de Pizan legt damit den Grundstein für eine eigene Geschichtsschreibung der Frauen, und sie will damit beweisen, daß die Leistungen der Frauen keineswegs Einzelfälle darstellen. Allerdings muß ihr Werk in der Geschichte, Literatur und Wissenschaft nachgewiesen werden. Dazu bedarf es – und mit diesem Postulat endet ihr Buch – der Frauenbildung, denn nur so können Frauen Kenntnis ihrer Geschichte erlangen.

Marie de Jars de Gournay (1565–1645):
Über die Gleichheit

Marie de Jars de Gournay entdeckte als achtzehnjähriges Mädchen die Essays von Michel de Montaigne und wird schließlich deren Herausgeberin. Sie veröffentlicht ihre eigenen Überlegungen zur Differenz des rationalen und physischen Vermögens und entwickelt damit Grundlagen für die feministische Diskussion der Folgezeit. Im Jahre 1622 veröffentlicht sie die Schrift ›Egalité des hommes et des femmes‹, die hier erstmals in deutscher Übersetzung vorgelegt wird. Vier Jahre später schreibt sie ›Le Grief des Dames‹. Zwanzig Jahre früher als René Descartes trifft sie die Unterscheidung zwischen körperlicher und geistiger Substanz und baut darauf ihre feministische Kritik auf: Die Trennung von körperlicher und geistiger Welt, von veränderlicher Materie und unveränderlicher Vernunft bedeutet zwar, daß materiell ein Unterschied zwischen den Geschlechtern existiert, aber dieser Unterschied ist intellektuell nicht relevant. Die Unterscheidung in Körper- und Geistwelt legitimiert den Anspruch der Frauen auf alle aus der Vernunft abgeleiteten Fähigkeiten unabhängig von der Körperlichkeit. Marie de Jars de Gournay verlangt dementsprechend die Beteiligung der Frauen in der Gesellschaft und in der Wissenschaft. Frauen sollen ebenso alle Ämter und Würden im Staate bekleiden, sie seien ebenso wie die Männer für die Regierung geeignet, denn zum Regieren seien geistige, nicht körperliche Fähigkeiten vonnöten. Lange vor den Diskussionen des 20. Jahrhunderts über geschlechtsgerechte Sprache wird Marie de Jars de Gournay die »philosophesse« genannt. Pierre Bayle widmet ihr in seinem ›Dictionnaire‹ einen Artikel. Ihr Zeitgenosse Michel de Marolles sieht in den kultivierten Diskussionen ihres Salons den Anfang der Académie Française; in der Gründungsgeschichte der Akademie wird sie in diesem Sinne erwähnt. Sie agitiert gegen den Aberglauben, gegen die Vorurteile und den Frauenhaß, sie tritt für den Dritten Stand ein und verteidigt zugleich die Monarchie.

Marie de Gournay sieht die Ursache von Fehlurteilen in der Philosophie und Theologie durch die Vermischung materialer und intellektueller Inhalte begründet. So schreibt sie in bezug auf das männliche Gottesbild der christlichen Dogmatik: »Que si quelqu'un au reste est si fade; d'imaginer masculin ou feminin au Dieu, [...] cestuy cy montre à plein jour, qu'il est aussi mauvais Philosophe que Theologien«: Wer sich Gott männlich oder weiblich vorstelle, verstehe weder etwas von Theologie noch von Philosophie, denn die geistigen Vorstellungen können nicht mit materialen Realitäten gleichgesetzt werden. Die Zweigeschlechtlichkeit habe ihren Zweck allein in der Fortpflanzung, andere Unterschiede der Geschlechter seien das Resultat von Erziehung.

Marie de Jars de Gournay, die immer in bescheidenen Verhältnissen lebte, erhielt von Kardinal Richelieu eine Pension; Jakob I., König von England, schätzte sich glücklich, von ihr ein Manuskript zu besitzen, Charles Sorel fordert seine Leser in seiner ›Bibliothèque française‹ auf, ihre Bücher zu lesen, da sie ein gesundes Urteil über die Dinge habe. In Anne Marie Schurmann fand sie eine Verehrerin und Nachfolgerin für ihr Anliegen, die sich in ihrem 1648 erschienenen Buch ›De capacitate ingenii muliebris ad scientias‹ eng an die ›Egalité des hommes et des femmes‹ anschließt. Auch die berühmte Schrift über die Gleichheit der Geschlechter von Poulain de la Barres aus dem Jahre 1673 steht in ihrer Nachfolge. Und 1910 schrieb Théodore Joran in seinem Buch ›Les féministes avant le féminisme‹: »...le féminisme moderne est sorti tout casqué du cerveau de Marie de Gournay«: »Der moderne Feminismus ist dem Haupte der Marie de Gournay in voller Rüstung entsprungen«!

»Konstruktiver« Empirismus und »monadischer« Rationalismus

Margaret Cavendish (1623–1673): Eine Welt für mich selbst

Margaret Lucas folgte nach dem Ausbruch des englischen Bürgerkrieges ihrer Königin im Jahr 1644 ins Pariser Exil, wo sie William Cavendish, Herzog von Newcastle, heiratete, dem sie in ihren Schriften mehrmals ein Andenken setzte. Im französischen und holländischen Exil beschäftigte sich Margaret Cavendish mit den Gedanken von Thomas Hobbes, Pierre Gassendi und René Descartes. Als sie nach England zurückkehrte, eilte der Ruhm ihrer Schriften ihr bereits voraus. Sie starb im Alter von nur fünfzig Jahren, möglicherweise an den Folgen medizinischer Selbstversuche.

Samuel Pepys' häufig zitierte Bemerkung: »The whole story of this Lady is a romance, and all she doth is romantic« gibt einen Eindruck von der sagenhaften Wirkung wieder, die ihr zugeschrieben wird. Doch sollte diese Bemerkung nicht dazu verleiten, in den Schriften dieser Lady romantische Vorstellungen finden zu wollen, wie sie das Frauenbild des 19. und 20. Jahrhunderts prägten und wie sie auch in der Darstellung von Virginia Woolf mitschwingen, die Margaret einen Essay widmete und deren Metapher feministischer Selbständigkeit »A Room of One's Own« wie eine Variation von Margaret Cavendishs Aufruf klingt, jeder Mensch möge »A World of One's Own« erschaffen. Margaret Cavendish's Bekenntnis zum individuellen Weltentwurf prägte ihr philosophisches Werk und ihre Selbstdarstellung: »I endeavour... to be as singular as I can.«

Ihre naturphilosophischen Schriften stellen ihr philosophisches Hauptwerk dar. 1666 erschienen die ›Observations upon Experimental Philosophy‹, eine Naturphilosophie, der ein Essay angefügt ist, dem eine nicht zu unterschätzende methodische Bedeutung für ihr Werk zuzuschreiben ist. Diesem Essay ›Beschreibung der Neuen Welt, genannt die Flammende Welt‹ ist der ausgewählte Text entnommen.

Der Text, der sich stilistisch an die in jener Zeit beliebten Utopien anlehnt, beginnt mit einer Entführung. Anstelle der für andere Utopien üblichen Irrfahrt, auf der die Seeleute in ein ideales Land gelangen, schildert sie die Entführung einer jungen Frau. Als der Übergang in die neue Welt bevorsteht, erstarrt der Entführer zu Eis, die Entführte dagegen wechselt die Sphären und wird zur Herrscherin über ein friedvolles Volk imaginärer Figuren. In dieser neuen Welt gelten andere Umgangsformen als in der Welt der Menschen. Auch hier herrscht nicht Einigkeit, doch gleicht der wissenschaftliche Diskurs einem Konzert der Überzeugungen und Argumente. Der hier vorgelegte Text setzt an der Stelle ein, an der sich die Herrscherin in den Diskurs einmischen will und beschließt, selbst eine Schrift zu verfassen. Sie sucht einen Schreiber. Die Wahl fällt auf die Herzogin von Newcastle, und so erscheint Margaret Cavendish als Figur in ihrer eigenen Darstellung. Selbstverständlich hat dieser literarische Effekt philosophische Methode. Die beiden Damen diskutieren die Frage der Erschaffung eigener Welten und untersuchen das Verhältnis von literarischer Produktion und wissenschaftlicher Erkenntnis. Inwiefern entspricht, so die Frage, die dahinter steht, unser Wissen unserer Phantasie oder der tatsächlichen Welt? Die Funktion dieser Schrift stellt Margaret Cavendish in ihrem Prolog klar heraus. Mag die ›Flammende Welt‹ wie ein Werk der Phantasie erscheinen, so sollen damit doch die wissenschaftlichen Analysen nicht relativiert werden. Die Kunst, so die Auffassung von Margaret Cavendish, ist ein Teil der Wissenschaft, und der Text sucht den Zusammenhang von Wissen und schöpferischem Erfinden als Teile der einen Vernunft zu begründen. Zwei Welten, so zeigt sie, stehen einander gegenüber. Die eine entspringt der Phantasie, in der anderen geht es um die Erkenntnis der realen Welt. Die beiden Welten berühren sich an ihren Polen. Wissenschaftliche und phantastische Weltdarstellung sind nach Cavendish zwei Darstellungsweisen eines Wissens. Der Prolog und der Epilog machen deutlich, daß das methodische Verfahren die Verknüpfung von singulärem und subjektivem Erkennen in seinem Verhältnis zur Realität untersucht. In den ›Observations‹ schreibt sie: »Art itself is natural, and an effect of nature, and cannot produce anything that is beyond, or not within nature.« Beide Teile des einen Erkenntnisvermögens bilden ein komplexes Erkenntnismuster.

Anne Finch Conway (1631–1679): »Monadischer« Rationalismus

Margaret Cavendish und Anne Conway sind Zeitgenossinnen, doch könnte ihr philosophisches Werk kaum gegensätzlicher sein. Während Margaret Cavendish ihren Ansatz aus der atomistisch-materialistischen Weltauffassung ableitet, möchte Anne Conway beweisen, daß der Geist die Ursache alles Seienden ist. Im Jahre 1650 beginnt Anne Conway eine Korrespondenz mit dem in Cambridge lehrenden Henry More; diese Briefe sind heute Bestandteil der ›Conway Letters‹. Versuche, sie auf More's Platonismus zu reduzieren, greifen allerdings zu kurz. Unbestritten ist heute ihr Einfluß auf Gottfried Wilhelm Leibniz. In ihrer Schrift ›Über die Prinzipien der ältesten und gegenwärtigen Philosophie‹ führt Anne Conway den Begriff der »Monade« – ein Schlüsselbegriff des leibnizschen Werkes – ein. Ein Brief des Philosophen an Thomas Burnett aus dem Jahre 1697 bestätigt ihren Einfluß auf seine philosophischen Überzeugungen. Die Textausgabe der ›Prinzipien‹ besorgte mit großer Wahrscheinlichkeit Mercurius van Helmont, dem noch heute in einigen Lexika die Verfasserschaft zugeschrieben wird. Er war es wohl auch, der Leibniz mit den Gedanken von Anne Conway in den siebziger Jahren des 17. Jahrhunderts vertraut gemacht hatte.

Der ausgewählte Text stellt die zehn Abschnitte des dritten Kapitels der Schrift über die ›Prinzipien‹ vor. Die neun Kapitel des Buches sind in je drei Kapiteln den drei Prinzipien Geist, Seele, Materie gewidmet. Das hier vorgestellte Kapitel erläutert die Wirkungsweise des ersten Prinzips. Das Sein und die Wirkung der ersten Substanz ist unkörperlich und unendlich schöpferisch. Sie ist überall, vollständig und geistige Substanz und zugleich Ursache aller anderen Substanzen und ihrer Natur. Dieses erste Prinzip ist unveränderlich, aber alle Formen, die aus ihm hervorgehen, sind veränderlich. Bewiesen werden soll eine vernünftige Größe, die den Beginn und zugleich das Zentrum alles Seienden darstellt, durch die alles miteinander verbunden ist, die selbst aber nicht körperlich ist. Wie später in der Monadologie von Leibniz, entspricht das freie Handeln des Ersten Prinzips zugleich einem gesetzmäßigen Handeln. Der von Anne Conway entworfene rationale Objektivismus erklärt das vernünftige Wirken der ersten Substanz im Sinne eines objektiven Gesetzes, das unabhängig davon, ob es eingesehen wird, Ursache der Wirklichkeit ist.

Freiheit und Gleichheit

Olympe de Gouges (1748–1793): Das Recht auf Gleichheit

Als junge Witwe zog Olympe de Gouges von Montauban nach Paris, wo sie zu den oppositionellen und literarischen Kreisen der Stadt Kontakt fand. Selbst literarisch tätig, verfaßte sie Romane und Theaterstücke, darunter ›L'Esclavage des Nègres‹. Wie die amerikanischen Feministinnen ihrer Zeit kämpfte sie gegen die Sklaverei.

Frauen hatten an den Errungenschaften der Revolution Anteil, und sie betrachtete sich als eine von ihnen. Schon 1789 verfaßte Olympe de Gouges die Schrift ›Heroische Tat einer Französin oder Wie Frankreich von den Frauen gerettet wird‹, und bald

schon warnt sie: »Frauen, erwacht! ...Der versklavte Mann...
hat eurer Kräfte bedurft, um seine Ketten zu brechen. Nun er frei
ist, ist er ungerecht gegen seine Gefährtin geworden.« Den
Frauen erwuchsen keine Verdienste aus ihren Heldentaten, ihre
Forderungen nach gleichen politischen Rechten wurde von den
Repräsentanten des Nationalkonvents und den Revolutionären
nach langwierigen Debatten zurückgewiesen. Noch heute wird
die Erklärung der Menschenrechte von 1789 »liberté, égalité, fra-
ternité« als Programm der Aufklärung angeführt, ungeachtet der
Tatsache, daß der einschränkende Zusatz die erfolgreiche politische Durchsetzung von Freiheit und Gleichheit allein für die
Bürger männlichen Geschlechts ermöglichte. Olympe de Gouges
ist die herausragende Agitatorin für die Gleichheitsrechte der
Frauen. Ihre philosophische Begründung gibt ihr recht. Die Ab-
leitung des Gleichheits- und Freiheitsrechtes aus der menschlichen Natur legitimiert in keiner Weise die Einschränkung auf
Männer. Vielmehr bedeutet diese Einschränkung eine Verletzung
des universalistischen Anspruchs, den das Wort Gleichheit aus-
drückt. Olympe de Gouges kämpft für die *allgemeine* Gültigkeit
eines *allgemeinen* Prinzips. Im Gegensatz zu der noch heute
weitverbreiteten Auffassung, es handele sich bei den Forderungen der Frauen um die Durchsetzung von Rechten für eine
Gruppe von Menschen, macht Olympe deutlich, daß die Argumentation im Grunde umgekehrt ist. Bis heute ist die Einschränkung des Gleichheitsrechts auf bestimmte Gruppen nicht legitimiert, rechtsphilosophisch gilt nämlich der Gleichheitsanspruch
für alle. Die Forderung der Frauen ist nicht geschlechtsspezifisch
begründet, wohl aber die Beschränkung des Gleichheits- und
Freiheitsrechts auf die Männer. Sie haben die geschlechtsspezifi-
sche Einengung der Rechtsgeltung durchgesetzt.

Es ist daher gar nicht verwunderlich, daß Olympe de Gouges
mit ihren Thesen auf Zustimmung bei »vernünftigen« Männern
der damaligen Zeit stieß, die die eingeschränkte Auslegung des
Rechtes auf Gleichheit kritisierten. Der Bischof Charles Maurice
de Talleyrand und der Philosoph Marquis de Condorcet traten
für die Zulassung der Frauen zum Bürgerrecht ein. Letzterer
wirft den Philosophen und Gesetzgebern vor, sie haben »alle das
Gleichheitsprinzip der Rechte verletzt, indem sie ganz einfach

die Hälfte des Menschengeschlechts des Rechts beraubten, an der Gesetzgebung teilzunehmen«. Er vertritt wie Olympe de Gouges die Auffassung, die Korruption in allen Staaten stehe im Zusammenhang mit der Unterwerfung der Frauen (vgl. Schröder I, 55 und 61 f.)

Olympe de Gouges gehört heute unzweifelhaft zu den Klassikerinnen der feministischen Rechtsphilosophie. Sie macht eines deutlich: Freiheit ist ein Recht, das sich aus formalen, nicht aus materialen Grundlagen ableitet. In ihrem ›Schreiben an die Königin‹ führt sie aus: Der Anspruch auf Gleichheit der Menschen, der Geschlechter und der Gesellschaften ist legitim, bedeutet jedoch keineswegs die Aufhebung von Unterschieden, wie sie durch die Natur oder die Gesellschaft gegeben sind. Es ist ebenso falsch, diese Unterschiede aufzuheben, wie sie zu bestätigen. Der formale Rechts- und Gleichheitsanspruch müsse von diesen materiellen Bedingungen unabhängig gelten. Olympe de Gouges war nicht der Überzeugung, daß die Rechte der Gleichheit und der Revolution die Funktion des Königtums aufheben würden. Sie vertrat nicht die Auffassung, die rechtliche Gleichheit mache Frauen und Männer identisch. Im Gegenteil, gerade die individuelle Unterschiedlichkeit bei rechtlicher Gleichheit begründe erst sinnvolle gesellschaftliche Vereinigungen, wozu auch die Ehe gehört. Sie ist nicht sinnvoll, wenn sie auf Unterwerfung beruht, sondern allein dann, wenn unterschiedliche Individuen sich durch gleiches Recht vertraglich verbinden. Ihr *Contrat social zwischen Mann und Frau* wendet sich deshalb gegen die Rechtsungleichheiten zwischen den Geschlechtern, die Eigentumslosigkeit der Frauen, das für sie geltende Berufsverbot, das paternalistische Namensrecht.

Die ›Déclaration des droits de la femme et de la citoyenne‹ ist analog zur ›Déclaration des droits de l'homme et de citoyen‹ verfaßt. Die Kritik von Olympe de Gouges wendet sich dagegen, daß diese Erklärung nicht einmal die Hälfte der Nation an der Repräsentation und damit an der Legitimation von Herrschaft beteiligt. Hier ist Olympe de Gouges' Stellungnahme radikal: Keine Herrschaftsform muß von den Frauen anerkannt werden, die nicht durch sie legitimiert ist. Als die Vertreter der Bürgerrechtserklärung die Gleichheit aller Männer (hommes) verkündeten, forderte Olympe de Gouges in der Präambel zu ihren Artikeln zur Gleichberechtigung der Frauen konsequent auch alle politischen und bürgerlichen Rechte für die Frauen: »Wir Mütter, Töchter, Schwestern, Vertreterinnen der Nation verlangen in die Nationalversammlung aufgenommen zu werden.« Nach Olympe de Gouges sind keine Staatsordnungen und Gesetze für Frauen verpflichtend, an denen sie nicht durch ihre Repräsentantinnen beteiligt waren. Ihr Ruf: »Frau, erwache! Die Stimme der Vernunft ist im ganzen Universum vernehmbar!« verhallt noch heute ungehört. In keinem Lande der Welt vertreten Frauen das Volk in Legislative, Exekutive und Judikative in angemessener Weise; in keinem Lande gibt es eine Verfassung, an der Frauen in gleicher Weise wie Männer mitgewirkt haben. Am 30. Oktober 1793 wurde im französischen Nationalkonvent beschlossen, den Frauen keine Bürgerrechte zuzuerkennen. Vier Tage später wurde Olympe de Gouges hingerichtet.

Mary Wollstonecraft (1759–1797): Die Pflichten
der Freiheit

Die Unterdrückung der Frauen ist nach Mary Wollstonecraft eine Variante der sozialen Unterdrückung. Sie, die sich bereits zu Lebzeiten Berühmtheit in England, Frankreich und Deutschland erworben hatte und 1790 in ihrer Schrift ›A Vindication of the Rights of Man‹ die Ideale der Französischen Revolution für den englischen Journalismus dargelegt hatte, veröffentlichte schon ein Jahr später ›A Vindication of the Rights of Woman‹. In diesem Buch, dessen Titel verdeutlicht, daß es darin anstelle um die Menschenrechte nun um die von den Menschenrechtsverteidigern verletzten Frauenrechte gehen sollte, kritisiert Mary Wollstonecraft die *einseitige* Durchsetzung der Menschenrechte.

Der Kampf der Philosophinnen für Freiheit und Gleichheit ist kein Kampf einer Gruppe von Betroffenen, die »bloß« ihre Interessen durchsetzen wollen, vielmehr gründen diese Denkerinnen ihre Ansprüche auf Vernunftrechte. Jedoch, so weiß Mary Wollstonecraft, ist ebenfalls wahr, daß Frauen sich dem Bild, das Männer von ihnen zeichnen, unterwerfen. Sie kritisiert die Schwäche der Frauen, die durch Listen und Täuschungen ihre »wahre Würde« vergeben, die ihnen als vernünftige Wesen anstünde. Sie ist der Überzeugung, daß die Unwissenheit und Unterwerfung die Frauen auch zum Verlust ihrer Moral führe. »Es ist klar, daß die Frau durch ein Zusammenwirken von Umständen schwach und erniedrigt wurde... Die Menschen beugen sich vor ihren Unterdrückern, anstatt daß sie das Haupt erheben und das Joch abschütteln. Statt auf ihrem angebornen Rechte der Freiheit zu bestehen, kriechen sie im Staube und sagen, wir wollen essen und trinken, denn morgen können wir sterben. Von den Frauen gilt dasselbe.« Eine unfreie Person kann nicht moralisch handeln, denn das Recht der Freiheit ist an die Pflicht der Verantwortung geknüpft. Die Erziehung zur Freiheit nennt sie das größte Lebensglück, die Grundlage aller Tugenden. Den Schwerpunkt ihrer Analyse bildet die Kritik am Frauenbild von Jean-Jacques Rousseau in seinem Erziehungsroman ›Emile‹. Im ›Contrat social‹ hatte Rousseau das Recht des Stärkeren als Zeichen von Despotie und Tyrannei beschrieben, nun sollte die Rechtsgleichheit der Bürger die Herrschaft von Menschen über Menschen beenden. Frauen kannte er diese Gleichheitsrechte nicht zu. Seine Argumentation nennt Mary Wollstonecraft inkonsistent und paradox. In der Moralerziehung der Frauen agitiert sie gegen die nach ihrer Auffassung künstlich vertiefte Differenz von Gefühl und Vernunft. Die alleinige Ausbildung des Gefühls bei den Frauen führt nach ihrer Auslegung zu den Mißständen, die sich im Staate sowie in den Individualverhältnissen zeigen. Die Frau wird als Sinnen- und Gefühlswesen dem Mann zu- und untergeordnet. Aber allein die Vernunft gewährt Autonomie des Handelns, und allein durch sie wird Moral begründet. Es müsse das Ziel der Frauen sein, diese Vernunft zu verwirklichen. Dabei geht es ihr wie Olympe de Gouges ebenfalls nicht darum, die Aufgabenfelder der Geschlechter einander anzugleichen. Vielmehr nimmt Wollstonecraft dabei eine Hoffnung vorweg, wie sie heute vom utopischen Feminismus formuliert wird – die Besserung der aggressiven Männerwelt durch die Teilnahme der Frauen an der Öffentlichkeit. Wie Olympe de Gouges sieht auch sie einen Zusammenhang zwischen der Korruption im Staat, dem Despoten- und Schmarotzertum in der Politik und der Herrschaft der Männer über die Frauen. Ihre feministische Ethik versteht sich als Teil der politischen Ethik, ihre Freiheits- und Moralkonzeption als eine rationale Tugendbegründung.

Plädoyer für eine rationale Ethik

Emilie du Châtelet (1706–1749): Kalkül der Leidenschaften

»Es mag Metaphysiker und Philosophen geben, deren Wissen größer ist als das meine; ich habe sie noch nicht kennengelernt. Doch auch sie sind nur schwache, mit Fehlern behaftete Menschen, und wenn ich meine Gaben zusammenzähle, so darf ich wohl sagen, daß ich niemandem unterlegen bin.« Diese selbstsicheren Worte schreibt Emilie, Marquise du Châtelet, angesehene und in ihrer Zeit und Welt berühmte Wissenschaftlerin, Übersetzerin und Kommentatorin von Newtons ›Principia‹, Verfasserin der ›Institutions physiques‹ und zahlreicher Schriften zur Ethik, Religion, Physik und Mathematik. Auch an der Abfassung von Voltaires populären ›Eléments de la philosophie de Newton‹ ist sie beteiligt. Er bestätigt, daß er diese Schrift »unter ihren Augen« verfaßt habe. Ihre brillante Begabung regte auch Christian Wolff und Immanuel Kant zu Lobeshymnen an, und ihre deutsche Zeitgenossin, die Journalistin Luise Gottsched rühmte sie: »Du, die Du jetzt den Ruhm des Vaterlandes stützest,/ Frau! die Du ihm weit mehr, als tausend Männer nützest,/ Erhabene Châtelet! oh fahre ferner fort,/ der Wahrheit nachzugehn...«

Aus den Gedichten Voltaires, mit dem sie lange Jahre zusammenlebte, erhalten wir einen Eindruck von ihrer Person. Er preist in der »göttlichen Emilie« eine faszinierende Verbindung:

Die leidenschaftliche Wissenschaftlerin bewegt sich zwischen »Pompons und Soupers« und »Physik« und straft alle Reden von »grauer Theorie« Lügen. Ihre individuelle Lebensauffassung zeigt sich auch in ihrer theoretischen Ethik, worin Rationalität und Leidenschaft als notwendige und glückverheißende Einheit miteinander verbunden sind. Nirgendwo wird dies deutlicher als in ihrer Schrift ›Du Bonheur‹, der der ausgewählte Text entnommen ist. Ebenso zutreffend wäre es wohl, dieser Schrift den Titel ›Kalkül der Leidenschaften‹ zu geben, denn ihre Begründung des Glückes beruht auf rationaler Berechnung. Es soll bewiesen werden, daß rationale Anstrengung und materielles Wohlgefallen miteinander aufs engste verknüpft sind, ihr Zusammenhang für das rechte und glückliche Handeln unabdingbar ist. Für sie steht fest: Nichts auf der Welt ist dem Menschen so wichtig wie die Leidenschaften, doch müssen Leidenschaften, um glücklich zu machen, durch den Verstand gelenkt werden. Wer nicht dem rationalen Plan zur Verwirklichung des glücklichen Lebens folgen will, werde von den Umständen und Leidenschaften in Irrtum und Unglück gelenkt.

Mag die Philosophie der Châtelet häufig als hedonistisch apostrophiert werden, so widerlegt dieser Text diese Auffassung und zeigt die wirkliche Begründung des Glücks im rationalen Plan. Glück und Unglück sind nämlich nur relative Werte nach Herkunft und Stand; sie sind weder mit der Waage zu ermessen noch lehrbar. Emilie du Châtelet ist davon überzeugt: Dank seiner Vernunft könne der Mensch seine Leidenschaften und das mit ihnen verbundene Glück und Unglück »berechnen«. Wer sich etwa der Schlemmerei hingibt, kann seinen daraus zu erwartenden Schaden durch eine »Berechnung« abwenden, indem er zum Beispiel nach dem Schlemmen fastet. Nur das rationale Planen ermögliche es, daß die Leidenschaften, die uns ebenso häufig glücklich wie unglücklich machen, zum beständigen Glück führen. Wer sich den Leidenschaften ohne Plan und ohne Wissen hingibt, rennt in sein Unglück. Unwissenheit heißt, von diesen Zusammenhängen keine Kenntnis haben, und Unwissenheit bedeutet zugleich vorurteilhaftes Handeln. Beides macht unglücklich, denn der Irrtum ist die Ursache allen Übels, und so sind es die den Irrtum aufklärenden Wissenschaften, die eine unerschütterliche Ursache des Glückes darstellen, weil sie die Grundlage seiner Kalkulierbarkeit sind. Glück, so die These der Châtelet, ist das Resultat planvollen rationalen Handelns. Und allein dadurch verwirklicht sich glückbringende Leidenschaft und Illusion.

Sophie Germain (1776–1831): Philosophie als exakte Wissenschaft

»Passen die Tatsachen nicht in unsere Philosophie, dann sagt man heute nicht mehr mit Hegel: ›Um so schlimmer für die Tatsachen‹, nein, man sagt: ›Um so schlimmer für die Philosophie‹ und so ist Sophie Germains Mahnwort auch heute noch nicht überflüssig geworden.« Diese Worte schreibt Wilhelm Jerusalem in seiner Aufsatzsammlung ›Gedanken und Denker‹ über Sophie Germain. Wer immer über sie schrieb, hob ihre Bedeutung stets in den Rang einer Klassikerin. Sophie Germains Forderung, die Philosophie solle eine exakte Wissenschaft werden, verhalf ihr in der Philosophiegeschichte des 19. Jahrhunderts zu einem »Ehrenplatz in der Geschichte des menschlichen Denkens«. Auguste Comte beruft sich auf ihre Anregungen zu seiner Entwicklungsgeschichte der Menschheit. Ihn übertrifft sie nach Meinung ihrer Exegeten nicht nur durch ihre mathematische Begabung, sondern auch in ihrem philosophischen Ansatz, wobei ihr stets eine konsequentere systematische Grundanschauung attestiert wird.

Dabei steht ihr philosophisches Werk am Ende ihres ruhmvollen Lebens, das sie an die Spitze der mathematischen Forschung getragen hat. Erst zwei Jahre nach ihrem Tod werden die ›Considérations générales sur l'état des sciences et des lettres aux différentes époques de leur culture‹ veröffentlicht. Seit ihrem dreizehnten Lebensjahr hatte sie sich vornehmlich mit der Mathematik beschäftigt. In Ansehung des heroischen Schicksals des Archimedes im Kampf um Sizilien, entschließt sie sich, in Paris, umgeben von den Stürmen der Französischen Revolution, dem wissenschaftlichen Leben den Vorzug zu geben und begründet in der wissenschaftlichen Erkenntnis auch eine moralische Weltsicht. Sie errang mit der Bestimmung von Plattenschwingungskurven den Preis der Académie des Sciences 1816, im Anschluß daran beschäftigte sie sich wieder mit arithmetischen Fragen und stellte das nach ihr benannte »Sophie-Germain-Theorem« auf.*

Sophie Germain steht in der Tradition der antiken Philosophie, sofern sie die Geometrie als Voraussetzung der philosophischen Erkenntnis erachtet, sie geht über sie hinaus, wenn sie die nämliche exakte Begrifflichkeit auf allen Gebieten der Wissenschaften und der menschlichen Entwicklungsgeschichte fordert. In der Darstellung der Entwicklung der Menschheitsgeschichte zeigt sich, so ihre These, daß es Prinzipien gibt, die allen menschlichen Handlungen zugrunde liegen und Gesetze, nach denen sich alles Handeln gestaltet. Solche Prinzipien gelten für den Dichter und den Mathematiker zugleich. Beide folgen dem Prinzip der Vereinheitlichung der unterschiedlichen Ideen, jede Findung von Prinzipien ist eine synthetische Leistung. Wissenschaft, Literatur und Kunst sind Darstellungsweisen allgemeiner Prinzipien. Selbst die Entwicklungsgeschichte der Menschheit spiegelt die Suche nach diesen Prinzipien wider. Irrtümer stehen am Beginn neuer Synthesen. Stets lassen sich Analogien zwischen den unterschiedlichsten Tatsachen finden. Einheit und Gleichheit gibt es nicht, sie können jedoch durch die Gesetze hergestellt werden und die entferntesten und unterschiedlichsten Gegenstände miteinander verbinden, wie Sophie Germain in ihrem Beispiel der unterschiedlichen Hebelkräfte anschaulich macht: »Das kleinste Gewicht kann, ans Ende eines Hebels gerückt, einer beliebig großen Masse das Gleichgewicht halten, es handelt sich nur darum, die Gleichheit zwischen den virtuellen Kräften herzustellen. Dieselbe Sache wiederholt sich in der Gesellschaft...« Aufgabe der Philosophie sei es, diese wissenschaftlichen Gesetze zu erforschen und exakte Begriffe zu schaffen. Allzu optimistisch äußert sie sich allerdings nicht. Sie weiß, daß, »wenngleich die Resultate ewig sind«, diese Sprache doch nur schwer zu erlernen

* Es besagt, daß es für alle Primzahlen $2 < n < 100$ keine ganzzahligen Lösungen der Gleichung $x^n + y^n = z^n$ gibt, wenn keine der drei Zahlen x, y, z durch n teilbar ist. Vgl. Klens, S. 275.

und nur wenigen zugänglich ist. »Gestehen wir: Die Philosophie hat wirkliche Fortschritte gemacht, aber sie muß noch gewaltige Wandlungen durchmachen, bis sie hoffen darf, eine exakte Wissenschaft zu werden.«

Politik und Gesellschaft

Harriett Taylor-Mill (1807–1858): Über Frauenemanzipation

Wie so häufig in der Philosophiegeschichte, ist auch das Wissen der Philosophinnen nicht wirklich verlorengegangen; zuweilen können wir die Erkenntnisse der Denkerinnen in den Schriften von Männern wiederfinden. Einen solchen Fall stellen die Werke von Harriett Taylor-Mill dar. Ihr Ehemann John Stuart Mill bestätigt ihre Mitarbeit an der Abfassung seiner ›Politischen Ökonomie‹. Zum »Andenken seiner Geliebten und Beklagten« setzt er der Veröffentlichung des Buches ›Über die Freiheit‹ ein Vorwort voran. Darin bestätigt er: Dieses Buch, »wie alles, was ich seit vielen Jahren geschrieben habe, ist ebenso ihr geistiges Eigentum wie das meine«. Selbst den Text von Harriett Taylor-Mill, ›Über Frauenemanzipation‹, dem die Textauszüge entnommen sind, übersetzte Sigmund Freud für die deutsche Gesamtausgabe der Werke von John Stuart Mill. Harriett Taylor-Mills bekanntestes Buch, ›Die Hörigkeit der Frau‹, wurde dagegen tatsächlich von Ehemann Mill und Tochter Helen nach ihren Skripten posthum abgefaßt. Die beiden letzterwähnten Texte zeigen im Vergleich große Übereinstimmungen bei der Themenauswahl und ihrer Behandlung.

Der hier ausgewählte Text aus der Schrift ›Über Frauenemanzipation‹ verweist auf das allgemeine Prinzip der Rechtsgleichheit und stellt die Frauenfrage als mangelnde Realisierung dieses Prinzips dar. Grundsätzlich, so stellt Harriett Taylor-Mill fest, sei die Forderung der Emanzipation der Frauen nicht neu, vor allem nicht für all jene, die sich mit den Grundsätzen *freier und demokratischer Staatsverfassung* beschäftigten. Die gesetzliche und tatsächliche Gleichstellung der Frauen in politischen, bürgerlichen und sozialen Rechten sei ein Problem der Anwendung des allgemeinen Rechts. Außer der Frauenemanzipation gebe es noch weitere Mängel, so bei der Frage der sozialen Klassen oder bei der Emanzipation der Farbigen. Es gehe darum, ein allgemein anerkanntes Prinzip, das selbst gar nicht mehr zur Debatte stehe, sondern allgemeine Zustimmung erfahre, auch praktisch umzusetzen. Sie zeigt auf, daß *große Denker aller Zeiten* den Grundsätzen der Gleichheit zugestimmt haben, die Umsetzung des Gleichheitsprinzips in der konkreten Wirklichkeit aber an den »verletzenden Unterscheidungen«, wie die den Männern zweckdienliche Unterscheidung in zwei gesellschaftliche »Kasten« scheitert. Sie klärt weiterhin darüber auf, daß die Umsetzung des Gleichheitsprinzips auch dadurch unterbunden wird, daß Einzeltatsachen fälschlich und stets zuungunsten der Frauen verallgemeinert werden. Weil eine Frau während einer Zeit ihres Lebens Mutter ist, wird daraus eine Lebensbestimmung. Wenn ein Mann eine Zeitlang Soldat ist, wächst ihm daraus keine lebenslängliche Verpflichtung. Für Frauen ist ihre konkrete Erfahrung Wesensbestimmung, ihr Leben wird vollständig in den Dienst dieser »animalischen Funktion« gestellt. Ein Mann sei in einem seiner Wesenszüge ein Mann, in einem anderen Matrose oder Soldat.

Harriett Taylor-Mill ist Utilitaristin. Sie definiert ihre Aufgabe dementsprechend: Nicht die Prinzipien selbst seien erklärungsbedürftig, sondern die Nützlichkeit ihrer Verwirklichung. Mit der gerechten Sache gelte es auch, die Nützlichkeit der Sache darzustellen. Sie widerlegt die Argumente des »proletarischen Antifeminismus«, wonach die Zulassung der Frauen zum Berufsleben den Druck im Erwerbsleben steigern würde. Gegen die Befürchtung ihrer Zeitgenossen, eine Verdoppelung des Arbeitsangebots ziehe einen Rückgang der Entlohnung nach sich, hält sie ein Plädoyer für den gesellschaftlichen Nutzen der Frauenarbeit, das auch heute noch – erinnert sei an die frauenfeindliche Diskussion um die Doppelverdiener unserer Tage – modern ist. *Cui bono?* Wem wird die Emanzipation nützen? Frauenemanzipation und Gleichheit dienen dem menschlichen Fortschritt, dieser These widmet sie ihren Essay.

Charlotte Perkins Gilman (1860–1935): Die wirtschaftlichen Beziehungen der Geschlechter

Charlotte Perkins Gilman wurde als Mitglied der namhaften Familie Beecher geboren, die sie in ihrer Autobiographie mit Stolz als »world servants« definiert; der Großvater war ein bekannter Prediger. Ihre Tanten hatten sich in ihrem Kampf für den Abolitionismus, als Suffragetten und als Autorinnen einen Namen gemacht. Im Gegensatz zur Predigertradition ihrer Familie nimmt sie sich vor, nicht nur die religiösen, sondern alle sozialen Werte zu erneuern. Schon zwei Jahre nach seinem Erscheinen wurde ihr Buch ›Women and Economics‹ ins Deutsche übersetzt und seine Bedeutung mit Taylor-Mills ›Hörigkeit der Frau‹ gleichgesetzt.

Denken und Werk von Harriett Taylor-Mill spiegelt in seiner Argumentation die Rechts- und Gleichheitsprinzipien der Aufklärung. Das Werk von Perkins Gilman basiert auf den neueren wissenschaftlichen Strömungen des 19. Jahrhunderts: Perkins Gilman begründet den Feminismus auf der Basis des Darwinismus. Sie stützt ihre Argumentation zugunsten der Erneuerung der wirtschaftlichen Beziehungen der Geschlechter auf empirische Befunde und auf Vergleiche der Arten: Wie das tierische Leben ist auch das der Menschen ein Daseinskampf. Wie alles in der Natur ist auch der Mensch beständiger Veränderung unterworfen. Ziel der Menschheit sei es, mit der Veränderung alles zum Besseren zu wenden. Die zentrale Frage lautet: Wie kann die *Rasse Mensch* sich fortentwickeln, welche Verhaltensweisen und natürlichen Gewohnheiten führen zu Fortschritt, welche zum Untergang?

Eines steht für Charlotte Perkins Gilman fest: Wenn sich Geschlechterbeziehung und die daraus entstandene ökonomische und soziale Ordnung so weiterentwickeln wie bisher, werden die Menschen untergehen. Ausdrücklich wendet sie sich dagegen, daß soziale Konditionierung und Traditionen automatisch zum Besseren führen, sie sieht im Gegenteil darin Elemente, die den sozialen Fortschritt verhindern. Was die *bessere* Entwicklung sei, müsse wissenschaftlich erforscht werden. Der soziale Fortschritt wird nach Perkins Gilman durch die Wissenschaft definiert: »Science ist salvation« schreibt sie. Fortschritt ist für sie gleichbedeutend mit Diversifikation, eine Tatsache, die sie im Bereich der Ökonomie oder der Politik ebenso bestätigt findet wie im Zusammenleben der Geschlechter. Menschen, die sich dem Diversifikationsprozeß entgegenstellen, werden untergehen. Dies gelte für die Beziehungen zwischen Mann und Frau ebenso wie für die Beziehungen zwischen den Menschen insgesamt, in der mangelnden Diversifizierung der menschlichen Fähigkeiten sieht sie auch das Elend der *city slums* begründet.

Wie August Bebel und Friedrich Engels stützt auch Perkins Gilman ihre Theorie auf die ökonomische Befreiung der Frauen und fordert die Teilhabe der Frauen an der ökonomischen Produktion. Anders als Bebel und Engels jedoch fordert sie nicht das Recht auf gleiche Tätigkeiten, sondern die ökonomische Diversifikation der spezifischen Tätigkeiten. Sie würde nicht zur Abschaffung der Ehe führen. Im Gegenteil, die Erwerbstätigkeit der Frau könne die eheliche Gemeinschaft verbessern, da die gemeinschaftliche Produktion um so erfolgreicher ist, je spezieller die eingebrachten Leistungen sind. Einheit ohne Unterschiedenheit bedeutet nach Perkins Gilman die Unterordnung unter Eins oder vielmehr unter Einen. Nur die Diversifikation der einzelnen Glieder erlaube das bessere Überleben der Gemeinschaft. In bezug auf die Professionalisierung für die typische Frauenarbeit heißt das, daß die spezifischen »Werte« von Frauen ökonomisch erfaßt, nicht untergeordnet werden sollen. Die progressive Gesellschaft zeige sich als eine evolutionäre kulturelle Gesellschaft. Mensch sein bedeute, in Gemeinschaft zu sein, in einer Gemeinschaft, in der die Angehörigen beider Geschlechter einander unterschiedliche, aber gleichgestellte Partner sind.

Die Phänomenologische Schule

Hedwig Conrad-Martius (1888–1966): Phänomenologie der Natur

Hedwig Conrad-Martius war wie Edith Stein und Gerda Walter Schülerin des Phänomenologen Edmund Husserl. Schon mit ihrer Dissertation über die ›Erkenntnistheoretischen Grundlagen des Positivismus‹ begann sie sich mit dem Realitätsproblem zu beschäftigen, der Frage nachzugehen, wie sich Bewußtseinsinhalte in der Realität verankern. Phänomenologie bedeutet für sie, die *unverrückbare Sinnstelle des Seinsbestands* zu suchen. Vorrangig ging es ihr dabei um die Erforschung der »Seinsgestalten« in ihrer empirischen Ganzheit. Der Begriff der Ganzheit, dessen Begründung sie versuchte, macht ihr Denken heute wieder für viele ansprechend. Die Suche nach psychosomatischen Zusammenhängen findet in ihren Thesen von der Einheit von Leib und Seele eine Vorläuferin.

Die Seinsgestalten stellen nach Conrad-Martius die Verknüpfung der material passiven und spirituell aktiven Ebene dar; den Darwinismus lehnt sie ab, weil er mit dieser Ganzheitslehre unvereinbar sei, das Geistige leugne und den Menschen auf das Tierische reduziere. Das Lebendige, so führt sie aus, ist nicht allein auf Selektionismus, Zufall und Willkür zurückzuführen, das Geistige nicht bloß »geworden«. Sie kritisiert die Reduzierung des Körperwesens Mensch auf das Materielle, distanziert sich aber auch von der Begründung der Wirklichkeit aus dem Bewußtsein. Die objektive Dynamik der Gestaltungsprozesse der Materie seien nicht durch subjektive Erklärungen begründbar, Realität könne nicht eine »Erfindung« des Geistes sein. Ihre Naturphilosophie versucht eine Begründung der Einheit des Geistigen und Körperlichen zu geben, und zur Beweisführung schlägt sie eine Art geistiger Experimente vor: Probeweise wird etwas als real angenommen und anhand dieser Annahme der Unterschied zwischen dem Ideellen und dem Faktischen festgestellt. Daran läßt sich dann ablesen, was den jeweiligen Bereichen »fehlt«, damit die ganzheitliche Gestalt da ist, und es wird deutlich, was nicht als Bestimmtes erfaßt werden kann, sich aber als Ganzes implizit mitteilt.

Hedwig Conrad-Martius' Versuch, ein einheitsstiftendes Prinzip nachzuweisen, nimmt die von Aristoteles und Thomas von Aquin erörterten Themen der Manifestations- und Gestaltformen des Seienden auf. Sie spricht von einem inneren Schöpfungsplan, einem *überphysischen entelechialen Wirkfaktor*, der den Gestaltungsprozeß im Organismus auslöst. Ob diese Thesen in der Philosophiegeschichte Bestand haben werden, muß sich erst noch erweisen. Unabhängig davon kann das Werk von Hedwig Conrad-Martius einen Beitrag zur Versachlichung der Diskussion um den Zusammenhalt von Leib und Seele bringen. Die heute so häufig in Anspruch genommene These von der »Ganzheit des Menschen« findet bei ihr jedenfalls eine Grundlage für eine reflektierte Diskussion.

Edith Stein (1891–1942): Ontologie der Intersubjektivität

Edith Stein promovierte bei Edmund Husserl mit der Dissertation ›Zum Problem der Einfühlung‹. In ihrer Autobiographie schreibt sie, Husserl habe ihr zugestanden, darin manches aus dem zweiten Teil seiner »Ideen« vorweggenommen zu haben. Edith Stein, die zuerst in Göttingen Psychologie studiert hatte, wandte sich von der experimentellen Psychologie ab, der es noch »am Fundament geklärter Grundbegriffe« fehle, um selbst an der Fundierung einer wissenschaftlichen Psychologie mitzuwirken. Sie spricht davon, daß sie nunmehr, da sie die Phänomenologie gefunden habe, über die Möglichkeit verfüge, sich »das eigene Rüstzeug zu schmieden« und die notwendige begriffliche Klärungsarbeit zu leisten. Den Höhepunkt dieser intellektuellen Entwicklung darf man demgemäß in ihren ›Beiträgen zur philosophischen Begründung der Psychologie und der Geisteswissenschaften aus der phänomenologischen Methode‹ sehen, aus deren zweiter Abhandlung über ›Individuum und Gemeinschaft‹ der hier vorgelegte Text entnommen ist.

Anders als ihre Freundin und Kommilitonin Hedwig Conrad-Martius fokussiert Edith Stein ihre philosophische Anstrengung auf die Analyse der ontologischen Struktur der Person. In der Untersuchung der Struktur des psychophysischen Individuums sieht sie den Schlüssel für das interpersonale Verstehen und die Erklärung der intersubjektiven Erfahrung, deren methodische Grundlagen sie in ihrer Dissertation zu klären sucht. Das Ich ist Grundlage aller Erfahrungen, wie aber läßt sich das fremde psychische Bewußtsein als unumstößliche Realität bestätigen? Wie kann sich das eigene mit dem fremden Bewußtsein verständigen? Eine Antwort versucht Edith Stein anhand der Differenzierung der Begriffe *sich einfühlen – sich einsfühlen* zu geben, deren Klärung für das intersubjektive Verstehen grundlegend ist. Ihrer Kritik am »sich einsfühlen« folgt die Darlegung über die ›Einfühlung‹, die nicht auf die Einheit des Bewußtseins zweier Menschen, sondern auf die Unterscheidung zwischen originärer und objektgebundener Erfahrung zielt. Nach Edith Stein bestimmt das Ich sich zwar inhaltlich über die Erfahrung, ist jedoch nicht mit dieser identisch. Zwar sind die Empfindungen untrennbar mit dem Körper verbunden, aber sie sind nicht das Ich. Das Ich kann sich kraft seines Willens über die physischen Vorgänge hinwegsetzen, zugleich aber inhaltlich völlig von seinen Erfahrungen bestimmt sein. Einfühlung ist das Resultat eines zugleich kognitiven und affektiven Prozesses.

Schon im Schlußteil der ›Einfühlung‹ entwirft Edith Stein eine Grundlegung der Geistes- und Kulturwissenschaften. Sie zeigt die psychologisch-rationalen Grundlagen der Einzelwissenschaften auf und versucht auf ihrer Basis eine Grundlage für die Einheit der Wissenschaften zu formulieren. Weitergeführt werden diese Überlegungen in ihren ›Beiträgen zur philosophischen Begründung der Psychologie und Geisteswissenschaften‹ von 1922. Der Text ›Individuum und Gemeinschaft‹ führt ihre Überlegungen über die intersubjektiven Beziehungen im Kontext politischer und sozialer Gegebenheiten aus. Das individuelle Erlebnis ist für die Gemeinschaft konstitutiv, und eine Gesellschaft ohne Gemeinschaft kann nicht existieren, so ihre These. Edith

Steins Überlegungen zur Gesellschaft kommt gerade auch deshalb große Bedeutung zu, weil sie im Rahmen der phänomenologischen Schule eher eine Ausnahme bilden; so stellen sie eine entschiedene Kritik am Totalitarismus dar.

Handlungstheorie und Existenzanalyse

Simone Weil (1909–1943): Über die Ursachen der Freiheit und Unterdrückung

In der philosophiegeschichtlichen Darstellung wird der Biographie der Philosophinnen häufig ein weit größerer Raum zugemessen als der Interpretation ihrer Werke. Dies gilt auch für Leben und Werk von Simone Weil, deren Schriften zur politischen Philosophie bis heute nur gelegentlich zur Kenntnis genommen wurden. Dabei hätte die aufmerksame Lektüre ihres politischphilosophischen Werkes eine Warnung vor den politischen Fehlern dieses Jahrhunderts sein können. Die Behauptung, sie habe sich von einer kommunistischen Kämpferin in eine religiöse Fanatikerin gewandelt, scheint falsch. Die stringente Logizität und Prinzipiensuche, die sich auch noch im Aufbau ihrer letzten Schriften, den ›Cahiers‹, mitteilen, formen die Darstellungsweise ihrer Schriften. Platon, Descartes und Kant sowie die mathematische Erziehung, die sie durch ihren Bruder erhält, bilden den Hintergrund ihres politischen Rationalismus.

Die stetige Entwicklung ihrer Suche scheint in der philosophischen Frage nach den geistigen Ursprüngen der sozialen Entwicklungen zu liegen. Von den sozialen Utopien und dem Mythos der Gemeinschaft erfaßt, will sie Gemeinschaft begründen. Sie differenziert zwischen materieller und geistiger Gemeinschaft. Schon früh hat sie festgestellt, daß die politischen Bewegungen ihrer Zeit, sowohl die kommunistische als auch die nationalsozialistische die Gemeinschaft auf der Basis materieller Bedürfnisbefriedigung begründen. Sie aber besteht darauf, daß eine wahre Begründung der sozialistischen Idee nur seelisch-geistig sein könne und der herrschende Kollektivismus blind sei. Nur ein Sozialismus, der sich im Individuum und seinem Freiheitsdenken begründe, könne human sein. Simone Weil, die als Lehrerin in der Volksbildung und in Fabriken arbeitete, zieht als Resumée ihrer ernüchternden Erfahrung das Fazit: Die Knechtschaft der Arbeiter und die ökonomische Unterdrückung sind nicht das Resultat der ökonomischen Verhältnisse, sondern das Resultat der Demütigung von Menschen. Auflehnung ist keinem Geknechteten möglich, nur einem freien Menschen. Gegen Unterdrückung kann sich der Mensch nur wehren, wenn er sich von den äußeren Umständen frei macht, wenn er sich selbst Würde verleiht, das heißt, wenn er die Freiheit in sich würdigt. Niemals könne Arbeit zur Ursache der Freiheit des Menschen werden: »Freiheit ist nur jenen kostbar, die sie besitzen«, so schreibt sie. Ein Mensch, der in der Sklaverei lebt, beginne die Knechtschaft zu lieben. Es gehe darum, materielle Produktivität aus dem denkenden Tun zu begründen, wozu der individuelle Handlungsbereich erweitert werden müsse. Sie plädiert deshalb für Kleinbetriebe, in denen ein höherer Anteil geistiger Arbeit gefordert sei. Nach der Theorie von Simone Weil sind nicht ökonomische Bedingungen, sondern geistige Demütigung die Ursache der Unterdrückung.

Simone de Beauvoir (1908–1986): Kritik an der Psychoanalyse und am historischen Materialismus

Der Name von Simone de Beauvoir ist mit der Geschichte des Feminismus aufs engste verknüpft. Ihre Reisen in die USA und das Studium der dortigen Lebensverhältnisse regten sie bei der Abfassung ihres Buches ›Das andere Geschlecht‹ an. Verfaßt, noch bevor in Frankreich Frauen das politische Wahlrecht erlangten, wurde es zur Bibel des Feminismus im 20. Jahrhundert. Das Buch führte zu einer fundamentalen Neuorientierung, denn es kritisiert zeitgenössische Gesellschaftstheorien und zeigt, wie unbrauchbar diese für die Analyse der Situation der Frauen und ihre Emanzipation sind. Neben ihrer Kritik am Biologismus setzt sich Simone de Beauvoir mit den Thesen des historischen Materialismus und der Psychoanalyse auseinander. Beide Standpunkte dienen nach wie vor der feministischen Argumentation, Beauvoirs Stellungnahmen sind daher immer noch aktuell.

Nach der Überzeugung von Simone de Beauvoir ist die Unterdrückung der Frauen weder aus der geschlechtlichen Sublimation noch aus den ökonomischen Verhältnissen begründbar, vielmehr spiegeln diese Gesellschaftstheorien bereits das Mißverhältnis, das zwischen den Geschlechtern herrscht. Denkbar wäre ebenso, daß die Arbeitsteilung zwischen den Geschlechtern »auch ein freundschaftliches Bündnis« hätte sein können, denkbar wäre ebenfalls, daß eine weibliche Symbolik den Phallusmythos ersetzte. Den Theorien von Friedrich Engels und August Bebel zur Analyse der Situation der Frau wirft sie mangelnde Begründung vor. Da die Unterdrückung der Frauen nicht allein aus den ökonomischen Eigentumsverhältnissen erklärt werden könnten, sei von einer Umverteilung der Produktionsmittel auch keine gerechtere Behandlung der Frauen zu erwarten.

Ebenso kritisch beurteilt sie das Frauenbild der Psychoanalyse. Den Psychoanalytikern macht sie zum Vorwurf, sie argumentierten deterministisch, anstelle Begründungen vorzulegen. Die Psychoanalyse spreche dem Menschen die Fähigkeit zur Wahl seiner Verhaltensweisen ab, es werde ihm suggeriert, er handele nach kollektiven Mustern. Die gängigen Modelle des Zusammenlebens der Geschlechter – so Beauvoir – spiegeln Herrschaftsstrukturen, sie zeugen vom usurpatorischen Blick des Mannes auf die Frau. Die Frau lebt das Bild des Mannes als sein zu Materie geronnener Entwurf. Während es dem Mann erlaubt ist, seine Bedingungen zu *transzendieren*, wird die Frau als frei handelndes Subjekt negiert. Das Ziel der Frauenbewegung ist dementsprechend, daß sich die Frau als Subjekt definiert, ihre Wirklichkeit selbst bestimmt und schafft.

Hannah Arendt (1906–1975): Arbeiten und Handeln

Hannah Arendt hat sich selbst nie eine Philosophin genannt, sondern sich bescheiden als politische Denkerin bezeichnet. Die Kontroverse um ihre Darstellung des Eichmann-Prozesses hat eine Rezeption ihrer politisch-philosophischen Schriften in den sechziger Jahren verzögert. Mit dem Begriff von der *Banalität des Bösen* hatte Hannah Arendt die fatale Normalität des Verbrechens im Nationalsozialismus beschrieben.

Ihr Buch ›Vita activa oder vom tätigen Leben‹ setzt sich mit dem Begriff des Tätigseins auseinander, der darin mit Hilfe der drei Begriffe Arbeiten, Herstellen, Handeln erläutert und entfaltet wird. Implizit stellt diese Schrift eine Kritik am Arbeitsbegriff der marxistischen Theorie dar. Die marxistische Theorie sei unpräzise und nicht frei von Widersprüchen, denn einerseits habe Karl Marx den Menschen als *animal laborans* und Arbeit als *ewige Naturnotwendigkeit* definiert, andererseits beginne – so Marx – »das Reich der Freiheit... erst da, wo das Arbeiten, das durch Not und äußere Zweckmäßigkeit bestimmt ist, aufhört«.

Um einen eigenständigen Begriff von der menschlichen Tätigkeit zu entwickeln, unternimmt Hannah Arendt eine phänomenologische Beschreibung. Danach ermöglicht Arbeit die Beschaffung von lebensnotwendigen Gütern, heißt Herstellen Werkzeuge produzieren und dient Handeln der Darstellung der Persönlichkeit. Das eigentlich Menschliche tritt erst im öffentlichen Handeln zutage, wobei sich die Persönlichkeit offenbart. Allen drei Tätigkeiten ordnet Hannah Arendt unterschiedliche Bereiche und Räume zu. Ehedem sei die Arbeit dem Privaten zugeordnet gewesen. Jeder sei bemüht gewesen, sich von diesen Tätigkeiten frei zu machen, die allein der Fruchtbarkeit und der Bedürfnisbefriedigung gelten. In der marxistischen Arbeitstheorie schwingt ihrer Auffassung nach ein Fruchtbarkeitsmythos mit, weil dort Arbeit als notwendig zur Aufrechterhaltung des biologischen Lebens dargestellt wird. Marx sei deshalb der Lebensphilosophie des 19. Jahrhunderts zuzurechnen, auch sie hatte nicht den intellektuellen Menschen, sondern das Leben und die Fruchtbarkeit in den Mittelpunkt ihrer Betrachtungen gestellt.

Im Gegensatz zur Antike, die die Arbeit in den Bereich des Privaten verbannte, bestimmt und beherrscht nach Hannah Arendt heute die Arbeit die Öffentlichkeit. Die Arbeit hat sich des öffentlichen Raumes bemächtigt. Zwar ist auch dem modernen Menschen sein Beruf ein Mittel des Gelderwerbs zum Zwecke seiner Bedürfnisbefriedigung, anders als der antike Mensch strebt er aber nicht danach, diese Last abzuwerfen, um sich in der Muse und in der Öffentlichkeit zu entfalten. Nicht in der Freizeit sondern im Beruf wird die Entfaltung der eigenen Persönlichkeit gesucht. Der Mensch aber ist nicht auf seine Bedürfnisse zu reduzieren, sondern er strebt danach, seinem Tätigwerden Sinn zu verleihen, ein Sinn, der nicht im Arbeiten, sondern im Handeln zu finden ist. Nicht die Ökonomie, sondern die Verwirklichung der bürgerlichen Freiheit und die Selbstbestimmung des Menschen müssen deshalb das vorrangige politische Ziel jeder Gesellschaft sein.

Wenngleich Hannah Arendt sich in ihrer politischen Philosophie nicht explizit mit dem Feminismus beschäftigt, sind ihre Thesen zur menschlichen Tätigkeit dennoch zur Analyse der Situation der Frauen und zur Überwindung ihrer Unterdrückung geeignet: »Frauen und Sklaven gehörten zusammen, zusammen bildeten sie die Familie, und zusammen wurden sie im Verborgenen gehalten, aber nicht einfach, weil sie Eigentum waren, sondern weil ihr Leben ›arbeitsam‹ war, von den Funktionen des Körpers bestimmt und genötigt.« Es ist augenfällig, welcher der drei Kategorien die Tätigkeiten von Frauen zumeist zuzuordnen sind. Das Leben der Frauen war im Verlauf der Geschichte zumeist dem Bereich der Körperlichkeit und der Arbeit, nicht der Öffentlichkeit und des Handelns zugeordnet. Nach Hannah Arendt ist der Mensch ein zur Verantwortung fähiges, sprechendes und in diesem Sinn handelndes Wesen, das sich in der Gesellschaft offenbart. Gesellschaften, die den Menschen auf seine Körperlichkeit reduzieren und nicht als geistiges Wesen, als Handelnden akzeptieren, sind totalitär. Jedes totalitäre Regime habe versucht, den Menschen auf seine Körperlichkeit zu reduzieren und ihm den öffentlichen Raum für sein Handeln zu ver-

sperren. Das Bestreben, den Menschen seiner Geistigkeit zu ent-
kleiden, ist nach Hannah Arendt das spezifische Merkmal von
totalitären Gesellschaften.

Texte

CHRISTINE DE PIZAN
Das Buch von der Stadt der Frauen

Als ich eines Tages meiner Gewohnheit gemäß, die meinen Lebensrhythmus bestimmt, umgeben von zahlreichen Büchern aus verschiedenen Sachgebieten in meiner Klause saß und mich dem Studium der Schriften widmete, war mein Verstand es zu jener Stunde einigermaßen leid, die bedeutenden Lehrsätze verschiedener Autoren, mit denen ich mich seit längerem auseinandersetzte, zu durchdenken. Ich blickte also von meinem Buch auf und beschloß, diese komplizierten Dinge eine Weile ruhen zu lassen und mich statt dessen bei der Lektüre heiterer Dichtung zu zerstreuen. Auf der Suche nach irgendeinem Bändchen fiel mir ganz unerwartet ein merkwürdiges Buch in die Hand; es gehörte nicht zu meinem eigenen Bestand, sondern war mir zusammen mit anderen Bänden zur Aufbewahrung anvertraut worden. Ich öffnete es, entnahm dem Titelblatt, daß es sich ›Matheolus‹* nannte und lächelte, denn bislang hatte ich es zwar noch nie einsehen können, aber schon oft gehört, es verbreite, im Gegensatz zu anderen Büchern, Gutes über die Frauen. Ich hoffte also, mich bei seiner Lektüre zu entspannen, kam jedoch kaum dazu, darin herumzublättern, denn schon bald rief mich meine gute Mutter und holte mich, da es an der Zeit war, zu einem stärkenden Abendessen ab. Deshalb legte ich dieses Buch vorerst beiseite, nahm mir aber vor, es am folgenden Tag genauer zu betrachten.

Als ich am nächsten Morgen wieder wie gewöhnlich in meiner Studierstube saß, vergaß ich nicht, wie beabsichtigt das Buch des

---

* Der ›Liber lamentationum Matheoluli‹, verfaßt um ca. 1300, beinhaltet eine Ansammlung frauenfeindlicher Gemeinplätze.

Matheolus noch einmal in die Hand zu nehmen. Ich fing also an, darin zu lesen, und kam auch ein Stück voran. Da mir aber sein Inhalt für all jene, die an Verleumdung wenig Gefallen finden, nicht sonderlich erheiternd schien, da ich in ihm keinerlei Nutzen für den Entwurf eines ethischen oder moralischen Systems erblicken konnte und es außerdem anstößige Ausdrücke und Themen enthielt, blätterte ich nur ein wenig darin herum und legte es, nach einem Blick auf den Schluß, beiseite, um mich anspruchsvolleren und nützlicheren Studien zuzuwenden. Aber so unbedeutend dieses Buch im Grunde auch war, es lenkte meine Gedanken doch in eine neue Richtung: in meinem Inneren war ich verstört und fragte mich, welches der Grund, die Ursache dafür sein könnte, daß so viele und so verschiedene Männer, ganz gleich welchen Bildungsgrades, dazu neigten und immer noch neigen, in ihren Reden, Traktaten und Schriften derartig viele teuflische Scheußlichkeiten über Frauen und deren Lebensumstände zu verbreiten. Und zwar nicht nur einer oder zwei oder nur jener Matheolus, der in literarischer Hinsicht völlig unbedeutend ist und Lügengewäsch verbreitet, nein: allerorts, in allen möglichen Abhandlungen scheinen Philosophen, Dichter, alle Redner (ihre Auflistung würde zu viel Raum beanspruchen) wie aus einem einzigen Munde zu sprechen und alle zu dem gleichen Ergebnis zu kommen, daß nämlich Frauen in ihrem Verhalten und ihrer Lebensweise zu allen möglichen Formen des Lasters neigen.

Da mich diese Dinge sehr beschäftigten, machte ich mich daran, mich selbst und mein Verhalten als Wesen weiblichen Geschlechts zu prüfen; und in ähnlicher Weise diskutierte ich mit anderen Frauen, die ich traf: mit zahlreichen Fürstinnen, einer Unmenge von Frauen aus den unterschiedlichsten sozialen Ständen, die mir liebenswürdigerweise ihre geheimsten Gedanken offenbarten, damit ich auf der Grundlage dieses Wissens und völlig unvoreingenommen abwöge, ob das, was so viele ehrenwerte Männer über die Frauen verbreiten, zutrifft. Aber trotz allem, was ich auf diesem Wege erfuhr, und obwohl ich äußerst gründlich beobachtete und prüfte, fand ich keinerlei Anhaltspunkte für solche abschätzigen Urteile über meine Geschlechtsgenossinnen und die weiblichen Stände. Dennoch bezog ich Position gegen die Frauen und meinte, es sei völlig unvorstellbar, daß so bedeutende Männer – berühmte Gelehrte von beträchtlichem intellektuellen Format, scharfsinnig in jeder Hinsicht, wie jene es zu sein schienen –, daß diese Männer Lügen über die Frauen verbreitet hätten; und dies an so vielen Stellen, daß ich kaum einmal einen Band moralischen Schrifttums fand (ganz gleich, aus welcher Feder), ohne bereits nach kürzester Zeit auf frauenfeindliche Kapitel oder Aussprüche zu stoßen! Schon daraus schloß ich, dies müsse stimmen – auch wenn ich selbst in meiner Einfalt und Unwissenheit unfähig war, meine eigenen schlimmen Schwächen und die der anderen Frauen zu erkennen. Und so verließ ich mich mehr auf fremde Urteile als auf mein eigenes Gefühl und Wissen. [...]

Während ich mich mit so traurigen Gedanken herumquälte, ich den Kopf gesenkt hielt wie eine, die sich schämt, mir die Tränen in den Augen standen und ich den Kopf in meiner Hand barg, den Arm auf die Stuhllehne gestützt, sah ich plötzlich einen Lichtstrahl auf meinen Schoß fallen, als wenn die Sonne schiene. Und ich, die ich mich an einem dunklen Ort aufhielt, den zu dieser Stunde die Sonne gar nicht erhellen konnte, schreckte auf, gleich einer Person, die aus dem Schlaf hochfährt. Ich hob den Kopf, um die Lichtquelle zu suchen, und erblickte drei gekrönte Frauen von sehr edlem Aussehen, die leibhaftig vor mir standen. Das von ihren hellen Gesichtern ausstrahlende Licht erleuchtete mich und alles um mich herum. Man kann sich meine Überraschung vorstellen, denn alle Türen waren fest verriegelt, und trotzdem war es ihnen gelungen einzudringen. In der Befürchtung, es handele sich um eine mir als Versuchung auferlegte Geistererscheinung, schlug ich auf meiner Stirn das Zeichen des Kreuzes und war von großer Angst erfüllt.

Da redete die erste der drei Frauen mich lächelnd folgendermaßen an: »Teure Tochter, erschrick nicht, denn wir sind nicht gekommen, um dir zu schaden oder dir Kummer zu bereiten, sondern um dich zu trösten und dich aus deiner Unwissenheit zu erlösen, weil uns deine Verwirrung dauert. Sie verdunkelt so sehr deinen Verstand, daß du das, was du mit Sicherheit weißt, abstreitest und das glaubst, was du selbst nicht aus eigener Anschauung oder eigener Erfahrung, sondern lediglich aus den zahlreichen Meinungsäußerungen fremder Menschen weißt. Du gleichst dem Narren aus dem Schwank, dem man, während er in der Mühle schlief, Frauenkleider anzog und der beim Erwachen, weil seine Gegner ihm weismachten, er sei eine Frau, diesen Lügen mehr Glauben schenkte als der Gewißheit seines Seins. Wie geht das an, schöne Tochter? Wo hast du all deinen Scharfsinn gelassen? Hast du denn vergessen, daß feines Gold in der Feuersglut seine Beschaffenheit beweist, die sich nicht verändert und sich höchstens noch verfeinert, je mehr es auf unterschiedliche Weise gehämmert und bearbeitet wird? Weißt du denn nicht, daß die höchsten Dinge zugleich die umstrittensten sind? Und wenn du dein Augenmerk auf die allerhöchsten Dinge, die Ideen, das heißt: die himmlischen Dinge richtest, so solltest du auch einmal erwägen, ob nicht die größten Philosophen aller Zeiten, die du gegen dein eigenes Geschlecht einsetzt, vielleicht falsche Schlüsse gezogen haben; und ob nicht der eine auf den anderen antwortet und sie sich wiederholen: genau das hast du ja selbst im Buch von der ›Metaphysik‹ beobachtet, wo Aristoteles fremde Meinungen wiedergibt und sowohl Platon als auch andere wiederholt. Und bedenke ebenfalls, daß der heilige Augustin und andere Kirchenväter sogar Aristoteles korrigiert haben und damit den Fürsten der Philosophie, der in der Natur- und Moralphilosophie zu höchsten Erkenntnissen gelangt war.

Es hat außerdem den Anschein, daß für dich jede Äußerung eines Philosophen den Status eines Glaubensgrundsatzes hat und du es für ausgeschlossen hältst, daß auch sie irren könnten. Was die Dichter angeht, von denen du sprichst: weißt du denn nicht, daß sie schon oft nichts anderes als Ammenmärchen verbreitet haben und zuweilen das Gegenteil von dem meinen, was sie in ihren Schriften kundtun? Aber man bekommt sie mit Hilfe einer rhetorischen Figur zu fassen, die »Antiphrase« heißt; wie du weißt, bezeichnet sie den Sachverhalt, daß man jemanden als schlecht bezeichnet, in Wirklichkeit aber meint, er sei gut, und umgekehrt. Deshalb rate ich dir, ihre Werke in deinem Sinne zu lesen und die frauenfeindlichen Passagen, in welcher Absicht auch immer sie verfaßt sein mögen, so zu verstehen. Vielleicht meinte es ja auch jener Autor, der in seinem Buch als Matheolus auftritt, gerade so; denn es gibt viele Dinge, die, wortwörtlich verstanden, pure Ketzerei wären. Ferner: die Erfahrung hat bewiesen, daß die heftige Kritik am heiligen und gottgewollten Stand der Ehe, so wie sie sich vor allem im ›Rosenroman‹*, aber auch anderenorts findet, weil dessen Autor großen Einfluß hatte, völlig unberechtigt ist und die Beschuldigung der Frauen jeglicher Grundlage entbehrt. Denn wo hat es jemals einen Ehemann gegeben, der sich dermaßen von seiner Frau beherrschen ließ und es duldete, sich von ihr so viele abscheuliche Beschimpfungen an den Kopf werfen zu lassen, wie jene es den Frauen nachsagen? Was immer du zu diesem Thema gelesen hast, aber nie selbst erlebt hast: ich halte es für plumpe Lügen. Teure Freundin, deshalb sage ich dir zu guter Letzt, daß allein die Einfalt die Ursache deiner gegenwärtigen Auffassung ist. Darum werde wieder du selbst, bediene dich wieder deines Verstandes und kümmere dich nicht weiter um solche Torheiten! Denn eines mußt du wissen: alle Bosheiten, die allerorts über die Frauen verbreitet werden, fallen letzten Endes auf die Verleumder und nicht auf die Frauen zurück.« [...]

Diese Worte richtete die ehrwürdige Frau an mich, und ich bin außerstande zu sagen, welchen meiner Sinne ihre Gegenwart mehr fesselte: war es mein Ohr, als ich ihren bedeutsamen Worten lauschte? Oder waren es meine Augen, mit denen ich ihre unvorstellbare Schönheit, ihre prächtige Kleidung, ihre edle Haltung und ihr so würdevolles Auftreten betrachtete? Mit den anderen Frauen ging es mir ähnlich; ich wußte nicht, welche von ihnen ich ansehen sollte, denn die drei hohen Frauen ähnelten sich so sehr, daß ich nur mit Mühe die eine von der anderen unterscheiden konnte. Eine Ausnahme machte höchstens die letzte: sie trat ebenso ehrfurchtgebietend auf wie die anderen, hatte jedoch einen so strengen Gesichtsausdruck, daß auch der Mutigste es mit der Angst zu tun bekommen konnte, wenn er ihr in die Augen blickte. Es schien, als besitze sie die Fähigkeit, Übeltäter in Angst und Schrecken zu versetzen.

* In zwei Abschnitten ca. 1200 und 1280 verfaßtes literarisches Werk. In der Fortsetzung finden sich frauenfeindliche Passagen, auf die Christine de Pizan Bezug nimmt.

So stand ich also vor ihnen (ich hatte mich zuvor zu ihrer Begrüßung erhoben) und betrachtete sie stumm, wie eine Person, der es vor lauter Verwirrung die Sprache verschlägt. Ich war von großer Bewunderung erfüllt und fragte mich, wer diese Frauengestalten wohl sein könnten, und wenn ich es gewagt hätte, hätte ich mich nur allzugern nach ihrem Namen und Stand erkundigt, nach der Bedeutung der unterschiedlichen, sehr kostbaren Kleinodien, die eine jede in der rechten Hand hielt, und nach dem Grund ihres Kommens. Aber da ich mich für unwürdig hielt, solche Fragen an so vornehme Frauen wie jene zu richten, wagte ich es nicht, sondern fuhr fort, sie anzusehen, halb erschreckt und halb beruhigt durch die an mich gerichteten Worte, die meinen ersten Verdacht entkräftet hatten. Jedoch setzte die weise Frau, die mich angeredet hatte und in ihrer Scharfsichtigkeit meine Gedanken erriet, meinem Nachdenken die folgenden Worte entgegen:

»Teure Tochter, wisse, daß die göttliche Vorsehung, die nichts im Ungewissen oder Leeren läßt, uns – obwohl wir himmlische Wesen sind – dazu bestimmt hat, in dieser Welt, inmitten der Menschen zu weilen. Wir haben die Aufgabe, die von uns nach göttlichem Willen in den verschiedenen Bereichen geschaffenen Einrichtungen in Ordnung und Gerechtigkeit zu erhalten. Meine Aufgabe ist es, diejenigen Männer und Frauen, die die Orientierung verloren haben, aufzurichten und wieder auf den rechten Weg zu bringen. Und wenn sie im Irrtum befangen sind, so nähere ich mich ihnen (vorausgesetzt, sie sind klug genug, mich zu erkennen) insgeheim über ihren Verstand, wirke auf sie ein und predige ihnen, indem ich ihnen ihren Irrtum und ihre Fehlschlüsse vor Augen halte und ihnen die Ursachen dafür nenne. Ferner lehre ich sie, das Sinnvolle zu tun und das Tadelnswerte zu meiden. Und weil es mir obliegt, allen ihre eigenen Pflichten und Verirrungen in aller Deutlichkeit zu zeigen, sie ihnen theoretisch und praktisch vor Augen zu führen, siehst du mich statt eines Szepters diesen funkelnden Spiegel in meiner Rechten halten. Und wisse: niemand, welches Wesen auch immer, spiegelt sich darin, ohne zu einer klaren Erkenntnis seiner selbst zu gelangen. Oh! mein Spiegel ist von großer Erhabenheit (nicht zufällig umrahmen ihn, wie du siehst, kostbare Edelsteine), denn er offenbart das Wesen, die Eigenschaften, die Verhältnisse und Maße aller Dinge; ohne ihn kann nichts gelingen. Da du aber ebenfalls wissen möchtest, welches die Befugnisse meiner beiden Schwestern sind, die du hier siehst, und damit unsere Aussagen dich überzeugen, wird jede von uns selbst Auskunft über ihren Namen und ihr Wesen geben.

Jedoch will ich dir sofort den Grund für unser Kommen erläutern. Wir unternehmen nichts ohne guten Grund, und so kannst du versichert sein, daß unser Erscheinen an diesem Ort nicht zufällig ist. Manche Orte meiden wir allerdings ganz, und nicht allen Menschen offenbaren wir uns. Du aber, teure Freundin, verdienst es, in deiner Verwirrung und Traurigkeit von uns aufgesucht und getröstet zu werden. Dies verdankst du deiner leidenschaftlichen Liebe zur Ergründung der Wahrheit durch langes und beharrliches Studium, um dessentwillen du dich aus der Welt hierhin in die Einsamkeit zurückziehst. Mögen dir die Augen geöffnet werden hinsichtlich jener Dinge, die deinen Mut lähmen, verwirren und an seine Stelle Niedergeschlagenheit treten lassen.

Es gibt allerdings noch einen gewichtigeren, tieferen Grund für unser Kommen, den du unserem Bericht entnehmen kannst: wisse, wir sind hier, um eben jenen Irrtum, dem du aufgesessen bist, aus der Welt zu schaffen und um künftig allen hochherzigen und rechtschaffenen Frauen einen Ort der Zuflucht, eine umfriedete Festung gegen die Schar der boshaften Belagerer zu bieten. Allzu lange schon stehen die edlen Frauen ganz allein, sind ungeschützt wie ein Feld ohne Hecke, ohne einen Kämpfer, der sich ihrer Sache in angemessener Weise annähme; von Rechts wegen hätten sie eigentlich die Edelleute verteidigen müssen, aber sie haben es aus Nachlässigkeit und Gleichgültigkeit geduldet, daß man mit den Frauen übel umsprang. Deshalb ist es nicht weiter verwunderlich, wenn ihre mißgünstigen Gegner und die hämischen Finsterlinge, die auf die Frauen alle möglichen Pfeile abgeschossen haben, diesen Krieg für sich entscheiden konnten, fehlte es doch ganz einfach an einer angemessenen Verteidigung. Welche Stadt, ganz gleich, wie stark ihre Befestigungen sind, ließe sich nicht einnehmen, wenn es an Widerstand mangelt? Und welcher noch so eindeutig zu entscheidende Streitfall würde, bei Abwesenheit der Gegenpartei, nicht von demjenigen gewonnen, der den Prozeß ohne Gegenspieler führt? Die Frauen, gutmütig und ohne Falschheit, haben das göttliche Gebot der Langmut befolgt und gelassen die schweren Beschimpfungen erduldet, die ihnen in Rede und Schrift, völlig zu Unrecht, zugefügt wurden. Sie vertrauten dabei auf die göttliche Gerechtigkeit. Aber nun ist es höchste Zeit, ihre gerechte Sache den Händen Pharaos zu entreißen! Wir, die drei großen Frauen, die wir hier vor dir stehen, haben deshalb der Regung des Mitgefühls stattgegeben und sind gekommen, dir von einem Bauwerk ganz besonderer Art zu künden. Es wird der Umfriedung einer solide gemauerten und gebauten Stadt gleichen. Dir ist es bestimmt, es mit unserer Hilfe und unserem Beistand zu errichten. Bewohnen sollen es ausschließlich berühmte und vornehme Frauen, ferner solche, die es verdienen, gepriesen zu werden; für solche jedoch, denen es an Tugend gebricht, werden die Mauern unserer Stadt ein unüberwindbares Hindernis sein. [...]

Dir, schöne Tochter, wird auf diese Weise vor allen anderen Frauen das Vorrecht zuteil, die Stadt der Frauen zu errichten, und wie aus klaren Brunnen wirst du aus uns drei Frauen frisches Wasser schöpfen, um den Grundstein zu dieser Stadt zu legen und sie zu vollenden. Wir werden dich reichlich mit Baustoff versehen, der fester und haltbarer ist als Marmor und Mörtel zusammen. Deshalb wird deine Stadt von einzigartiger Schönheit und immerwährendem Bestand auf dieser Welt sein.

Hast du denn nicht gelesen, wie der König Tros die große Stadt Troja mit Hilfe von Apollo, Minerva und Neptun, die man damals für Götter hielt, gründete und wie ferner Kadmos auf Geheiß der Götter den Grundstein für die Stadt Theben legte? Trotzdem sind diese Städte im Lauf der Zeit dem Verfall und der Zerstörung anheimgefallen. Ich aber, gleich einer Weissagerin, prophezeie dir, daß die Stadt, die du mit unserer Hilfe gründen wirst, weder Zerstörung noch Verfall erleben wird, vielmehr, all ihren mißgünstigen Feinden zum Trotz, über alle Zeiten hinweg blühen und gedeihen wird. Auch wenn sie manchem Angriff standhalten muß, wird sie doch niemals erobert oder besiegt werden.

In früheren Zeiten, so berichtet die Überlieferung, wurde das Reich der Amazonen auf Geheiß und Bestreben mehrerer großherziger Frauen gegründet, welche die Knechtschaft verachteten. Über einen langen Zeitraum hinweg und unter der Herrschaft verschiedener Königinnen, die edle Frauen waren und von ihnen selbst gewählt wurden, verteidigten sie es. Diese regierten sie mit Klugheit und hielten die Herrschaft mit großer Strenge aufrecht. Aber so mächtig und stark jene auch waren und obgleich sie in der Zeit ihrer Herrschaft einen Großteil des gesamten Orients eroberten und alle Nachbarländer in Schrecken versetzten (sie wurden sogar von den Bewohnern Griechenlands, das damals das erste unter allen Ländern der Welt war, gefürchtet), zerfiel doch am Ende die Macht dieses Königreichs. So kam es – und dies gilt für alle Formen weltlicher Herrschaft –, daß heute nur noch der Name überlebt hat.

Aber du wirst mit dieser Stadt, die du zu bauen hast, ein weitaus beständigeres Werk schaffen. Nach unser dreier Ratschluß bin ich damit beauftragt, den Anfang zu machen und dich mit haltbarem, unverfälschtem Mörtel zu versehen, damit ein solider Grund gelegt wird; dann um sie herum starke Mauern zu ziehen, hoch, breit, bestückt mit starken Türmen und wehrhaften Kastellen mit Gräben, richtigen Bollwerken, mit eben allem, was zu einer stark und dauerhaft befestigten Stadt gehört. Und auf unser Geheiß wirst du sie tief in den Boden einlassen, damit sie mehr Halt haben, und dann ziehst du die Mauern so hoch, daß sie niemanden zu fürchten brauchen. Tochter, nun habe ich dir die Gründe für unser Kommen enthüllt, und damit du meinen Worten mehr Glauben schenkst, will ich dir jetzt meinen Namen sagen. Sein bloßer Klang wird dir offenbaren, daß du in mir, wenn du meine Anweisungen befolgst, eine Verbündete für dein Werk gefunden hast, die Irrwege unmöglich macht. Ich bin die edle Frau Vernunft; nun überlege, ob du dich in guter Obhut befindest. Mehr sage ich dir vorläufig nicht dazu.« [...]

Nachdem jene hohe Frau ihre Rede beendet hatte, begann die zweite, auch um der ersten eine Pause zu verschaffen, folgendermaßen: »Ich werde Rechtschaffenheit genannt, und meine Bleibe ist eher im Himmel als auf Erden. Aber als Strahl und Abglanz

Gottes, als Botin seiner Güte, verkehre ich mit den gerechtig-
keitsliebenden Menschen und halte sie dazu an, das Gute zu tun,
jedem nach bestem Vermögen das Seinige zu verschaffen, die
Wahrheit zu verkünden und zu unterstützen, den Armen und
Unschuldigen zu ihrem Recht zu verhelfen, dem Mitmenschen
keinen Kummer durch Drangsalierung zu bereiten und den Leu-
mund der zu Unrecht Angeklagten zu verteidigen. Ich bin der
Schild und die Hilfe der Gefolgsleute Gottes; ich schiebe der
Macht und dem Einfluß der Bösen einen Riegel vor. Ich ver-
schaffe den Arbeitenden Lohn und den Wohltätern Verdienst.
Seinen Freunden offenbart Gott über mich seine Geheimnisse;
ich bin im Himmel ihre Anwältin. Dieses funkelnde Lot, das du
mich anstelle eines Szepters in der rechten Hand halten siehst, ist
die gerechte Regel, die Recht vom Unrecht trennt und den Unterschied zwischen Gut und Böse anzeigt: wer ihr folgt, geht nie
fehl. Es ist der Friedensstab, der die Guten versöhnt und auf den
sie sich stützen, der Stab, der die Bösen schlägt und straft. Was
soll ich dir sonst noch dazu sagen? Dieses Lot zeigt allen Dingen
ihre Grenze an, denn unbegrenzt ist sein Geltungsbereich. Wisse
außerdem, daß es dir behilflich sein wird, die Berechnungen für
den Bau der Stadt, mit dem du betraut bist, anzustellen. Du wirst
es sehr wohl brauchen können, um das Innere der genannten
Stadt zu konstruieren, um hohe Gotteshäuser zu errichten, zum
Ausmessen der Paläste, der Häuser und aller Gebäude, der Stra-
ßen und Plätze und all jener Dinge, deren es bedarf, um sie mit
Leben zu erfüllen. Meine Aufgabe ist es, dir beizustehen. Nun
erschrick nicht angesichts der ungeheuren Dicke des Mauer-
werks und des ausgedehnten Umfangs der Umfriedung, denn mit
Gottes und unserer Hilfe wirst du schon alles aufs vollkommen-
ste ausfüllen und wunderschöne, gut befestigte Wohnstätten und
Gebäude errichten, ohne irgendwelche Leerräume zu lassen.«
[…]

Alsdann ergriff die dritte Frau das Wort, um folgendes zu sagen:
»Teure Christine, ich bin Gerechtigkeit, die einzigartige Tochter
Gottes, deren Wesen in Ihm seinen unmittelbaren Ursprung be-
sitzt. Mein Aufenthaltsort ist der Himmel, die Erde und die
Hölle: der Himmel, zum Ruhme der Heiligen und der Seelen der

Glückseligen; die Erde, um einem jeden den ihm zustehenden
Anteil an Gut und Böse zuzuteilen und zu geben; die Hölle,
zwecks Bestrafung der Bösen. Ich bin in jeder Hinsicht unnach-
giebig und besitze weder Freund noch Feind, und mein Wille
schwankt nicht. Weder vermag mich Mitleid zu überzeugen noch
Grausamkeit zu bewegen. Meine einzige Aufgabe besteht darin,
zu urteilen, zu schlichten und Frieden nach dem gerechten Verdienst eines jeden zu stiften. Ich sorge dafür, daß jedes Ding an
seinem Platz bleibt, und ohne mich wäre nichts von Dauer. Ich
bin in Gott, Gott ist in mir, und wir sind wie Eins. Wer mir folgt,
kann nicht fehlen, denn mein Weg ist sicher. Ich lehre jeden ver-
nunftbegabten Mann und jede vernunftbegabte Frau, der oder
die mir Glauben schenken will, zunächst sich selbst zu bessern,
zu erkennen und sich wieder in die Gewalt zu bekommen, dem
Mitmenschen das zuzufügen, was man selbst erfahren möchte,
alles gerecht aufzuteilen, die Wahrheit zu sagen, die Lüge zu meiden und zu hassen und alles Lasterhafte von sich zu weisen.
Diese Waagschale aus feinem Gold, die du mich in der rechten
Hand halten siehst und die die Form eines runden Maßes besitzt,
hat Gott, mein Vater, mir gegeben; sie dient dazu, einem jeden
das ihm Zukommende zu bemessen. Sie trägt das Zeichen der Li-
lie der Dreifaltigkeit, und bei allen Zuteilungen beweist sie Gerechtigkeit: niemand kann sich über mein Maß beklagen. Aber
die Menschen auf der Erde benutzen andere Maße, von denen sie
zu Unrecht behaupten, diese hingen mit meinem zusammen und
stammten von ihm ab. So manches Mal messen sie in meinem
Namen, aber nie ist ihr Maß gerecht, sondern stets für die einen
zu groß und zu klein für die anderen.

Ich könnte dir noch sehr lange etwas über die Besonderheiten
meiner Pflichten erzählen, aber, um es kurz zu machen: ich
nehme eine Sonderstellung unter allen Tugenden ein, weil sie sich
alle auf mich beziehen. Wir, die drei vornehmen Frauen, die du
hier siehst, sind wie ein einziges Wesen, denn die eine kommt
nicht ohne die andere aus; was die erste verfügt, ordnet die
zweite an und setzt es in Gang, und dann führe ich es weiter und
bringe es zum Abschluß. So haben wir drei Frauen beschlossen,
daß ich dir bei den letzten Arbeiten an deiner Stadt behilflich sein
soll. Meine Aufgabe wird es sein, die hohen Dächer der Türme,

der vornehmsten Wohnstätten und Gebäude zu errichten, die aus feinem, leuchtendem Gold bestehen sollen. Des weiteren werde ich deine Stadt mit würdigen Bewohnerinnen bevölkern und mit der vornehmen Königin, die ich dir zuführe und der die höchste Ehre und der höchste Rang unter den vornehmsten Frauen gebührt. Auf diese Weise will ich, mit deiner Hilfe, die Erbauung deiner Stadt zu einem Abschluß bringen, sie mit Befestigungen und starken Toren himmlischen Ursprungs versehen, und ganz zum Schluß werde ich dir die Schlüssel aushändigen.« [...]

»Ihr edlen Frauen, die Ihr mich zu der Ausführung eines so ehrenvollen Auftrags bestimmt habt, den ich frohen Herzens annehme. Vor Euch steht Eure Magd, zum Gehorsam bereit. Nun befehlt, ich werde gehorchen, und alles soll von mir nach Euren Anordnungen ausgeführt werden.« [...]

Daraufhin antwortete Frau Vernunft und sprach: »Jetzt fang an, Tochter. Laß uns, ohne noch mehr Zeit zu verlieren, hinaus aufs Feld der Literatur gehen: dort soll die Frauenstadt auf einem fetten und fruchtbaren Boden errichtet werden, dort, wo alle Früchte wachsen, sanfte Flüsse fließen und die Erde überreich ist an guten Dingen jeglicher Art. Nimm die Spitzhacke deines Verstandes, grabe tief und hebe überall dort einen tiefen Graben aus, wo es mein Lot dir anzeigt: ich werde dir mit meinen eigenen Schultern helfen, die Erde fortzuschaffen.«

Um ihrem Befehl nachzukommen, richtete ich mich voll auf und fühlte mich bereits durch den Einfluß der Frauen bedeutend kräftiger und leichter als zuvor. Sie ging also voraus, ich folgte ihr, und als wir auf dem besagten Feld angekommen waren, begann ich die Aushebungsarbeiten mit der Spitzhacke der Erkundung und hielt mich genau an ihre Anweisungen.

MARIE DE JARS DE GOURNAY
Gleichheit von Männern und Frauen

Die Mehrzahl derer, die für die Sache der Frauen und gegen die anmaßende Vorrangstellung eintreten, welche die Männer beanspruchen, drehen den Spieß einfach um und verleihen statt dessen den Frauen höheren Rang. Da ich für meinen Teil alle Extreme vermeide, begnüge ich mich damit, sie den Männern gleichzustellen, denn die Überlegenheit ist in dieser Hinsicht ebenso wie die Unterlegenheit wider die Natur.

Aber was sage ich, es reicht manchen Leuten nicht, dem männlichen Geschlecht den Vorzug gegenüber den Frauen einzuräumen, sie verbannen letztere überdies mit unumstößlichem und unabdingbarem Urteilsspruch an den Spinnrocken [...]. Doch es mag die Frauen über diese Geringschätzung hinwegtrösten, daß sie nur von denjenigen Männern zum Ausdruck gebracht wird, denen sie am wenigsten gleichen wollen: von Männern nämlich, die genau jenen Vorwürfen Glaubhaftigkeit verleihen würden, mit denen man das weibliche Geschlecht überhäufen könnte, wenn sie ihm denn selbst angehören würden. Sie fühlen in ihrem Innersten, daß sie sich nur durch das Ansehen des männlichen Geschlechts empfehlen können. Da sie außerdem in den Gassen haben herumposaunen hören, daß es den Frauen an Würde mangele, auch an Tüchtigkeit, ja sogar an der dafür notwendigen Konstitution und den Organen, triumphiert ihre Beredsamkeit darin, diese Weisheiten zu predigen, und zwar um so ausschweifender, als Würde, Tüchtigkeit, Organe und Konstitution so schöne Worte sind. Denn sie haben andererseits nicht gelernt, daß man einen ungehobelten Menschen zuallererst daran erkennt, daß er sich für Dinge aufgrund von Volksglauben oder Hörensagen verbürgt.

Seht nur, wie solche Geister die beiden Geschlechter vergleichen: Das Höchste, was Frauen nach ihrer Ansicht zu erreichen imstande sind, ist, dem gemeinen Mann ähnlich zu werden. Die Vorstellung, daß eine große Frau sich einen großen Mann, nur mit vertauschtem Geschlecht, nennen könnte, ist ihnen ebenso abwegig wie einem Mann zuzugestehen, daß er sich auf die Stufe eines Gottes erheben könnte. Diese Leute sind in der Tat tapferer als Herkules, der ja nur zwölf Ungeheuer in zwölf Kämpfen besiegt hat, während sie mit einem einzigen Wort die halbe Welt bezwingen.

Wer wird indessen glauben, daß diejenigen, die sich durch die Schwäche anderer größer und stärker machen wollen, dies auch aus eigener Kraft könnten? Und der Gipfel ist, daß sie meinen, mit ihrer Frechheit, das ganze weibliche Geschlecht zu schmähen, ungestraft davonzukommen. Zugleich loben und vergolden sie sich selbst – mal im besonderen, mal im allgemeinen – mit derselben Dreistigkeit, ganz gleich wie sehr sie im Unrecht sein mögen; als ob ihre Aufschneiderei allein durch ihre Unverschämtheit Wahrheit, Gewicht und Wert erhielte. Und ich kenne sie, weiß Gott, diese fröhlichen Prahlhänse, deren Angebereien bald zu den übelsten Sprichwörtern zur Schmach der Frauen geworden sind. Aber nun, wenn sie beanspruchen, vornehme und vortreffliche Männer zu sein, wozu sie sich wie durch ein Edikt erklären, warum machen sie nicht durch ein entsprechendes anderes Edikt die Frauen blöde?

Auch wenn ich recht habe mit meinem Urteil über die Würde wie auch über die Fähigkeiten der Damen, so beabsichtige ich an dieser Stelle doch nicht, es durch Begründungen zu untermauern, weil die Halsstarrigen sie niederreden könnten, und auch nicht durch Beispiele, zumal sie allzu bekannt sind. Vielmehr will ich es nur durch die Autorität Gottes selbst beweisen, durch die Stützen seiner Kirche und die großen Philosophen, die das Universum erleuchtet haben. Stellen wir diese ruhmreichen Zeugen an den Anfang und bewahren Gott und die Heiligen Väter seiner Kirche als größten Schatz für den Schluß.

Platon, dem niemand den Titel des »Göttlichen« je streitig gemacht hat, und folglich auch Sokrates, dessen Deuter und Protokollant er ist [...]*, schreiben den Frauen in ihren Republiken und überall sonst die gleichen Rechte, Fähigkeiten und Aufgaben zu. Sie heben darüber hinaus hervor, daß jene manches Mal alle Männer ihres Vaterlandes übertroffen haben. So haben sie tat-

---

* Der Text legt eine Verwechslung nahe, sie wurde hier korrigiert. Vgl. Gournay, in: Schiff, S. 63, Anm. 34 und 35 und S. 67.

sächlich einige der schönsten Künste ersonnen, sich in den berühmtesten Städten der Antike, unter anderem in Alexandria, der ersten des Reiches nach Rom, ausgezeichnet und sogar unangefochten und allen Männern überlegen alle möglichen Disziplinen und Tugenden gelehrt.

So kam es, daß diese beiden Philosophen, diese Wunder der Natur, Reden von großem Gewicht mehr Glanz zu verleihen glaubten, wenn sie sie in ihren Büchern aus dem Munde von Diotima oder Aspasia verlauten ließen. Sokrates, der doch selbst Erzieher und Lehrmeister des Menschengeschlechts ist, scheut sich nicht, Diotima seine Lehrmeisterin und Erzieherin in einigen der höchsten Wissenschaften zu nennen. Darauf geht Theodoret in dem ›Gebet des Glaubens‹, wie mir vorkommt, so bereitwillig ein, daß ihm wohl eine günstige Meinung vom weiblichen Geschlecht äußerst einleuchtend zu sein schien. Nach all diesen Zeugnissen von Sokrates bezüglich der Damen lassen sich andere besser einordnen. Wenn er auf dem Symposion des Xenophon eine Bemerkung gegen ihre Klugheit im Vergleich zu den Männern macht, betrachtet er sie hinsichtlich der Unwissenheit und Unerfahrenheit, in der sie aufgezogen werden, oder schlimmstenfalls auch im allgemeinen, wobei er häufig breiten Raum für die Ausnahmen läßt. Doch darauf verstehen sich die Schwätzer, von denen hier die Rede ist, nicht.

Wenn also die Damen seltener als die Männer den Grad der Vortrefflichkeit erreichen, so ist es ein Wunder, daß der Mangel an guter Unterweisung, ja das Übermaß an absichtlich und offenkundig schlechter Unterweisung nicht noch Schlimmeres anrichten und sie daran hindern, diesen überhaupt je zu erreichen. Gibt es zwischen Männern und Frauen größere Unterschiede als zwischen Frauen und ihresgleichen, je nach dem Unterricht, den sie erhalten haben, je nachdem, ob sie in der Stadt oder auf dem Dorf erzogen werden, oder je nach Volk? Und warum sollten bei ihnen die gleiche Erziehung oder Bildung in öffentlichen Angelegenheiten und Literatur wie bei Männern nicht die Lücke füllen, die sich gewöhnlich zwischen dem Verstand der Männer und dem der Frauen zeigt?

Schließlich ist die Bildung von solcher Bedeutung, daß selbst ein Aspekt von ihr, nämlich der gesellschaftliche Umgang, welchen Französinnen und Engländerinnen so reichlich pflegen und der den Italienerinnen fehlt, zur Folge hat, daß diese im allgemeinen von jenen weit übertroffen werden. Ich sage im allgemeinen, denn mitunter triumphieren einzelne Damen aus Italien: Zwei Königinnen haben wir von dort empfangen, deren Klugheit Frankreich größten Dank schuldet.

Warum fürwahr sollte es der Bildung nicht gelingen, den offenkundigen Unterschied des Verstandes zwischen Männern und Frauen zu beseitigen? Erhebt sich doch im eben angeführten Beispiel das Geringere über das Trefflichere, und zwar mit Hilfe eines einzigen ihrer Teile, den ich Umgang mit Menschen und Konversation nenne. Denn das Wesen der Italienerinnen ist feinsinniger und empfänglicher für die Verfeinerung des Geistes, wie es sich auch bei ihren Männern zeigt, wenn man sie gemeinhin den Franzosen oder Engländern gegenüberstellt. Plutarch beharrt in seiner Abhandlung über die Frauentugenden darauf, daß die Tugend des Mannes und die der Frau gleich sind. Und Seneca schreibt in seiner Trostschrift, man müsse annehmen, daß die Natur die Damen keineswegs stiefmütterlich behandelt, noch ihre Tugend und ihren Verstand mehr als bei den Männern beschränkt und beschnitten habe, sondern daß sie sie vielmehr mit der gleichen Kraft und Befähigung für jede redliche und löbliche Sache begabt hat.

Sehen wir nun nach diesen beiden, wie der dritte Kopf im Triumvirat menschlicher Weisheit und Moral* in seinen ›Essais‹ urteilt. Ihm scheine, sagt er, und er wisse nicht warum, daß sich selten Frauen finden, die würdig wären, über Männer zu befehlen. Heißt das nicht, daß er sie im einzelnen Fall mit den Männern auf gleiche Stufe stellt und sich zu irren fürchtet, wenn er dies nicht mit allen tut? Dabei könnte er seine Einschränkung mit der dürftigen und stiefmütterlichen Erziehung dieses Geschlechtes entschuldigen. Er vergißt zudem nicht, an anderer Stelle in demselben Buch zu erwähnen und hervorzuheben, welche Autorität Platon den Frauen in seinem ›Staat‹ zuweist, und daß Antisthenes jeden Unterschied in Begabung und Tugend zwischen den beiden Geschlechtern leugnete. Der Philosoph Aristoteles seiner-

---

* Michel de Montaigne

seits, der Himmel und Erde aufrührte, hat der die Damen begünstigenden Auffassung, soweit ich weiß, im wesentlichen nicht widersprochen. Er hat sie, wobei er sich zweifellos auf die Lehrsätze seines geistigen Vaters und Großvaters, Platon und Sokrates, bezog*, wie eine unveränderlich feststehende Wahrheit bestätigt, beglaubigt von diesen großen Männern, durch deren Mund unbestreitbar das ganze Menschengeschlecht und die Vernunft selbst ihr Urteil gesprochen haben.

Ist es vonnöten, zahllose andere antike und moderne Denker mit berühmten Namen anzuführen wie Erasmus, Poliziano, Agrippa oder diesen ehrenwerten und scharfsinnigen Lehrmeister der Hofmänner**, außerdem all die vielen berühmten Dichter? Sie sind allesamt Gegenstimmen wider die Verächter des weiblichen Geschlechts und Befürworter seiner Vorzüge, Befähigung und Begabung für jedes Amt und jede lobenswerte und würdige Aufgabe.

Die Damen trösten sich in der Tat damit, daß die Verleumder ihrer Verdienste keine gelehrten Männer sein können, wenn jene es sind. Und ein kluger Mann wird, selbst wenn er es glaubte, nie sagen, daß Verdienst und Vorzüge des weiblichen Geschlechts hinter jenen des männlichen zurückstehen, bis er all diese Geistesgrößen durch Gerichtsurteil zu Hornochsen hat erklären lassen, um ihre Aussagen gegen seine Verunglimpfungen zu entkräften.

Und zu Hornochsen müßte er auch ganze Völker erklären, darunter die feinsinnigsten, unter anderem die von Smyrna, beschrieben bei Tacitus. Um vorzeiten in Rom den ehrenden Vortritt vor ihren Nachbarn zu erhalten, führten sie an, daß sie entweder von Tantalus, Sohn des Jupiter, abstammen oder von Theseus, dem Enkel des Neptun, oder von einer Amazone, welche sie somit diesen Göttern gleichstellten. Was das Salische Gesetz betrifft, das die Frauen von der Thronfolge ausschließt, so findet es nur in Frankreich Anwendung. Es wurde zur Zeit des Pharamund*** ausschließlich in Hinblick auf die Kriege gegen das englische Reich ersonnen, dessen Joch unsere Väter abschüttelten. Denn

* Vgl. Anm. S. 62; Gournay, in: Schiff, S. 67.
** Baldassare Castiglione, der Verfasser des ›Cortegiano‹.
*** Pharamund, sagenhafter König der Franken.

der weibliche Körper ist offenbar um der Notwendigkeit willen, Kinder auszutragen und zu nähren, weniger geeignet für die Waffen. Es ist aber doch noch anzumerken, daß genau wie die Pairs von Frankreich, die – wie schon ihr Name sagt – ursprünglich als eine Art gleichgestellte Ratgeber der Könige berufen worden sind, so auch die Pairs-Damen von sich aus Sitzungen abhalten sowie Privilegien und beratende Stimme im gleichen Umfang und überall dort besitzen, wo die Pairs solche haben. Und auch die Lakedaimonier, dieses tapfere und edelmütige Volk, hielten bei allen privaten und öffentlichen Angelegenheiten Beratungen mit ihren Frauen ab.

Den Franzosen ist indessen die Einsetzung von Regentinnen als gleichwertigen Vertreterinnen der Könige sehr zugute gekommen, denn wie lange hätte ihr Staat ohne sie auf Erden bestanden? Wir können heute aus Erfahrung beurteilen, als wie notwendig sich dieses Verfahren bei Unmündigkeit der Könige erwiesen hat. Die Germanen, diese laut Tacitus kriegerischen Völker, über die nach zweihundert Jahren Krieg eher Triumphe gefeiert wurden, als daß sie tatsächlich besiegt worden wären, brachten ihren Frauen eine Mitgift dar, und nicht umgekehrt. Sie kannten darüber hinaus Stämme, die ausschließlich von diesem Geschlecht geführt wurden. Und wenn Äneas Dido das Zepter von Ilion überreicht, so liegt den Scholiasten zufolge der Grund dafür darin, daß die ältesten Töchter als Herrscherinnen, wie jene Prinzessin eine war, einstmals die königlichen Häuser regierten. Kann man sich zwei schönere Gegenbeweise zum Salischen Gesetz wünschen, wenn es überhaupt zweien standhalten kann? So verachteten weder unsere gallischen Vorfahren noch die Karthager die Frauen; als sie vereint waren im Heer Hannibals, um die Alpen zu überqueren, setzten sie gallische Edelfrauen als Schlichterinnen ihrer Händel ein.

Und wenn die Männer diesem Geschlecht vielerorts manche der besten Vorteile raubten, kann weit eher die Ungleichheit der körperlichen Kräfte als die der geistigen oder des Verdienstes Grund für den Diebstahl und das Leid sein. Doch körperliche Kräfte sind so niedere Tugenden, daß das Tier den Mann darin weit mehr übertrifft als der Mann die Frau. Und wenn dieser gleiche römische Geschichtsschreiber uns lehrt, wo Stärke regiere, seien Gerechtigkeit, Ehrenhaftigkeit, sogar Bescheidenheit Kennzeichen des Siegers, so wird man sich wundern, daß Tüchtigkeit und Verdienste allgemein die unserer Männer sein sollen, nicht aber die der Frauen.

Zudem ist das Tier »Mensch«, wenn man es recht betrachtet, weder Mann noch Frau, da die Geschlechter nicht jedes für sich geschaffen sind, sondern *secundum quid*, wie Aischylos sagt, das heißt ausschließlich zur Fortpflanzung. Die einzige Erscheinungsform und das alleinige Unterscheidungsmerkmal dieses Lebewesens besteht in der menschlichen Seele. Und wenn am Rande ein Spaß erlaubt ist, wäre ein Wortspiel nicht fehl am Platze, das uns lehrt: Nichts gleicht dem Kater auf der Fensterbank mehr als die Katze.

Mann und Frau sind so sehr eins, daß, wenn der Mann mehr ist als die Frau, die Frau mehr ist als der Mann. Der Mensch wurde geschaffen als Mann und Frau, sagt die Heilige Schrift und zählt somit diese beiden als eins. Jesus Christus wird Menschensohn genannt, obwohl er nur der Sohn einer Frau ist. So spricht später der große Heilige Basilius: Die Tugend des Mannes und die der Frau ist die gleiche, da Gott ihnen die gleiche Schöpfung und den gleichen Ehrenplatz darin geschenkt hat; *masculum et feminam fecit eos*. Nun aber müssen bei denjenigen, die von ein und derselben Natur sind, auch die Taten gleich sein und sodann auch Achtung und Lohn, wo die Werke gleich sind. Das also ist die Darlegung dieses mächtigen Pfeilers und verehrungswürdigen Zeugen der Kirche.

Es schadet nicht, sich an dieser Stelle daran zu erinnern, daß sich bestimmte alte Kritikaster bis zu der albernen Überheblichkeit verstiegen haben, den Frauen im Unterschied zum Manne abzusprechen, daß sie Ebenbild Gottes sind. Ein Bild, das sie nach dieser Logik am Bart festmachen mußten. Man mußte außerdem und folgerichtig leugnen, daß die Frauen Ebenbild des Mannes sind, da sie ihm nicht ähneln können, ohne auch Jenem zu gleichen, dem der Mann ähnlich ist.

Gott selbst hat ihnen wie den Männern ohne Unterschied die Gaben der Prophezeiung verliehen, auch hat er sie als Richterinnen, Lehrerinnen und Führerinnen seines treuen Volkes in Krieg und Frieden eingesetzt. Und, mehr noch, er hat sie mit ihm triumphieren lassen in großen Siegen, die sie auch viele Male an verschiedenen Stätten der Welt davongetragen und gefeiert haben. Aber über welche Menschen, eurer Meinung nach? Kyros und Theseus, denen man Herkules zur Seite stelle, den sie zwar nicht besiegt, so wenigstens schwer geschlagen haben. So war es auch beim Sturz Penthesileas, Krönung des Ruhmes von Achilles. Hört nur Seneca und Ronsard von ihr sprechen: »Die Amazone besiegte er, den letzten Schrecken der Griechen. / Penthesilea schleuderte er in den Staub.«

Haben sich die Frauen im übrigen (dies sei bei der Gelegenheit erwähnt) im Glauben, der alle wichtigen Tugenden umfaßt, weniger als in Tüchtigkeit und edelmütiger, kriegerischer Stärke hervorgetan? Paterculus berichtet uns, daß während der römischen Christenverfolgungen die Kinder gar keine Glaubensstärke zeigten, die Freigelassenen nur geringe, die Frauen aber überaus große. Und wenn der heilige Paulus, um auf meinem Weg der heiligen Zeugnisse fortzufahren, ihnen das Priesteramt verwehrt und das Schweigen in der Kirche gebietet, so tut er dies offensichtlich keineswegs aus Geringschätzung. Nein, vielmehr aus Furcht, daß sie Versuchungen sein könnten durch die beim Lesen der Messe und bei der Predigt unvermeidliche, so deutliche und öffentliche Schaustellung dessen, was sie mehr an Liebreiz und Schönheit haben als die Männer.

Ich sage, daß Verachtung dabei offensichtlich ausgeschlossen ist, da der Apostel im Werk unseres Herrn von Thesbe als seiner Stellvertreterin spricht, ganz zu schweigen von dem hohen Ansehen der heiligen Petronilla beim heiligen Petrus und auch von der heiligen Magdalena, die in der Kirche in einem Atem mit den Aposteln genannt wird, *par Apostolis*. Ja, die Kirche und jene Apostel selbst haben sogar für sie, die dreißig Jahre lang in La Baume bei Marseille zum Wohle der ganzen Provence gepredigt hat, eine Ausnahme von der Schweigeregel erlaubt. Und wenn jemand diesen Nachweis von Predigten anzweifelt, so frage man ihn, was die Sibyllen taten, wenn nicht dem Universum durch göttliche Eingebung das künftige Erscheinen Jesu Christi zu verkünden?

Alle alten Völker verliehen den Frauen ohne Unterschied zu den Männern die Priesterwürde. Und die Christen mußten zumindest einräumen, daß sie fähig sind, das Sakrament der Taufe zu spenden. Aber wie kann ihnen die Befähigung, die anderen Sakramente auszuteilen, gerechterweise abgesprochen werden, wenn sie ihnen für dieses eine zu Recht zugestanden wird? Was die Behauptung anlangt, die Not der sterbenden kleinen Kinder habe die alten Väter gezwungen, diesen Brauch gegen ihren Willen einzuführen – sie hätten gewißlich niemals angenommen, daß die Not sie berechtigen könnte, Schlechtes zu tun und sogar so weit zu gehen, die Schändung und Verleumdung eines Sakraments zuzulassen. Und wenn man davon ausgeht, daß Frauen die Befähigung zur Austeilung eines Sakaramentes haben, wird deutlich, daß die Männer ihnen nur verboten haben, auch die anderen zu spenden, um ihre Macht zu erhalten; sei es weil sie zu diesem Geschlecht gehören, sei es – zu Recht oder Unrecht – damit der Friede zwischen den beiden Geschlechtern durch die Schwäche und Erniedrigung des einen besser gesichert werde.

Wahrlich, der heilige Hieronymus schreibt weise zu unserer Sache, daß für den Dienst an Gott Geist und Lehre berücksichtigt werden müßten, nicht das Geschlecht. Ein Satz, den man allgemein verbreiten muß, um den Damen mit um so größerem Recht jede redliche Betätigung und Wissenschaft zu erlauben und so auch dem Willen eben dieses Heiligen zu folgen, der seinerseits ihr Geschlecht sehr verehrt und rechtfertigt. Darüber hinaus verachtete der heilige Johannes, der Adler und geliebteste unter den Evangelisten, die Frauen keineswegs, auch nicht der heilige Petrus, der heilige Paulus und jene beiden Kirchenväter, ich meine den heiligen Basilius und den heiligen Hieronymus, der seine Briefe an sie im besonderen richtet; ganz zu schweigen von unzähligen anderen Heiligen oder Kirchenvätern, die ihren Schriften ähnliche Anreden voranstellen.

Was die Tat Judiths betrifft, so würde ich es nicht für wert erachten, sie zu erwähnen, wenn sie rein persönlich wäre, will sagen, abhängig von Regungen und Willen ihrer Urheberin. Auch spreche ich nicht von anderen dieser Art, obwohl sie unermeßlich an Zahl und auch ebenso heldenhaft in ihren verschiedensten Qualitäten sind wie die Taten der berühmtesten Männer. Ich verzeichne keine privaten Begebenheiten aus Furcht, daß sie nicht als Vorzüge und Begabungen des Geschlechts erscheinen, sondern als Aufwallen einer vereinzelten und außergewöhnlichen Kraft. Aber Judiths Tat verdient an dieser Stelle erwähnt zu werden, denn es ist wohl wahr, daß inmitten so vieler feiger und mutloser Männer der Plan zu einer solchen Aufgabe, zu einem so bedeutenden und schwierigen Unternehmen, das die Rettung eines ganzen Volkes und einer gottesfürchtigen Stadt zum Ergebnis hatte, in das Herz einer jungen Dame gefallen ist. Dies scheint doch eher eine göttliche Eingebung und Bevorzugung zu sein als eine Tat allein aus eigenem Willen.

Dies scheint auch bei dem Unternehmen der Jungfrau von Orléans der Fall zu sein, das ungefähr von den gleichen Umständen begleitet wurde, aber von größerem und bedeutenderem Nutzen war, da es einem großen Königreich und seinem Herrscher zum Heil gereichte.

> Diese ruhmreiche Amazone, in den Künsten des Mars unterwiesen,
> mäht nieder die Heerscharen und trotzt den Gefahren.
> Der harte Harnisch bedeckt ihre runde Brust,
> deren purpurne Knospen funkeln von Liebreiz.
> Um ihr Haupt zu krönen mit Ruhm und Lorbeer,
> wagt die Jungfrau den Kampf mit den berühmtesten Kriegern.

Hinzugefügt sei noch, daß Magdalena die einzige Seele ist, der jemals der Erlöser folgendes gesagt und diese erhabene Gnade verheißen hat: Allerorten, wo man das Evangelium predigt, wird von dir gesprochen werden. Jesus Christus tat im übrigen seine überaus glückliche und glorreiche Auferstehung zuerst den Frauen kund, um sie, wie ein verehrungswürdiger Kirchenvater sagt, zu Apostolinnen der Apostel zu machen, und zwar, wie man weiß, mit ausdrücklichem Auftrag: Geht, sprach er, und berichtet den Aposteln und Petrus, was ihr gesehen habt. Dazu ist anzumerken, daß Jesus schon seine Menschwerdung den Frauen und den Männern gleichzeitig offenbarte in der Person von Hanna, Tochter des Phanuel, die ihn im selben Augenblick erkannte wie der heilige Simeon, der gute Greis.* Jene Geburt haben überdies die schon erwähnten Sibyllen als einzige unter den Heiden vorausgesagt, ein besonderes Privileg des weiblichen Geschlechts. Wie große Ehre wird den Frauen auch durch jenen Traum erwiesen, der sich, alle

* Lukas 2, 21–40.

Männer übergehend und aus so höchst bedeutsamem Anlaß, im Hause des Pilatus an eine von ihnen richtete.

Und wenn sich die Männer brüsten, daß Jesus aus ihrem Geschlecht geboren sei, so ist ihnen zu antworten, daß dies aus Gründen der Schicklichkeit notwendig war. Denn er hätte sich in jugendlichem Alter nicht, ohne Ärgernis zu erregen, zu jeder Stunde des Tages und der Nacht unter die Leute mischen können, um die Menschheit zu bekehren, ihr Hilfe zu bringen und sie zu retten, wenn er weiblichen Geschlechts gewesen wäre, insbesondere angesichts der Boshaftigkeit der Juden.

Ja, wenn jemand darüber hinaus geistlos genug ist, sich Gott männlich oder weiblich vorzustellen, zeigt er nur vor aller Welt, daß er ein ebenso schlechter Philosoph wie Theologe ist. Wenn auch Gottes Name männlich zu klingen scheint, folgt daraus nicht notwendig die Bevorzugung des einen Geschlechts vor dem anderen, um die Fleischwerdung seines Sohnes zu ehren. Im übrigen wird der Vorteil der Männer aus seiner Menschwerdung in ihrem Geschlecht (falls sie in Anbetracht der erwähnten Notwendigkeit daraus überhaupt einen ziehen können) aufgewogen durch Jesu überaus kostbare Empfängnis im Leib einer Frau, durch die vollkommene Makellosigkeit dieser Frau, die als einzige seit dem Sündenfall unserer Stammeltern unter allen menschlichen Geschöpfen den Namen der Unbefleckten trägt, und durch ihre ebenfalls unter den Menschen einzigartige Himmelfahrt.

Wenn schließlich die Heilige Schrift den Ehegatten zum Herrn über die Frau erklärt hat, so wäre die Dummheit des Mannes groß genug, wenn er das als eine besondere Ehrung auffaßte. Denn die in dieser Abhandlung angeführten Beispiele, Autoritäten und Gründe haben die gleichmäßige Verteilung der Gunstbeweise und Vorrechte Gottes zwischen [...] den Geschlechtern bewiesen, ja sogar ihre Einheit. Angesichts dessen und Gottes Wort: Die beiden werden ein Fleisch sein, und auch: Der Mann wird Vater und Mutter verlassen und seiner Frau folgen, scheint die obige Erklärung doch nur in der bewußten Absicht gemacht zu sein, den Frieden in der Ehe zu fördern. Dieser erforderte zweifellos, daß eine der Parteien der anderen nachgab, und die männliche konnte es wegen der Überlegenheit ihrer Kräfte nicht ertragen, sich zu unterwerfen. Und wenn es wirklich wahr sein sollte, wie manche behaupten, daß die Unterwerfung der Frau als Strafe für den Sündenfall mit dem Apfel auferlegt wurde, so läßt sich daraus noch lange nicht auf die angeblich größere Würde des Mannes schließen.

Seht nur, welcher Widersinn sich ergeben würde, wenn man glauben wollte, daß die Heilige Schrift der Frau befehle, dem Manne zu gehorchen, weil sie unwürdig sei, sich ihm gleichzustellen: Die Frau wäre würdig, als Ebenbild des Schöpfers geformt zu sein, in den Genuß des allerheiligsten Abendmahls, des Geheimnisses der Erlösung und des Paradieses zu kommen, Gott zu schauen und sogar eins zu werden mit Ihm, aber die Vorteile und Vorrechte des Mannes würden ihr nicht zuteil. Hieße das nicht, den Mann für wertvoller und erhabener zu erklären als all dies und folglich die schwerste aller Gotteslästerungen zu begehen?

MARGARET CAVENDISH
Die Beschreibung einer Neuen Welt, Flammende Welt genannt

An den Leser
Falls Sie sich darüber wundern, daß ich meinen ernsthaften philosophischen Betrachtungen ein Werk der Phantasie beifüge*, so denken Sie nicht, daß dies aus einer Geringschätzung der Philosophie oder aus der Ansicht resultiert, daß diese ausgezeichnete Untersuchung nichts anderes als eine Erfindung des Geistes sei. Wenn auch Philosophen beim Suchen und Forschen nach den Ursachen natürlicher Vorgänge irren können und oftmals Fälschliches für die Wahrheit halten, so beweist dies doch nicht,

---

* Die ›Flammende Welt‹ wurde zusammen mit den ›Betrachtungen der Experimentellen Philosophie‹ veröffentlicht.

daß die Grundlage der Philosophie nur Fiktion ist. Der Fehler entspringt den verschiedenen Bewegungen des Verstandes, welche in verschiedenen Bereichen verschiedene Meinungen bilden und in manchen unregelmäßiger sind als in anderen. Denn da der Verstand materiell und daher zerlegbar ist, kann er nicht in allen Bereichen gleich wirken; und da es in der Natur nur eine Wahrheit gibt, irren alle, die nicht auf diese Wahrheit stoßen – manche mehr, manche weniger. Und obwohl manche dem Ziel näher kommen als andere, was ihre Meinungen wahrscheinlicher und rationaler erscheinen läßt als andere, so sind sie doch im Irrtum, solange sie von dieser einzigen Wahrheit abweichen. Dennoch gründen alle ihre Meinungen auf den Verstand, das heißt auf rationale Wahrscheinlichkeiten, jedenfalls meinen sie dies zu tun. *Fiktionen* sind aber ein Ergebnis der menschlichen Phantasie, nach Lust und Laune geformt im eigenen Geist, ohne zu beachten, ob das von ihm Erdachte auch ohne den Geist wirklich existiert. Während der Verstand die Tiefe der Natur untersucht und nach den wahren Ursachen natürlicher Vorgänge forscht, schafft die Phantasie aus sich selbst heraus, was immer ihr gefällt, und freut sich an ihrer eigenen Arbeit. Das Ziel des Verstandes ist die Wahrheit; das Ziel der Phantasie ist die Fiktion. Mißverstehen Sie mich aber nicht, wenn ich *Phantasie* von *Verstand* unterscheide. Ich meine damit nicht, daß die Phantasie nicht aus den rationalen Teilen der Materie bestünde. Mit Verstand meine ich eine rationale Suche und Untersuchung der Ursachen natürlicher Vorgänge, und mit *Phantasie* meine ich ein freies Schaffen oder Wirken des Geistes, wobei beides Resultate oder eher Tätigkeiten der rationalen Teile der Materie sind. Das eine ist eine gewinnbringendere und nützlichere Studie als das andere, aber gleichzeitig auch mühsamer und schwieriger, und darum wird gelegentlich auf die Hilfe der Phantasie zurückgegriffen, um den Geist zu entspannen und ihn von seinen ernsteren Betrachtungen zu entlasten.

Darin liegt nun der Grund, warum ich meinen philosophischen Beobachtungen dieses Phantasiewerk hinzufügte und sie an den Enden ihrer Pole als zwei Welten zusammenfügte: Sowohl für mich selbst, um meine wissenschaftlichen Gedanken zu zerstreuen, die ich für die Betrachtung derselben anwandte, als auch, um den Leser durch angenehme Abwechslung zu erfreuen. Aber für den Fall, daß meine Phantasie zu weit abschweifen würde, wählte ich eine Fiktion, die zu dem Thema paßt, das in den vorangegangenen Teilen behandelt wurde. Es ist eine Beschreibung der *neuen Welt* – nicht einer solchen wie der *Lukians* oder wie die Welt des *Franzosen* auf dem Mond*, sondern eine von mir selbst geschaffene Welt, die ich die *Flammende Welt* nenne. Der erste Teil ist *romantisch*, der zweite *philosophisch* und der dritte nur Phantasie, oder (wie ich es gern nenne) *fantastisch*. Wenn es Ihnen Vergnügen bereitet, betrachte ich mich als eine glückliche *Schöpferin*; falls nicht, muß ich mich damit begnügen, ein trauriges Leben in meiner eigenen Welt zu fristen. Ich kann sie nicht eine arme Welt nennen, wenn Armut nur der Mangel an Gold, Silber und Juwelen ist, denn es befindet sich mehr Gold darin, als sämtliche Apotheker je herstellten oder (wie ich wahrhaftig glaube) jemals werden herstellen können. Was die Diamanten betrifft, so wünsche ich aus tiefster Seele, daß sie unter meinen edlen Freundinnen verteilt werden mögen. Unter dieser Bedingung würde ich gern auf meinen Anteil verzichten. Von dem Gold würde ich nur so viel verlangen, daß es ausreichen würde, um die Verluste meines edlen Herrn und Ehemanns auszugleichen.**

Ich bin nicht habsüchtig, wohl aber so ehrgeizig, wie je eine Frau werden konnte, gegenwärtig ist, oder je werden wird. Ich kann zwar nicht *Henry der Fünfte* oder *Charles der Zweite* sein, aber ich trachte doch danach, *Margaret die Erste* zu sein. Auch wenn ich weder Macht, Zeit, noch Gelegenheit habe, die Welt zu erobern, wie *Alexander* und *Caesar* es taten – statt keine Herrscherin über eine Welt zu sein, zumal mir das Glück und Schicksal keine zur Verfügung stellen, habe ich mir meine eigene Welt geschaffen. Dafür wird mich niemand tadeln, hoffe ich, denn es steht in jedermanns Macht, dasselbe zu tun.

---

* Lukian von Samosata (ca. 120–185 n.u.Z.), griechischer Satiriker und Autor einer Lügenreise; Cyrano de Bergerac (1620–1655), ›Komische Geschichte von den Staaten und Königreichen des Mondes‹.
** 1649 wurde William Cavendish, Herzog von Newcastle, aus England verbannt, und seine Ländereien wurden konfisziert.

Die Beschreibung einer Neuen Welt, Flammende Welt genannt
[...] Nach einiger Zeit, als die Geister sich in ihren Fahrzeugen erfrischt hatten, sandten sie einen ihrer flinksten Geister aus, um die Herrscherin zu fragen, ob sie einen Schreiber benötige oder die Kabbala selbst schreiben würde. Die Herrscherin nahm das Anerbieten mit aller Höflichkeit entgegen und sagte ihm, daß sie einen spirituellen Schreiber wünsche. Der Geist antwortete, daß sie wohl diktieren, aber nicht schreiben könnten, es sei denn, sie würden eine Hand oder einen Arm oder gar einen ganzen Menschenkörper anlegen. Die Herrscherin fragte, wie Geister sich denn mit Körperhandschuhen bewaffnen könnten. Genauso wie Menschen sich mit einem Stahlhandschuh bewaffnen können, antwortete der Geist. Wenn das so ist, sagte die Herrscherin, dann will ich einen Schreiber haben. Darauf fragte der Geist sie, ob sie die Seele eines lebendigen oder eines toten Menschen haben wollte. Wie denn das, wunderte sich die Herrscherin, kann denn die Seele einen lebenden Körper verlassen und in die Ferne wandern oder reisen? Ja, antwortete der Geist, denn nach Platons Lehre gibt es ein Gespräch der Seelen, und die Seelen der Liebenden leben in den Körpern ihrer Geliebten. Wenn das so ist, antwortete sie, will ich die Seele eines früheren berühmten Autors haben, von Aristoteles, Pythagoras, Platon, Epikur oder ähnlichen. Der Geist erwiderte, daß jene berühmten Männer in der Tat sehr gelehrte, fein- und scharfsinnige Autoren gewesen seien, daß sie aber so untrennbar mit ihren eigenen Meinungen verbunden seien, daß sie niemals die Geduld dazu hätten, Schreiber zu sein. Dann, sagte sie, will ich die Seele eines der berühmtesten modernen Autoren haben, also entweder die von Galileo, Gassendi, Descartes, Helmont, Hobbes oder Henry More oder dergleichen. Der Geist antwortete, daß sie wohl hervorragende, scharfsinnige Autoren, jedoch so eingebildet seien, daß sie es von sich weisen würden, Schreiber für eine Frau zu sein. Aber, fügte er hinzu, da gibt es eine Dame, die Herzogin von Newcastle. Auch wenn sie nicht zu den Gelehrtesten, Redegewandtesten, Geistreichsten und Scharfsinnigsten gehört, so ist sie doch eine klare und rationale Autorin, denn die Richtschnur ihrer Schriften sind Sinn und Verstand, und sie wird ohne Zweifel bereit sein, sich in Euren Dienst zu stellen. Diese Dame werde ich als meine

Schreiberin auswählen, beschloß die Herrscherin, und der Herrscher wird so auch keinen Anlaß zur Eifersucht haben, da sie meines eigenen Geschlechts ist. Tatsächlich, sagte der Geist, haben Ehemänner ja allen Grund, auf platonische Liebhaber eifersüchtig zu sein, sind sie doch sehr gefährlich, weil sie nicht nur sehr vertraut und nahestehend, sondern auch feinsinnig und einnehmend sind. Gut gesagt, lobte die Herrscherin, weshalb ich bitte, mir die Seele der Herzogin von Newcastle zu schicken, was der Geist daraufhin auch tat. Nachdem sie gekommen war, um der Herrscherin zu dienen, und die Herrscherin sie bei ihrer Ankunft umarmt und mit einem spirituellen Kuß begrüßt hatte, fragte sie sie, ob sie schreiben könne. Ja, antwortete die Seele der Herzogin, aber nicht so deutlich, daß jeder beliebige Leser es verstehen könne, es sei denn, man brächte ihm meine Schriftzeichen bei, denn meine Buchstaben ähneln eher Schriftzeichen als gutgeformten Buchstaben. Ihr wurdet mir von einem aufrichtigen und scharfsinnigen Geist empfohlen, sagte die Herrscherin. Sicherlich, erwiderte die Herzogin, kennt der Geist meine Handschrift nicht. Tatsächlich hat er Eure Handschrift nicht erwähnt, meinte daraufhin die Herrscherin, aber er teilte mir mit, daß Ihr mit Sinn und Verstand schreibt, und wenn Ihr so schreiben könnt, daß einer meiner Sekretäre Eure Handschrift lesen lernen kann, so soll er sie sauber und leserlich abschreiben. Die Herzogin antwortete, daß sie nicht bezweifle, daß ihre Handschrift in kurzer Zeit leicht gelernt werden könnte. Aber, so fragte sie die Herrscherin, was ist es denn, das Eure Majestät geschrieben haben möchte? Sie antwortete: die jüdische Kabbala. Aber hierfür, wandte die Herzogin ein, wäre doch dann der einzige Weg für Euch, die Seele eines berühmten Juden zu haben, ja Ihr könntet sogar, falls es Eurer Majestät recht ist – und ich habe hier keine Bedenken – genauso leicht die Seele Moses' haben wie die jedes anderen. Das kann nicht sein, antwortete die Herrscherin, denn kein Sterblicher weiß, wo Moses ist. Menschliche Seelen sind unsterblich, erwiderte die Herzogin, doch wenn diese zu schwer aufzufinden ist, könntet Ihr die Seele eines der höchsten Rabbiner oder Weisen des Stammes Levi haben, der Euch richtig in jener Geheimlehre unterweisen könnte. Sonst wird Eure Majestät zu Fehlern neigen und – tausend zu eins – gravierende Fehler machen. Nein, sagte die Herrscherin, denn ich werde von Geistern unterrichtet werden. Ach!, seufzte die Herzogin, in vielen Fällen sind Geister so unwissend wie Sterbliche, denn kein erschaffener Geist hat ein allgemeines oder absolutes Wissen oder kann die Gedanken der Menschen kennen und erst recht nicht die Geheimnisse des großen Schöpfers, es sei denn, es gefiele Ihm, Geistern die Gabe göttlichen Wissens einzuflößen. Wenn das so ist, erwiderte die Herrscherin, bitte ich um Euren Rat in dieser Sache. Die Herzogin antwortete, wenn es Eurer Majestät gefällt, auf meinen Rat zu horchen, empfehle ich Euch, von diesem Werk Abstand zu nehmen. Es würde weder Euch noch Eurem Volk zum Vorteil gereichen, es sei denn, Ihr wärt selbst jüdisch. Doch selbst wenn Ihr es wärt, wäre die allgemein verbreitete Auslegung der Heiligen Schrift lehrreicher und leichter zu glauben als Eure mystizistische Art der Interpretation; denn wäre sie besser und für die Erlösung der Juden vorteilhafter gewesen, so hätte Moses diese Arbeit sicherlich nach so langer Zeit durch seine eigene Erklärung überflüssig gemacht, da er nicht nur ein weiser, sondern auch ein sehr aufrichtiger, eifriger und frommer Mann war. Deshalb ist es am besten, folgerte sie, mit allen anderen an den buchstäblichen Sinn der Heiligen Schrift zu glauben. Statt daß jeder so interpretiert, wie es ihm beliebt, sollte man diese Arbeit den Gelehrten überlassen oder denen, die nichts anderes zu tun haben. Ich glaube auch nicht, fuhr sie fort, daß Gott jene verdammen wird, die hierin unwissend sind, oder daß er sie ob des Fehlens einer mystizistischen Interpretation der Heiligen Schrift verlorengehen lassen würde. Wenn das so ist, sagte die Herrscherin, lasse ich es mit der Heiligen Schrift und mache lieber eine philosophische Kabbala. Die Herzogin wies sie darauf hin, daß ihr Sinn und Verstand sie so viel über die Natur lehren würden, wie man wissen könne. Was die Zahlen betreffe, so seien sie unendlich, aber dem Unendlichen Unsinn hinzuzufügen, würde zu Verwirrung führen, besonders im menschlichen Verstehen. In dem Fall, so die Herrscherin, werde ich eine moralische Kabbala schaffen. Die Herzogin antwortete, Sittlichkeit liege allein darin, Gott zu fürchten und den Nächsten zu lieben, und dieses bedürfe keiner weiteren Interpretation. Dann mache ich eben eine politische Kabbala, so wiederum die Herrscherin.

Die Herzogin gab hierzu zu bedenken, daß der hauptsächliche und einzige Beweggrund des Regierens in Belohnung und Bestrafung liege und keine weitere Kabbala benötige. Aber, so fuhr sie fort, wenn Eure Majestät denn entschlossen ist, eine Kabbala zu schaffen, dann würde ich Euch eher zu einer poetischen oder romantischen Kabbala raten, in der Ihr Metaphern, Allegorien, Gleichnisse und dergleichen verwenden und sie interpretieren könnt, wie Ihr wollt. Hierfür dankte die Herrscherin der Herzogin, umarmte ihre Seele und sagte ihr, daß sie ihren Rat annehmen würde. Sie nahm sie in ihre Gunst auf und behielt sie eine Weile in ihrer Welt, wodurch die Herzogin alles, was sich in dieser reichen, bevölkerten und glücklichen Welt ereignete, erfahren und in dieser Erzählung festhalten konnte. Nach einer Weile gestattete die Herrscherin ihr, zu ihrem Ehemann und ihresgleichen in ihre heimische Welt zurückzukehren, doch unter der Bedingung, daß ihre Seele sie hin und wieder besuchen solle. Das tat sie auch, und ihre Begegnungen führten wahrhaft zu einer solch vertrauten Freundschaft, daß sie platonische Geliebte wurden, obwohl beide weiblichen Geschlechts waren.

Einmal, als die Seele der Herzogin bei der Herrscherin weilte, schien sie sehr traurig und melancholisch zu sein. Das beunruhigte die Herrscherin sehr, so daß sie sie nach dem Grund für ihre melancholische Stimmung fragte. Ehrlich vertraute die Herzogin der Herrscherin an (denn zwischen guten Freunden gibt es keine Geheimnisse, da sie wie verschiedene Teile eines Körpers sind), daß ihre Melancholie von einem extremen Ehrgeiz herrühre. Die Herrscherin fragte, was denn der Gipfel ihres Ehrgeizes sei. Die Herzogin erwiderte, daß weder sie selbst noch sonst ein Lebewesen auf der Welt den Gipfel, die Tiefe oder das Ausmaß ihres Ehrgeizes kennen könnten. Aber, so sagte sie, mein gegenwärtiges Begehren ist es, eine große Prinzessin zu sein. Die Herrscherin antwortete, Ihr seid es doch! Ihr seid doch eine Prinzessin vierten oder fünften Grades, denn Herzog oder Herzogin ist die höchste Ehre oder der höchste Titel, den ein Untertan erlangen kann, zumal er dem Königstitel am nächsten ist. Was die Bezeichnung Prinz oder Prinzessin betreffe, so gehöre sie doch allen, die zur Krone gehörten, so daß alle, die ihrem Wappen eine Krone hinzufügen könnten, Prinzen seien. Deshalb sei der Titel des Herzogs noch höher als der eines Prinzen, zum Beispiel der Herzog von Savoyen, der Herzog von Florenz, der Herzog von Lothringen, genau wie ja auch die Brüder des Königs nicht als Prinzen, sondern als Herzöge bezeichnet würden, da dieses der höhere Titel sei. Das ist wahr, befand die Herzogin, wenn es sich nicht um die ältesten Söhne der Könige handelte, die zu Prinzen gemacht würden. Ja, erklärte die Herrscherin, aber kein Monarch macht einen Untertan ihm ebenbürtig, so wie es die ältesten Söhne der Könige ja teilweise sind; und während manche Herzöge Landesherren seien, habe ich noch niemals gehört, daß ein Prinz kraft seines Titels Landesherr sei. Der Verstand sagt uns, daß der Prinzentitel eher ein Ehren- als ein Herrschertitel ist, denn, wie ich schon sagte, er eignet allen, die zur Krone gehören.

Um den Disput zu beenden, sagte die Herzogin, also gut, so zu sein wie Ihr, nämlich eine Herrscherin über eine Welt, darin liegt mein Ehrgeiz, und ich werde niemals Ruhe finden, bis ich es bin. Ich liebe Euch so sehr, antwortete die Herrscherin, daß ich mit meiner ganzen Seele wünsche, daß Euer ehrgeiziges Begehren in Erfüllung gehen möge, und ich werde Euch natürlich meinen besten Rat geben, wie Ihr dies erreichen könnt. Die besten Informanten sind die körperlosen Geister, und die werden Euch bald mitteilen, ob es für Euch möglich sein kann, Euren Wunsch durchzusetzen. Aber, wunderte sich die Herzogin, ich habe kaum Bekanntschaft mit ihnen, denn ich kannte überhaupt keine, bevor Ihr mich holen ließet. Sie kennen Euch aber, erwiderte die Herrscherin, denn sie erzählten mir von Euch und dienten als Mittel und Werkzeug dafür, Euch hierherzubringen. Deshalb werde ich mich mit ihnen beraten und nachfragen, ob es nicht noch eine andere Welt gibt, über die Ihr Herrscherin sein könntet, so wie ich es über diese bin. Kaum hatte die Herrscherin das gesagt, kamen einige körperlose Geister sie besuchen. Sie fragte diese, ob es nur drei Welten gebe, nämlich die Flammende Welt, in der sie lebe, die Welt, aus der sie kam, und die Welt, in der die Herzogin wohnte. Die Geister antworteten, daß es mehr Welten gebe als Sterne in allen diesen drei Welten zusammen. Dann fragte die Herrscherin, ob es nicht möglich sei, daß ihre liebste Freundin, die Herzogin von Newcastle, Herrscherin über eine dieser Welten werden könnte. Die Geister antworteten, auch wenn es zahlreiche, ja sogar unzählige Welten gebe, so sei doch keine ohne Regierung. Aber ist denn keine dieser Welten so schwach, fragte sie, daß sie nicht überrumpelt oder erobert werden könnte? Die Geister antworteten, daß Lukians Welt des Lichts eine Weile am Ende gewesen sei, daß aber in den letzten Jahren ein gewisser Helmont sie bekommen hätte, der, seit er Herrscher über sie sei, ihre unsterblichen Teile derart mit sterblichem Bollwerk befestigt habe, daß sie derzeit uneinnehmbar sei. Da sagte die Herrscherin, wenn es aber eine solch unendliche Anzahl von Welten gibt, dann bin ich sicher, daß nicht nur meine Freundin, die Herzogin von Newcastle, sondern auch jeder andere eine bekommen könnte. Ja, antworteten die Geister, wenn diese Welten unbewohnt wären, aber sie sind so bevölkert wie diese, welche Eure Majestät regiert. Warum denn, wiederholte die Herrscherin, es ist doch nicht unmöglich, eine Welt zu erobern. Nein, bestätigten die Geister, aber in den meisten Fällen können die Eroberer ihre Eroberung nicht genießen, denn da sie mehr gefürchtet als geliebt werden, finden sie meistens ein frühes Ende. Wenn ihr mich nur beraten würdet, sagte die Herzogin zu den Geistern, welche Welt am leichtesten einzunehmen ist, denn Ihre Majestät wird mich mit Mitteln unterstützen, und ich werde dem Schicksal und dem Glück vertrauen. Ich will lieber im Abenteuer einer edlen Heldentat sterben, als in verborgener und träger Sicherheit leben, denn mit dem einen könnte ich glorreiche Berühmtheit erlangen, und mit dem anderen bin ich in Vergessenheit begraben. Die Geister antworteten, daß das Leben im Ruhm genauso sei wie andere, denn einige Leben währten lange, und andere wären früh zu Ende. Das ist wahr, gab die Herzogin zu, aber der kürzeste Ruhm währt doch länger als das längste Menschenleben. Die Geister erwiderten ihr, wenn sich die Gelegenheit für Euch nicht bietet, müßt Ihr Euch damit begnügen, ohne derartige Großtaten zu leben, die Euch Ruhm einbringen könnten. Wir wundern uns aber, fuhren die Geister fort, daß Ihr Herrscherin über eine irdische Welt sein wollt, wo Ihr doch selbst eine himmlische Welt erschaffen könntet, wenn Ihr wolltet. Wie, fragte die Herrscherin, kann jeder beliebige Sterbliche ein Schöpfer sein? Natürlich, antworteten die Geister, denn jeder

Mensch kann eine körperlose Welt voll körperloser Lebewesen erschaffen, bevölkert von körperlosen Untertanen so wie unsereiner, und all dies innerhalb der Grenzen des Kopfes oder des Schädels. Und jeder kann eine Welt von einer Beschaffenheit und mit einer Regierung erschaffen, wie er gerade will. Man kann ihren Lebewesen Bewegungen, Figuren, Formen, Farben und Wahrnehmungen und so weiter geben, wie es einem beliebt, und man kann Wasserstrudel, Lichter, Druckverhältnisse und Reaktionen schaffen, so wie man es für am besten erachtet; ja man kann sogar eine Welt voller Adern, Muskeln und Nerven erzeugen und alle diese sich durch einen Ruck oder Schlag bewegen lassen. Man kann diese Welt so oft ändern, wie man will, oder aus einer natürlichen eine künstliche Welt machen. Man kann eine Welt der Ideen oder der Atome oder des Lichts erschaffen oder was einem die Phantasie gerade eingibt. Und da es in Eurer Macht steht, eine solche Welt zu erschaffen, was sollte Euch also dazu veranlassen, Leben, Ruf und Ruhe zu riskieren, um eine plumpe materielle Welt zu erobern? Denn von einer materiellen Welt könnt Ihr nicht mehr genießen, als jedes beliebige Lebewesen genießen kann, welches, gemessen an der Ausdehnung einer solchen Welt, nur ein kleiner Ausschnitt ist. Ihr könnt es deutlich an Eurer Freundin, der Herrscherin hier, beobachten, die nur einen Teil der Welt genießt, obwohl sie die ganze Welt besitzt. Sie ist auch nicht so weit mit ihr vertraut, daß sie alle Orte, Länder und Dominien kennte, die sie regiert. In Wahrheit trägt nämlich der souveräne Monarch die allgemeine Last, aber die Untertanen genießen alle Freuden und alles Vergnügen in den Teilen, denn es ist ja unmöglich, daß ein Königreich oder gar nur ein Land von nur einer Person insgesamt genossen werden kann, es sei denn, sie würde es auf sich nehmen, in jeden Teil zu reisen und die Unannehmlichkeiten des Herumziehens von einem Ort zum anderen zu ertragen. Wenn also Ruhm, Freude und Vergnügen nur in der Meinung anderer Menschen existieren und weder Eurem Geist Ruhe bringen noch Eurem Körper Behaglichkeit geben können, weshalb solltet Ihr da also wünschen, Herrscherin über eine materielle Welt zu sein und mit den Sorgen des Regierens konfrontiert zu werden, wo Ihr doch, wenn Ihr in Euch selbst eine Welt erschafft, beides vollständig genießen könnt, das

Ganze und die Teile, ohne Kontrolle oder Opposition, zumal Ihr doch eine Welt erschaffen könnt, ganz wie Ihr wollt, und sie ändern könnt, wann immer Ihr wollt, und so viel Freude und Vergnügen genießen könnt, wie eine Welt bieten kann? Ihr habt mich von meinem ehrgeizigen Wunsch abgebracht, erwiderte die Herzogin den Geistern. Deshalb werde ich Euren Rat annehmen, alle Welten außerhalb meiner selbst zurückweisen und verachten und meine eigene Welt erschaffen. Die Herrscherin fügte hinzu, wenn ich so eine Welt erschüfe, wäre ich Herrscherin über zwei Welten, eine in mir und die andere außerhalb. Das kann Eure Majestät natürlich tun, sagten die Geister, und dann ließen sie die zwei Damen zurück, damit sie zwei Welten in sich schaffen könnten. Diese trennten sich ebenfalls für so lange, bis sie ihre Welten vervollkommnet hatten. Die Herzogin von Newcastle begab sich äußerst ernsthaft und fleißig an die Erschaffung ihrer Welt, weil sie ja gegenwärtig keine besaß. Zuerst beschloß sie, sie nach der Lehre des Thales aufzubauen. Sie stellte aber fest, daß sie schwer von Dämonen geplagt wurde: Diese ließen nicht zu, daß sie ihren eigenen Willen verfolgte, und sie zwangen sie, ihre Befehle und Anweisungen zu befolgen. Da sie dies nicht tun wollte, hörte sie damit auf, eine Welt nach dieser Art zu schaffen, und begann, eine Welt nach der Lehre des Pythagoras zu entwerfen. Bei der Erschaffung dieser Welt wurde sie jedoch von den Zahlen und der Frage, wie die verschiedenen Teile zu ordnen und zusammenzusetzen seien, so sehr verwirrt, daß sie gezwungen war, von der Erschaffung auch dieser Welt Abstand zu nehmen; sie hatte für Arithmetik keine Begabung. Als nächstes nahm sie sich vor, eine Welt nach der Lehre des Platon zu erschaffen. Sie fand diese Aufgabe aber weitaus mühsamer und schwieriger als in den ersten beiden Fällen, denn die zahlreichen Ideen hatten keine andere Bewegung als die, die von ihrem Geist ausging, in den die Ideen gingen und aus dem sie flossen. Es machte ihr weitaus größere Schwierigkeiten, diesen Ideen Bewegung einzugeben, als einem Puppenspieler, jeder einzelnen Puppe Bewegung zu verleihen; und zwar in solchem Maß, daß ihre Geduld für die Probleme, die ihr die Ideen verursachten, nicht ausreichte. Deshalb stieß sie auch diese Welt wieder um und beschloß, eine nach der Lehre des Epikur zu erschaffen. Kaum begonnen, machten

die unendlichen Atome so einen Nebel, daß es die Wahrnehmung ihres Geistes blind machte. Sie war weder imstande, ein
Vakuum als Behältnis für diese Atome, noch einen Ort zu erschaffen, an dem diese untergebracht werden könnten. Teils aus
diesem Grund, aber auch mangels einer guten Ordnung und
Methode produzierte das Durcheinander dieser Atome so merk-
würdige und ungeheuerliche Konfigurationen, daß es sie mehr
erschreckte denn erfreute, und es richtete so ein Chaos in ihrem
Geist an, daß es ihn fast aufgelöst hätte. Nachdem sie ihren Geist
zu guter Letzt mit viel Mühe von diesen staubigen und nebligen
Partikeln gereinigt und befreit hatte, bemühte sie sich, eine Welt
nach der Lehre des Aristoteles zu erschaffen. Aber als sie sich
daran erinnerte, daß ihr Geist – so wie die meisten Gelehrten
meinen – körperlos sei, und daß nach Aristoteles' Grundsatz
nichts aus nichts entstehen kann, war sie gezwungen, sich auch
von diesem Werk zu verabschieden. Da beschloß sie, überhaupt
keine Muster mehr von den alten Philosophen zu übernehmen,
sondern den Lehren der modernen zu folgen. Mit diesem Ziel
versuchte sie, eine Welt nach Descartes' Lehre zu schaffen. Als
sie jedoch die ätherischen Globuli gemacht und sie mit einer starken, lebendigen Phantasie in Bewegung gebracht hatte, wurde
ihrem Geist von derem außerordentlich schnellen Herumwirbeln
so schwindelig, daß sie fast in Ohnmacht gefallen wäre. Ihre
Gedanken torkelten durch ihr ständiges Wackeln so sehr, als
wären sie alle betrunken. Deshalb löste sie diese Welt auf und
begann, eine andere nach der Lehre von Hobbes zu erschaffen.
Die Teile dieser imaginären Welt begannen nun alle, einander zu
bedrängen und zu treiben und schienen wie ein Rudel Wölfe zu
sein, das Schafe reißt, oder wie eine Meute Hunde, die Hasen
nachjagt. Die Herzogin vermochte zwar diesem Druck standzu-
halten, aber ihr Geist wurde so zusammengedrückt, daß ihre
Gedanken weder vor noch zurück konnten, was einen gräßlichen
Kopfschmerz zur Folge hatte. Und obwohl sie diese Welt bereits aufgelöst hatte, bereitete es ihr größte Schwierigkeiten,
ihren Geist zu beruhigen und ihn von den Schmerzen zu befreien, die der Druck und ihre Reaktionen darauf verursacht
hatten.

Als die Herzogin zuletzt einsah, daß kein Muster ihr bei der

Gestaltung ihrer Welt nützen würde, beschloß sie, selbst eine Welt zu erfinden. Diese Welt bestand aus empfindender und rationaler, sich selbst bewegender Materie. Sie bestand gar ausschließlich aus dem Rationalen, welches der zarteste und reinste Grad der Materie ist. Während das Empfindende sich gemäß der Wahrnehmungen und der Beschaffenheit des Körpers bewegte und wirkte, so bewegte sich dieser Grad der Materie gleichzeitig mit der Erschaffung der imaginären Welt (denn auch wenn die Grade gemischt sind, so können die einzelnen Teile doch gleichzeitig in verschiedene Richtungen gehen). Nachdem diese Welt erschaffen war, schien sie so besonders und mannigfaltig zu sein, so gut geordnet und so weise regiert, daß es sich in Worten nicht ausdrücken läßt – ebenso wenig wie die Freude und das Vergnügen, welche die Herzogin bei der Erschaffung dieser Welt empfunden hatte.

In der Zwischenzeit war die Herrscherin ebenfalls damit beschäftigt, in ihrem Geist Welten zu erschaffen und aufzulösen. Sie war so verwirrt, daß sie sich in keiner niederlassen konnte. Darum sandte sie nach der Herzogin, welche zum Dienst bei der Herrscherin bereit war und ihre geliebte Welt mitbrachte. Sie lud die Seele der Herrscherin ein, die Gestaltung, Ordnung und Regierung ihrer Welt zu betrachten. Ihre Majestät war von dieser Beobachtung so hingerissen, daß ihre Seele wünschte, in der Welt der Herzogin zu leben, aber die Herzogin riet ihr, in ihrem eigenen Geist eine solche Welt zu schaffen. Sie erklärte: Der Geist Eurer Majestät ist voll rationaler wirklicher Bewegungen, und die rationalen Bewegungen meines Geistes sollen Euch mittels ihrer sensitiven Auswirkungen mit den besten Anweisungen unterstützen.

Die Herrscherin wurde somit von der Herzogin überzeugt, daß sie ihre eigene imaginäre Welt schaffen solle, und folgte ihrem Rat. Nachdem sie die Welt ganz vollendet und die verschiedensten Lebewesen gestaltet hatte, die für diese Welt geeignet und nützlich waren, und nachdem sie sie mit guten Gesetzen gefestigt und mit den Künsten und Wissenschaften verschönert hatte, da sah sie nichts anderes mehr zu tun – es sei denn, sie würde diese imaginäre Welt wieder auflösen oder Änderungen an der Flammenden Welt, in der sie lebte, vornehmen. Dies konnte

sie jedoch schwerlich tun, zumal diese Welt vom Verstand so gut
geordnet war, daß es nichts zu verbessern gab. Sie wurde nicht
von heimlicher oder verlogener Politik regiert; es gab auch keinen Ehrgeiz, keine Parteien und bösartigen Verunglimpfungen;
es gab weder Zwietracht im Staat noch Streitereien, die im eigenen Land entstanden waren; auch keine Religionszersplitterun-
gen oder Kriege mit dem Ausland und dergleichen, sondern alle
Menschen lebten in geeinter Ruhe und religiöser Einheitlichkeit
in einer friedlichen Gesellschaft. So wünschte sie denn die Welt
kennenzulernen, aus der die Herzogin kam, um darin die verschiedenen souveränen Regierungen und die Gesetze und Bräu-
che der verschiedenen Nationen zu beobachten. Die Herzogin
versuchte alles, was in ihrer Macht stand, um die Herrscherin
von dieser Reise abzubringen, und erzählte ihr, daß sich die
Welt, aus der sie kam, durch Parteien, Zersplitterungen und
Kriege in starkem Aufruhr befände. Die Herrscherin ließ sich
trotzdem nicht von ihrem Vorhaben abbringen. Da der Herrscher oder irgendeiner seiner Untertanen nichts von ihrer Reise
erfahren sollte, sandte sie nach einigen der Geister, mit denen sie
früher gesprochen hatte, und fragte, ob nicht einer von ihnen den
Platz ihrer Seele in ihrem Körper einnehmen könnte, solange sie
in eine andere Welt verreist sei. Ja, antworteten sie, ja, das könnten sie. Wenn Eure Majestät es wünsche, könnte nicht nur einer,
sondern eine Vielzahl an Geistern in Euren Körper fahren. Die
Herrscherin antwortete, sie wünsche, daß nur ein Geist in der
Abwesenheit ihrer Seele der Vizekönig in ihrem Körper sein
solle, daß es aber ein aufrichtiger und scharfsinniger Geist sein
müsse, und wenn möglich, ein weiblicher. Die Geister erzählten
ihr, daß es unter ihnen keine Geschlechtsunterschiede gebe. Sie
sagten, wir werden aber einen aufrichtigen und scharfsinnigen
Geist auswählen, einen, der Eurer Seele so ähneln wird, daß weder der Herrscher, noch irgendeiner seiner Untertanen, so gött-
lich er auch sein mag, wissen wird, ob es Eure eigene Seele ist
oder nicht. Darüber war die Herrscherin sehr froh. Nachdem die
Geister fort waren, fragte die Herzogin, wie denn der Körper Ihrer Majestät in Abwesenheit ihrer Seele von ihren empfindenden
und rationalen körperlichen Bewegungen gesteuert würde. So
reisten diese zwei weiblichen Seelen so leicht wie zwei Gedanken

zusammen in die heimische Welt der Herzogin. Es ist bemerkenswert, daß sie in einem einzigen Moment alle Teile besichtigten sowie alles Wirken aller ihrer Lebewesen in Augenschein nahmen. Die Seele der Herrscherin nahm insbesondere die verschiedenen Handlungen der Menschen in all den verschiedenen Nationen und Teilen jener Welt zur Kenntnis und wunderte sich darüber, daß es bei so vielen verschiedenen Nationen, Regierungen, Gesetzen, Religionen, Meinungen und dergleichen doch eine allgemeine Übereinstimmung bei ihnen allen darin gab, daß sie allesamt ehrgeizig, stolz, eingebildet, eitel, verschwenderisch, betrügerisch, neidisch, bösartig, ungerecht, rachsüchtig, ungläubig, parteisüchtig und so weiter waren. Sie wunderte sich auch darüber, daß kein einziger Staat, kein Königreich, keine Republik mit dem eigenen Anteil zufrieden war, sondern daß alle versuchten, auf die Nachbarn überzugreifen, und daß ihr größter Stolz im Plündern und Töten bestand, obwohl ihre Siege kleiner als ihre Ausgaben und ihre Verluste größer als ihre Gewinne waren. Sie waren übermannt von einer Art, die zu ihrem vollständigen Ruin führte. Was sie aber am meisten verwunderte, war, daß sie Plunder höher wertschätzten als das Leben der Menschen, und Eitelkeit mehr als Ruhe. Der Herrscher einer Welt, sagte sie, genießt nur einen Teil, nicht das Ganze, so daß seine Freude in der Meinung anderer besteht. Es ist merkwürdig, erwiderte die Herzogin, daß Ihr das sagt, da Ihr selbst Herrscherin über eine Welt seid, und zwar nicht über irgendeine Welt, sondern über eine friedliche, ruhige und gehorsame Welt. Das ist wahr, antwortete die Herrscherin, aber auch wenn es eine friedliche und gehorsame Welt ist, so ist doch das Regieren derselben eher Last als Freude, denn Ordnung kann es ohne Fleiß, Planung und Führung nicht geben. Außerdem ist der prächtige Hofstaat lästig, den große Prinzen halten oder halten sollen. Dann erkenne ich aus der Rede Eurer Majestät, sagte die Herzogin, daß das größte Glück aller Welten in der Mäßigung besteht. Daran besteht kein Zweifel, antwortete die Herrscherin. Nachdem diese zwei Seelen all die verschiedenen Orte und religiösen wie staatlichen Gemeinden und Versammlungen sowie Gerichtshöfe und dergleichen in verschiedenen Nationen besucht hatten, sagte die Herrscherin, daß sie beobachtet habe, daß von allen Monarchen der verschiedenen Teile dieser Erde der Grand Signior* der größte sei, denn sein Wort sei Gesetz und seine Macht absolut. Darauf bat die Herzogin die Herrscherin, ihr dafür zu verzeihen, daß sie anderer Ansicht war; sie erklärte, er könne Mohammeds Gesetze und Religion nicht ändern, weshalb also Gesetz und Kirche den Herrscher regieren und nicht umgekehrt.

Epilog
An den Leser

Durch diese poetische Beschreibung können Sie erkennen, daß es mein Ehrgeiz ist, nicht nur Herrscherin, sondern auch Autorin einer vollständigen Welt zu sein. Beide Welten, die ich erschaffen habe – die Flammende Welt und die andere, Philosophische Welt, die im ersten Teil dieser Darstellung erwähnt ist –, sind aus den reinsten, das heißt den rationalen Teilen der Materie gestaltet und zusammengesetzt, welche Teile meines Geistes sind. Diese Schöpfung war leichter und schneller bewerkstelligt als die Eroberungen der beiden berühmten Monarchen der Welt, Alexander und Caesar, es waren. Auch habe ich nicht so viel Unruhe gemacht und nicht so viele Zerstörungen von einzelnen (sonst auch Tode genannt) verursacht, wie sie es getan haben. Ich habe nur einige wenige Männer in einem kleinen Boot zerstört; sie starben durch extreme Kälte – und das durch die Hand der Gerechtigkeit, welches erforderlich war, um ihren verbrecherischen Diebstahl einer schönen jungen Dame zu bestrafen. Ich habe auch an der Gestaltung dieser Welten mehr Freude und Stolz, als Alexander oder Caesar bei der Eroberung dieser irdischen Welt hatten. Und obwohl ich meine Flammende Welt als eine friedliche Welt geschaffen habe, indem ich nur eine Religion, eine Sprache und eine Regierung zuließ, so könnte ich doch auch eine andere Welt schaffen, die ebenso voller Zwietracht, Grenzen und Kriege wäre, wie diese Welt voller Frieden und Ruhe ist; und die rationalen Formen meines Geistes könnten so viel Kampfesgeist besitzen, wie ihn Hektor und Achill hatten, und so weise sein wie Nestor, so redegewandt wie Odysseus und so schön wie Helena.

* Der Sultan der Türkei.

Da ich Frieden aber mehr wertschätze als Krieg, und Esprit mehr als Politik, und Ehrlichkeit mehr als Schönheit, so wählte ich statt der Figuren Alexander, Caesar, Hektor, Achill, Nestor, Odysseus und Helena lieber die Figur der ehrlichen Margaret Newcastle, was ich jetzt um alles in der Welt nicht mehr ändern würde. Wenn die von mir erschaffene Welt manchen gefällt und sie gern meine Untertanen wären, so können sie sich als solche vorstellen, und dann sind sie dies auch, das heißt in ihrem Geist, ihrer Vorstellungskraft oder Phantasie. Wenn sie es allerdings nicht ertragen können, Untertanen zu sein, so mögen sie sich ihre eigenen Welten erschaffen und sich selbst regieren, wie es ihnen gefällt. Sie sollen aber Vorsicht darin walten lassen, daß sie sich nicht als ungerechte Usurpatoren erweisen und mir meine Welt wegnehmen. Was nämlich die Philosophische Welt betrifft, so bin ich selbst Herrscherin über sie; und was die Flammende Welt angeht, so hat sie bereits eine Herrscherin, die sie mit großer Weisheit und Führungskraft regiert: Diese Herrscherin ist meine liebe platonische Freundin. Ich werde ihr gegenüber niemals so ungerecht, verräterisch und unwürdig sein, daß ich ihre Regierung behindern würde, und erst recht werde ich sie nicht zugunsten eines oder einer anderen entthronen, sondern eher beschließen, für einen anderen Freund oder eine andere Freundin eine andere Welt zu schaffen.

Anne Finch Conway
Die Prinzipien der ältesten und der gegenwärtigen Philosophie

1. Gott ist der freiest Handelnde, und doch (von allen) der Notwendigste. 2. Die Indifferenz des Willens, die die Scholastiker in Gott annehmen, ist bloße Fiktion. 3. Gott erschuf die Welt nicht aus irgendeiner äußeren Notwendigkeit heraus, sondern aus dem

inneren Impuls seiner göttlichen Güte und Weisheit. 4. Die geschaffenen Geschöpfe sind unendlich an Zahl, und es gibt unendlich viele Welten. 5. Das kleinste Geschöpf, das wir uns vorstellen können, birgt in sich eine unendliche Zahl von Geschöpfen. 6. Dies macht die Geschöpfe jedoch nicht ebenbürtig mit Gott. 7. Eine Widerlegung jener imaginären Räume, die von den Scholastikern als außerhalb der Geschöpfe existierend erfunden wurden. 8. Fortlaufende Bewegung hat keinen Platz in Gott. 9. Eine Antwort auf den Einwand. 10. Alle Geschöpfe sind in einer bestimmten Weise vereinigt.

1. Wenn man außerdem die vorerwähnten Eigenschaften Gottes richtig betrachtet, und besonders diese beiden, nämlich seine Weisheit und Güte, dann ist es möglich, jene Indifferenz des Willens vollständig zu widerlegen und zu eliminieren, von der die Scholastiker und jene, die sich fälschlich Philosophen nennen, annehmen, daß sie Gott innewohne, und die sie fälschlich freien Willen nennen. Denn obwohl Gottes Wille der freieste ist, so daß alles, was er in bezug auf seine Geschöpfe tut, ohne jegliche äußere Gewalt, ohne Zwang oder irgendeinen von den Geschöpfen herrührenden Grund getan wird (was immer er tut, tut er nach seinem eigenen Maß), so kann man trotzdem nicht sagen, daß sich Indifferenz des Handelns oder Nicht-Handelns in Gott befände, denn dieses wäre eine Unvollkommenheit und würde Gott seinen fehlbaren Geschöpfen gleichmachen. Denn diese Indifferenz des Willens ist der Grund für alle Veränderlichkeit und Vergänglichkeit in den Geschöpfen, so daß es kein Böses in den Geschöpfen gäbe, wenn sie nicht veränderlich wären. Wenn also behauptet würde, dieselbe Indifferenz des Willens sei in Gott, dann würde man von ihm annehmen, daß er veränderlich und folglich wie der vergängliche Mensch sei, welcher oft aus bloßem Vergnügen handelt und nicht aus irgendeinem wahren und gewichtigen Grund oder nach der Maßgabe der Weisheit. Folglich wäre er wie jene grausamen Tyrannen, die es in der Welt gibt, die das meiste nach ihrem bloßen Willen tun und sich auf ihre Macht verlassen, so daß sie für ihr Handeln keinen anderen Grund angeben können als eben ihren eigenen bloßen Willen. Da aber jeder gute Mensch eine angemessene Begründung für das abzuge-

ben vermag, was er tut oder tun wird, weil er einsieht, daß wahre Güte und Weisheit dies von ihm fordern, so wünscht er so zu handeln, wie er es tut, weil es richtig ist, und weiß, daß er seine Pflicht vernachlässigt, wenn er dies nicht tut.

2. Deshalb besitzt echte Gerechtigkeit oder Güte keinen Spielraum oder Indifferenz in sich selbst, sondern ist wie eine zwischen zwei Punkten gerade gezogene Linie, wobei nicht gesagt werden kann, daß es unterschiedslos zwei oder mehr gleich gerade Linien zwischen zwei Punkten geben könne, weil nur eine Linie gerade sein kann und alle anderen mehr oder weniger gebogen sein müssen – je nachdem, wie weit sie von der geraden Linie abweichen. Demnach ist es offenkundig, daß diese Indifferenz des Willens keinen Platz in Gott hat, weil sie Unvollkommenheit bedeuten würde. Aus diesem Grund ist Gott sowohl der freieste als auch der notwendigste Urheber. Es wäre ihm unmöglich, das, was er an seinen Geschöpfen oder für sie tut, nicht zu tun, weil ihm seine unendliche Weisheit, Güte und Gerechtigkeit ein Gesetz sind, das nicht aufgehoben werden kann.

3. Daraus folgt klar, daß Gott nicht darin indifferent war, ob er seinen Geschöpfen das Sein geben sollte oder nicht, sondern daß er sie aus einem inneren Impuls seiner göttlichen Güte und Weisheit schuf. So schuf er Welten und Geschöpfe sobald er konnte, denn es ist die Natur eines notwendigen Urhebers, so viel wie möglich zu tun. Da er Welten oder Geschöpfe seit undenklichen Zeiten hatte schaffen können, vor dem Jahr 6000 oder 60000 oder 600000 und so fort, so folgt, daß er dies getan hat; denn Gott kann alles tun, das keinen Widerspruch enthält. Es ist kein Widerspruch, wenn man von den Welten oder Geschöpfen sagt, daß sie vor diesem Zeitpunkt seit undenklichen Zeiten gewesen sind oder kontinuierlich existiert haben, so wie sie es auch nach diesem Zeitpunkt tun. Da es in diesem Fall keinen Widerspruch gibt, gibt es aus dem gleichen Grund auch im ersten Fall keinen Widerspruch.

4. Wenn man diese göttlichen Eigenschaften richtig bedacht hat, dann folgt auch, daß eine unendliche Anzahl von Welten oder Geschöpfen von Gott geschaffen wurde. Denn da Gott unendlich mächtig ist, kann es keine Anzahl von Geschöpfen geben, der er nicht jederzeit mehr hinzufügen könnte. Und da er tut, wie nun bewiesen wurde, so viel er kann, sind mit Sicherheit

sein Wille, seine Güte und seine Mildtätigkeit so groß und weitreichend wie seine Macht. Daraus ergibt sich folgerichtig, daß seine Geschöpfe unendlich sind nach Zahl und Verschiedenartigkeit, so daß sie weder durch Zahl noch Maß festgelegt oder eingeschränkt werden könnten. Nehmen wir zum Beispiel an, daß das gesamte Universum der Geschöpfe einen Kreis bilde, dessen halber Durchmesser so viele Durchmesser der Erde enthält, wie es auf der ganzen Welt Staub- oder Sandkörner gibt. Wenn das Universum in so winzige Atome geteilt würde, daß hunderttausend in einem einzigen Mohnsamen enthalten wären, wer könnte dann leugnen, daß Gottes unendliche Macht diese Zahl erhöhen und noch weiter steigern könnte bis zur unendlichen Multiplikation? Es ist für diese unendliche Macht leichter, das wirkliche Sein der Geschöpfe zu multiplizieren, als es für den gelehrten Arithmetiker ist, eine Zahl größer und noch größer zu machen, welche aber nie so groß sein kann, daß sie nicht durch Addition oder Multiplikation noch ins Unendliche gesteigert werden könnte. Da bereits gezeigt wurde, daß Gott ein notwendiger Urheber ist und daß er alles tut, was er kann, so folgt, daß er das Sein der Geschöpfe ins Unendliche multipliziert hat und immer weiter multipliziert und steigert.

5. Aus diesem Grund ist auch offenbar, daß nicht nur das gesamte Universum oder System der Geschöpfe als Ganzes unendlich ist oder Unendlichkeit in sich trägt, sondern daß sogar jedes noch so kleine Geschöpf, das wir mit unseren Augen erkennen oder uns in unserem Geist vorstellen können, in sich selbst eine Unendlichkeit der Teile oder vielmehr ganzer Geschöpfe birgt, so daß sie nicht gezählt werden können. Da auch nicht geleugnet werden kann, daß Gott ein Geschöpf in ein anderes hineinlegen kann, so könnte er ebenso zwei statt eins hineinlegen, oder genauso vier statt zwei, oder acht statt vier, so daß er sie dadurch ins Unendliche multiplizieren würde, indem er fortwährend kleinere Geschöpfe in größere hineinlegt. Und da kein Geschöpf so klein sein kann, daß es nicht noch ein kleineres geben könnte, so ist auch kein Geschöpf so groß, als daß es nicht noch immer ein größeres geben könnte. Nun folgt also, daß eine unendliche Anzahl von Geschöpfen in den kleinsten Geschöpfen enthalten sein und existieren kann und daß diese Körper sein könnten und auf

ihre eigene Weise für einander jeweils undurchdringlich. Was diejenigen Geschöpfe betrifft, welche Geister sind und einander durchdringen können, so kann es in jedem geschaffenen Geist eine unendliche Anzahl von Geistern geben, welche alle in ihren Ausmaßen dem eben erwähnten Geist als auch einander entsprechen. In diesem Fall sind jene Geister subtiler und ätherischer, die die groberen und körperlicheren durchdringen. Demnach kann kein Platzmangel herrschen, so daß einer dem anderen ausweichen müßte. Es wird am geeigneten Ort mehr über die Beschaffenheit von Körpern und Geistern gesagt werden. An dieser Stelle genügt es zu zeigen, daß in jedem Geschöpf, sei es Geist oder Körper, eine Unendlichkeit von Geschöpfen ist, von denen jedes in sich selbst eine Unendlichkeit trägt, und so weiter bis ins Unendliche.

6. All dieses lobt und preist deutlich die große Macht und Güte Gottes, weil seine Unendlichkeit in seiner Hände Arbeit sichtbar wird, ja in jedem Geschöpf, das er geschaffen hat. Es kann auch nicht eingewandt werden, daß wir das Geschaffene mit Gott gleichmachen, denn ebenso wie eine Unendlichkeit größer ist als eine andere, so ist Gott auch immer unendlich größer als alle seine Geschöpfe, so daß nichts mit ihm verglichen werden kann. Auf diese Weise sind die wahrhaft unsichtbaren Eigenschaften Gottes klar zu sehen, wenn man sie entweder durch die Dinge oder in den Dingen, die geschaffen wurden, begreift. Je größer und großartiger seine Taten, desto mehr zeigen sie die Größe des Schöpfers. Deshalb betrachten diejenigen, die behaupten, daß die Anzahl der Geschöpfe im Universum endlich sei und nur aus so vielen Geschöpfen bestehe, als gezählt werden könnten, und daß der gesamte Körper des Universums so und so viele Morgen oder Meilen oder Durchmesser der Erde in Länge, Tiefe und Breite umfasse, die große Majestät Gottes mit einem armseligen und unangemessenen Maßstab. Der Gott, den sie sich vorstellen, ist nicht der wahre Gott, sondern ein Scheinbild ihrer eigenen Vorstellungskraft, welchen sie auf so geringen Raum einengen, als es ein winziger Käfig für einen gefangenen kleinen Vogel ist, ein paar Finger breit nur. Denn was ist diese Welt, die sie sich vorstellen, sonst im Vergleich zu jenem oben beschriebenen wahren und großen Universum?

7. Wenn sie aber sagen, daß sie Gott nicht auf das endliche Universum begrenzen, sondern daß sie annehmen, daß er außerhalb dieses Universums in unendlichen imaginären Räumen nicht weniger als in ihm existiert, kann man wie folgt antworten. Wenn diese Räume imaginär sind, sind sie nichts als törichte Einbildungen des Gehirns; wenn sie aber real sind, was können sie dann anderes sein als Geschöpfe Gottes? Außerdem: entweder wirkt Gott in diesen Räumen oder nicht. Wenn nicht, dann ist Gott nicht da, denn wo immer er ist, handelt er, weil es seine Natur ist zu handeln, so wie es die Natur des Feuers ist zu brennen und die der Sonne zu scheinen. Denn Gott handelt immer, und sein Handeln ist es, zu schaffen und Geschöpfen das Dasein zu geben nach jener ewigen Idee oder Weisheit, die in ihm ist. Nach Meinung der Hebräer wohnt der unendliche Gott, den sie *Aensoph* nennen, außerhalb des Weltenraumes, weil die Geschöpfe die Unermeßlichkeit seines Lichtes nicht fassen könnten. [...] Ebensowenig kann man von ihm sagen, daß er in imaginären Räumen sei, da offensichtlich kein solcher Raum mit Gott zusammenfällt, aber man kann sagen, daß er dort durch seine eigene einfache Macht handelt. Was immer er für die Geschöpfe tut, wird durch den Messias getan, der nicht unermeßlich ist wie der *Aensoph*.

8. Jedoch ist dieses fortwährende Handeln oder Wirken Gottes, soweit es in ihm ist oder von ihm kommt oder auf ihn bezogen ist, nur ein fortwährendes Handeln oder Gebot seines Willens. Es hat weder Abfolge noch Zeit in sich, kein vorher und nachher, sondern es ist zugleich und immer gegenwärtig mit Gott, so daß nichts vor ihm gewesen ist oder noch kommt, da er nicht teilbar ist. Aber insofern sein Handeln sich in den Geschöpfen manifestiert oder beschließt, hat es Zeit und Abfolge in den Teilen. Obwohl Vorstellungskraft und Verstand dies nur mit Mühe begreifen, bestätigt es die wahre und beständige Vernunft zur Genüge. Ein einfaches und bescheidenes Beispiel möge im folgenden eine kleine Hilfe für unser Verständnis leisten. Angenommen, ein großer Kreis oder ein Rad dreht sich um sein Zentrum, das immer ruhig an dieser einen Stelle verweilt. Wie manche glauben, wird in der gleichen Weise die Sonne von irgendeinem Engel oder Geist, der in der Mitte bleibt, in einer bestimmten Anzahl von Tagen um das eigene Zentrum gedreht.

Obwohl das Zentrum das Ganze bewegt und eine große und kontinuierliche Bewegung erzeugt, bleibt es doch selbst immer still und wird auf keine Weise bewegt. Und um wieviel mehr ist dies wahr für Gott, der die erste bewegende Kraft aller Geschöpfe ist entsprechend all ihren wirklichen und bestimmten Bewegungen. Er jedoch wird von ihnen nicht bewegt. Das, was in Gott den Bewegungen und dem Wirken der Geschöpfe analog entspricht, ist die Herrschaft seines eigenen Willens. Korrekterweise handelt es sich hier aber nicht um Bewegung, denn jede Bewegung ist sukzessiv und kann demnach, wie oben gezeigt, keinen Platz in Gott haben.

9. Gegen das von uns Gesagte, daß nämlich die kleinsten Geschöpfe, die wir uns denken können, in sich selbst eine unendliche Anzahl von Geschöpfen bergen, so daß auch die kleinsten Körper- oder Stoffpartikel in unendlicher Weise in immer kleinere Teile erweitert oder geteilt werden können, haben bestimmte Menschen folgenden Einwand erhoben: Was tatsächlich teilbar ist, ist in unzertrennbare Teile teilbar, wenn es so weit, wie jedwede Teilung gehen kann, geteilt worden ist.* Ferner ist Materie oder sind Körper (d.h. die Materie, die ein Ding oder zusammengesetzt aus vielen Dingen ist) tatsächlich teilbar, so weit, wie tatsächliche Teilung gehen kann. Deshalb, *et cetera*. Ich antworte: Dieses Argument krankt an dem Trugschluß, den die Logiker »Vergleichen des Unvergleichbaren« nennen, nämlich Worte oder Bezeichnungen zusammenzuschließen, welche Widersprüchlichkeiten oder Absurditäten beinhalten. Dieser Trugschluß ist in dem Ausdruck »tatsächlich teilbar« verborgen, der bedeutet, daß ein und dasselbe Ding geteilt und nicht geteilt ist. Denn »tatsächlich« bedeutet Teilung, und »teilbar« bedeutet nicht [tatsächliche] Teilung, sondern die Fähigkeit von etwas, geteilt werden zu können, was so absurd und widersprüchlich ist, wie wenn man sagen würde »sehend blind«, »vernünftig unver-

---

* »Unzertrennbar« ist ein Schlüsselbegriff in den Schriften Henry Mores. Er glaubte, daß Materie sich aus »unzertrennbaren« Atomen einer bewegungslosen, passiven Materie zusammensetze, die von geistigen Kräften bewegt werden müsse. Lady Conway weist diese Definition von Materie und Geist aus demselben Grund zurück, aus dem sie Descartes' Theorie der Materie zurückweist; beide sind dualistisch. An dieser Passage mit ihrer impliziten Kritik an More ist zu erkennen, daß Lady Conway nicht länger seine »beste Schülerin« war.

nünftig« oder »lebendig tot«. Wenn sie nämlich mit dem Begriff
»tatsächlich teilbar« nicht zwei Dinge, sondern nur eins meinen,
nämlich entweder, daß es tatsächlich geteilt ist, oder daß es nur
der Möglichkeit nach teilbar ist, dann wird uns der Trugschluß
schnell offenbar. Wenn sie also erstens mit »tatsächlich teilbar«
nichts anderes meinen als das, was geteilt worden ist, dann räume
ich in diesem Sinne die Prämisse ein, daß das, was wirklich geteilt
ist, und soweit eine tatsächliche Teilung vorgenommen werden
kann, in unzertrennliche Teile teilbar ist. Wenn das so sein sollte,
ist dann aber die zweite Prämisse falsch, daß Materie so weit geteilt ist, als eine tatsächliche Teilung gemacht werden kann.
Wenn sie aber zweitens mit dem Begriff »tatsächlich teilbar«
meinen, daß ein Ding nur teilbar ist, das heißt die Möglichkeit
oder Fähigkeit, geteilt zu werden, hat, so stimme ich der ersten
Prämisse nicht zu, daß das, was teilbar ist, soweit eine Teilung
vorgenommen werden kann, in unzertrennliche Teile geteilt werden könnte. Überdies ist eine Behauptung in diesem Sinne nur
eine Tautologie und eine leere Wiederholung derselben Sache,
wie etwa der folgenden: was immer von seinem Platz fortbewegt
werden kann, kann, soweit es fortbewegt werden kann, immer
nur bis zu dieser bestimmten Entfernung fortbewegt werden.
London oder Rom können von ihrem eigenen Ort nur fortbewegt werden, so weit sie fortbewegt werden können. Deshalb, *et
cetera*. Mit derselben Argumentationsweise kann bewiesen werden, daß die Menschenseele nur eine endliche Zahl von Jahren
existiert oder ihr Wesen besitzt und folglich sterblich ist und ein
Ende hat, wie folgt: Ein Wesen, dessen Zeit oder Dauer tatsächlich teilbar ist in dem Maße, wie eine tatsächliche Teilung vorgenommen werden kann, wird ein Ende haben und ist in eine endliche Zahl von Jahren teilbar. Aber die Zeit oder Dauer der Seele
ist tatsächlich teilbar bis zu dem Punkt, an dem keine tatsächliche
Teilung mehr weitergeführt werden kann. Deshalb, *et cetera*.
Würde aber bestritten, daß die Zeit der Seele ein Ende haben
würde, wenn es zu so einer Teilung in Jahre käme, dann könnte
die Seele zu einer anderen Zeit nach diesem ersten Mal existieren
und so weiter bis in die Ewigkeit. Auf ähnliche Weise antworte
ich, daß Materie, wenn sie zu so einer Teilung käme, wohl ein
Ende dieser Teilung haben kann, daß sie aber nach der ersten eine

andere Teilung ermöglichen würde und so weiter bis in die Ewigkeit.

Ich möchte hierzu bemerken, daß, wenn ich sage, der kleinste Teil von Körpern oder sogenannter Materie sei immer bis ins Unendliche in noch kleinere Teile teilbar, so daß es keine tatsächliche Teilung der Materie geben kann, die nicht immer noch weiter teilbar wäre oder die Fähigkeit hätte, weiter geteilt zu werden, und so weiter ohne Ende, so schreibe ich damit nicht vor, was die absolute Macht Gottes tun wird oder tun konnte, wie manche Menschen so eitel und grob argumentieren. Ich möchte damit nur darauf hindeuten, was die Macht Gottes tut und tun wird, so weit sie bei der Schöpfung und Erzeugung aller Dinge in und mit Geschöpfen wirkt; ebenso wie in allen Zerlegungen und Teilungen von Körpern weder die Natur noch die Schöpfung jemals einen Körper in so kleine Teile zerlegt hatten oder je zerlegen könnten, daß jeder dieser Teile nicht noch weiter zerlegbar wäre. Außerdem kann kein Körper eines Geschöpfs je in seine kleinsten Teile zerlegt werden. Ja, er kann weder durch die ausgeklügeltsten Verfahren irgendeines Geschöpfes noch durch irgendeine geschaffene Macht so geteilt werden. Diese Antwort genügt für unsere Zwecke. Denn Gott nimmt in keinem Körper und in keiner Materie Teilungen vor, außer wenn er mit den Geschöpfen zusammenarbeitet. Deshalb zerlegt er die Geschöpfe niemals in ihre kleinsten Teile, denn dann würde alle Bewegung und alles Wirken in diesen Geschöpfen aufhören (denn es ist die Natur aller Bewegung, etwas zu zerbrechen und in feinere Teile zu zerlegen). Dies zu tun würde der Weisheit und Güte Gottes zuwiderlaufen. Würde jede Bewegung und jedes Wirken in einem Geschöpf aufhören, so wäre dieses Geschöpf völlig nutzlos in der Schöpfung und wäre nicht besser als eine reine Nichtigkeit und ein völliges Nicht-Sein. Darüber hinaus, wie oben bereits gesagt wurde, widerspräche es der Weisheit und Güte Gottes oder irgendeinem seiner Attribute, wenn er unfähig wäre, etwas zu tun. (Die Teilung der Dinge ist nie in bezug auf den kleinsten mathematischen Begriff, sondern auf den kleinsten physikalischen Begriff gemeint. Und wenn konkrete Materie so zerlegt wird, daß sie in physikalische *Monaden* zerfällt, so wie sie im ersten Stadium ihres Entstehens war, dann ist sie bereit, ihr Wirken wiederaufzunehmen und zu Geist zu werden, genau so wie es mit unserer Nahrung geschieht.)

10. Außerdem ist die Betrachtung der unendlichen Teilbarkeit aller Dinge in immer kleinere Teile keine eitle oder unnütze Theorie, sondern von größtem Nutzen, um die Ursachen und den Grund der Dinge zu verstehen, und um zu verstehen, wie alle Geschöpfe – von den höchsten bis zu den niedersten – untrennbar durch ihre feineren vermittelnden Teile miteinander verbunden sind, die sich zwischen ihnen befinden und Emanationen von einem Geschöpf auf das andere sind, wodurch sie über die größte Distanz aufeinander einwirken können. Dieses ist die Grundlage aller Sympathie und Antipathie, welche in Geschöpfen vorkommt, und wenn diese Dinge von jemandem wahrhaft verstanden werden, so kann er leicht in die geheimsten und verborgensten Gründe der Dinge einsehen, welche unwissende Menschen okkulte Eigenschaften nennen.

Olympe de Gouges
Die Rechte der Frau und Bürgerin

An die Königin

Madame,
Ungeübt in der Sprache, die man mit Königen spricht, werde ich nicht zur Schmeichelei der Höflinge greifen, um Ihnen dieses besondere Werk zu widmen. Ich habe mir vorgenommen, Madame, offen mit Ihnen zu sprechen. Um mich dergestalt auszudrücken, habe ich nicht die Epoche der Freiheit abgewartet: mit der gleichen Energie bin ich zu einer Zeit aufgetreten, als die Blindheit der Despoten einen so edlen Wagemut bestrafte.

Als das ganze Reich Sie beschuldigte und Sie für seine große Not verantwortlich machte, habe ich allein in diesen unruhigen und stürmischen Zeiten die Kraft aufgebracht, Sie zu verteidigen. Ich habe nie glauben können, daß eine Prinzessin, in Glanz und Glorie aufgewachsen, alle Untugenden der Niedrigkeit besitzt.

Ja, Madame, als ich das Schwert gegen Sie gerichtet sah, habe ich mich mit meiner Antwort zwischen das Schwert und das Opfer gestellt. Aber heute, wo ich sehe, daß man die bestochene Menge der Aufrührer im Auge behält und daß sie sich aus Angst vor dem Gesetz ruhig verhalten, wage ich zu sagen, Madame, was ich Ihnen damals nicht anvertraut hätte.

Wenn das Ausland in die französische Situation eingreifen sollte, dann sind Sie in meinen Augen nicht mehr die fälschlich beschuldigte Königin, die interessante Königin, sondern eine unerbittliche Feindin der Franzosen. Ach! Madame, bedenken Sie, daß Sie Mutter und Gemahlin sind; üben Sie all Ihren Einfluß aus für die Rückkehr der Prinzen. Dieser Einfluß, wenn weise ausgeübt, wird die Krone des Vaters sicherstellen, sie dem Sohn erhalten und Sie mit den Franzosen versöhnen.

Diese würdige Rolle einer Vermittlerin ist die wahre Pflicht einer Königin. Intrigen, Kabalen, blutdurstige Pläne, würden Ihren Sturz nur beschleunigen, falls man Sie solcher Ziele verdächtigen sollte. Möge Sie, Madame, eine edlere Aufgabe auszeichnen, Ihren Ehrgeiz wecken und Ihr Blick darauf gerichtet sein. Allein diejenige, die das Schicksal auf einen so hohen Platz erhoben hat, kann der Verbreitung der Rechte der Frau Gewicht verleihen und deren Erfolg beschleunigen. Wären Sie weniger gebildet, Madame, dann fürchtete ich, daß Sie Ihr Geschlecht über Ihren persönlichen Interessen vergessen. Sie lieben den Ruhm: bedenken Sie, Madame, daß die größten Verbrechen wie die größten Tugenden unsterblich sind. Aber welche Verschiedenheit des Ruhmes in den Annalen der Geschichte! Der eine wird stets als Vorbild genannt, der andere ist ewig ein Auswurf der Menschheit.

Man wird es Ihnen nie als Verbrechen anrechnen, an der Wiederherstellung der Sitten zu arbeiten, Ihrem Geschlecht all die Festigkeit zu geben, der es fähig ist. Dieses Werk ist nicht die Arbeit eines Tages, leider nicht unter dem neuen Regime. Diese Revolution wird nur Wirklichkeit werden, wenn alle Frauen von ihrem beklagenswerten Geschick und von den Rechten, die sie in der Gesellschaft verloren haben, durchdrungen sind. Unterstützen Sie, Madame, eine so schöne Sache; verteidigen Sie dieses unglückliche Geschlecht, und Sie werden schnell die Hälfte des Königreichs an Ihrer Seite finden, und mindestens ein Drittel der anderen Hälfte.

Dies, Madame, dies sind die Taten, mit denen Sie sich auszeichnen, wofür Sie Ihren Einfluß ausüben können. Glauben Sie mir, Madame, unser Leben ist wenig wert, ganz besonders für eine Königin, wenn dieses Leben nicht durch die Liebe eines Volkes und den ewigen Glanz guter Taten verschönert wird.

Wenn es wahr ist, daß Franzosen alle Mächte gegen ihr Vaterland bewaffnen; warum? für eitle Vorrechte, für Chimären. Glauben Sie mir, Madame, wenn ich urteile auf Grund dessen, was ich fühle, die monarchistische Partei wird sich selbst zerstören, sobald sie alle Tyrannen preisgibt, (und dann) werden sich alle Herzen um das Vaterland scharen, um es zu verteidigen.

Das, Madame, sind meine Prinzipien. Während ich so mit Ihnen über mein Vaterland spreche, habe ich das Ziel dieser Widmung aus den Augen verloren. So opfert jeder gute Bürger seinen Ruhm, seine Interessen, wenn er denen seines Landes dient.
Ich bin mit größtem Respekt,
Madame,
Ihre sehr ergebene und gehorsame Dienerin,
De Gouges

Die Rechte der Frau

Mann, bist du imstande gerecht zu sein? Es ist eine Frau, die dir diese Frage stellt; dieses Recht wenigstens kannst du ihr nicht nehmen. Sage mir, wer hat dir die souveräne Macht verliehen, mein Geschlecht zu unterdrücken? Deine Körperkraft? Deine Talente? Beobachte den Schöpfer in seiner Weisheit; studiere die Natur in all ihrer Größe, die Natur, der du dich scheinbar nähern willst, und gib mir, wenn du es wagst, ein Beispiel für diese Tyrannei. Kehre zurück zu den Tieren, befrage die Elemente, studiere die Pflanzen, wirf einen Blick auf all die Modifikationen der organisierten Materie und ergib dich der Evidenz, für die ich dir die Mittel reiche. Suche, untersuche und unterscheide, wenn du das kannst, die Geschlechter in der Ordnung der Natur. Überall findest du sie ohne Unterschied zusammen, überall arbeiten sie in harmonischer Gemeinschaft zusammen an diesem unsterblichen Meisterwerk.

Nur der Mann stümpert sich von der Ausnahme ein Prinzip zusammen. Bizarr, blind, aufgeblasen von Wissenschaften und degeneriert in diesem Jahrhundert der Aufklärung und des Scharfsinns, in krassester Unwissenheit will er als Despot befehlen über ein Geschlecht, das alle intellektuellen Fähigkeiten besitzt. Er will von der Revolution profitieren, er fordert seine Rechte auf Gleichheit, über den Rest zu schweigen.

Erklärung der Rechte der Frau und Bürgerin
Zu verabschieden von der Nationalversammlung in ihrer letzten
Sitzung oder in der folgenden Legislaturperiode.

Präambel
Wir Mütter, wir Töchter, wir Schwestern, Repräsentantinnen der Nation, fordern, Bestandteil der Nationalversammlung zu werden. In Anbetracht dessen, daß Unwissenheit, Vergessen oder Mißachtung der Rechte der Frauen die alleinigen Ursachen öffentlichen Unglücks und der Korruption der Regierungen sind, haben wir beschlossen, in einer feierlichen Erklärung die natürlichen, unveräußerlichen und heiligen Rechte der Frau festzulegen, auf daß diese Erklärung allen Mitgliedern des Sozialkörpers ständig vor Augen steht und sie ohne Unterlaß an ihre Rechte und Pflichten erinnert; auf daß die Machtausübung von Frauen und Männern immer am Zweck aller politischen Institutionen gemessen und damit auch mehr respektiert wird; auf daß die Ansprüche der Bürgerinnen, fortan auf einfache und unbestreitbare Prinzipien gegründet, immer die Erhaltung der Verfassung, die guten Sitten und das Glück aller befördern.

In Konsequenz dessen erkennt und erklärt das an Schönheit und Mut im Ertragen der Mutterschaft überlegene Geschlecht, in Gegenwart und unter den Auspizien des Höchsten Wesens, die folgenden Rechte der Frau und Bürgerin.

Erster Artikel

Die Frau ist frei geboren und bleibt dem Manne gleich an Rechten. Die sozialen Unterschiede können nur auf gemeinsamem Nutzen gegründet sein.

II.

Der Zweck jeder politischen Vereinigung ist die Erhaltung der natürlichen und unantastbaren Rechte der Frau und des Mannes: diese Rechte sind Freiheit, Eigentum, (Rechts-)Sicherheit und vor allem das Recht auf Widerstand gegen Unterdrückung.

III.

Das Prinzip aller Souveränität ruht wesentlich in der Nation, die nichts anderes ist als eine Vereinigung der Frau und des Mannes: keine einzige Körperschaft, kein einziges Individuum kann Macht ausüben, die nicht ausdrücklich daraus hervorgeht.

IV.

Freiheit und Gerechtigkeit bestehen in der Zurückgabe all dessen, was einem anderen gehört. Also wird die Frau an der Ausübung ihrer natürlichen Rechte gehindert durch die Grenzen, die die fortdauernde Tyrannei des Mannes ihr entgegensetzt. Diese Grenzen müssen durch die Gesetze der Natur und der Vernunft neu gesetzt werden.

V.

Die Gesetze der Natur und Vernunft verbieten alle Handlungen, die für die Gesellschaft schädlich sind: alles, was durch diese weisen und göttlichen Gesetze nicht verboten ist, darf nicht verhindert werden, und niemand darf gezwungen werden zu tun, was die Gesetze nicht gebieten.

VI.

Das Gesetz muß Ausdruck des allgemeinen Willens sein; alle Bürgerinnen und Bürger müssen an der Gesetzgebung persönlich oder durch ihre Vertretung mitwirken. Das Gesetz ist das gleiche für alle: alle Bürgerinnen und alle Bürger, gleich in den Augen des Gesetzes, müssen gleichen Zugang haben zu allen Würden, Stellen und öffentlichen Ämtern, entsprechend ihren Fähigkeiten und ohne andere Unterschiede als die ihrer Tugenden und Talente.

VII.

Keine Frau ist davon ausgenommen; sie wird angeklagt, verhaftet und gefangen gehalten in den Fällen, die das Gesetz bestimmt. Die Frauen gehorchen wie die Männer diesem rigorosen Gesetz.

VIII.

Das Gesetz darf nur Strafen verhängen, die strikt und offensichtlich notwendig sind, und man kann nur bestraft werden auf Grund eines geltenden Gesetzes, das vor der Übertretung in Kraft war und legal auf Frauen angewendet wird.

IX.

Alle Frauen werden in Übereinstimmung mit der Strenge des Gesetzes schuldig erklärt.

X.

Keine/r darf verfolgt werden wegen ihrer/seiner Meinung, wie grundsätzlich auch immer; die Frau hat das Recht, das Schafott zu besteigen, sie hat gleichermaßen das Recht, die Tribüne zu besteigen, solange ihre Manifestationen die öffentliche Ordnung, festgelegt durch das Gesetz, nicht stören.

XI.

Die freie Mitteilung der Gedanken und Meinungen ist eines der wertvollsten Rechte der Frau, da diese Freiheit die Legitimität der Väter hinsichtlich der Kinder sichert. Alle Bürgerinnen können in aller Freiheit sagen: ich bin Mutter eines Kindes, das von Ihnen ist, ohne daß ein barbarisches Vorurteil sie zwingt, die Wahrheit zu verdunkeln, unter der Bedingung, daß sie den Mißbrauch dieser Freiheit verantworten muß, in Fällen, bestimmt vom Gesetz.

XII.

Die Garantie der Rechte der Frau und Bürgerin muß dem allgemeinen Nutzen dienen. Diese Garantie muß zum Vorteil aller sein und nicht im persönlichen Interesse derjenigen, denen die Garantie anvertraut ist.

XIII.

Für den Unterhalt der öffentlichen Gewalten und für die Kosten der Verwaltung sind die Beiträge der Frau und des Mannes gleich; hat die Frau Anteil an allen Lasten und Pflichten, dann hat sie auch gleichen Anteil bei der Verteilung der Stellen, Beschäftigungen, Dienste, Würden und Gewerbe.

XIV.

Bürgerinnen und Bürger haben das Recht, selbst oder durch ihre Vertretung die Notwendigkeit der Steuererhebung festzustellen. Bürgerinnen können dem Prinzip, Steuern in gleicher Höhe zu zahlen, nur dann zustimmen, wenn sie gleichen Anteil nicht allein am Einkommen, sondern auch an der öffentlichen Administration haben und Beträge, Verwendung, Einziehung und Zeitdauer der Steuern mitbestimmen.

XV.

Die Masse der Frauen, die gleich den Männern Steuern zahlt, hat das Recht, von allen öffentlichen Einrichtungen und ihrer Administration Rechenschaft zu verlangen.

XVI.

Eine Gesellschaft, in der die Garantie der Rechte nicht gesichert und die Teilung der Gewalten nicht festgelegt ist, hat gar keine Verfassung. Die Verfassung ist nichtig, wenn die Mehrheit der Individuen, aus denen die Nation besteht, nicht an der Verfassungsgebung mitgewirkt hat.

XVII.

Das Eigentum gehört beiden Geschlechtern, gemeinsam oder getrennt; jede Person hat darauf ein unverletzliches und heiliges Recht. Keiner/keinem darf es als ein wahres Erbe der Natur geraubt werden, außer in Fällen öffentlicher und gesetzlich festgestellter Notwendigkeit, und unter der Bedingung gerechter und im voraus festgesetzter Entschädigung.

Postambel

Frauen, erwacht! Die Sturmglocke der Vernunft ist auf der ganzen Welt zu hören; erkennt eure Rechte. Das mächtige Reich der Natur ist nicht mehr umgeben von Vorurteilen, Fanatismus, Aberglauben und Lügen. Die Fackel der Wahrheit hat alle Wolken der Dummheit und Usurpation vertrieben. Der versklavte Mann hat seine Kräfte vervielfacht. Er hat eurer Kräfte bedurft, um seine Ketten zu brechen. Nun er frei ist, ist er ungerecht gegen seine Gefährtin geworden. O Frauen! Frauen, wann hört ihr auf, blind zu sein? Welches sind die Vorteile, die ihr in der Revolution gewonnen habt? Ihr werdet noch mehr verachtet, noch mehr verhöhnt. In den Jahrhunderten der Korruption habt ihr über die Schwächen der Männer regiert. Euer Reich ist zerstört! Was bleibt euch noch? Die Überzeugung von der Ungerechtigkeit des Mannes, die Ansprüche auf euer Erbteil, die auf den weisen Gesetzen der Natur beruhen. Was habt ihr zu befürchten, bei einer so hoffnungsvollen Unternehmung? Das Bonmot des Höchsten Gesetzgebers während der Hochzeit von Kanaan? Befürchtet ihr, daß unsere französischen Gesetzgeber, Korrektoren der Moral, die sich lange Zeit in allen Zweigen der Politik eingenistet hatte, aber heute keinen Platz mehr hat, wiederholen könnten: Frauen, was gibt es Gemeinsames zwischen euch und uns? Alles, müßtet ihr darauf antworten. Wenn sie in ihrer Schwäche trotzig in ihrer Inkonsequenz verharren, im Widerspruch mit ihren eigenen Prinzipien, dann setzt mutig die Macht der Vernunft den eitlen Ansprüchen auf Superiorität entgegen. Vereinigt euch unter dem Banner der Philosophie, entfaltet alle eure Charakterstärke, und bald werdet ihr diese größenwahnsinnigen, nicht ergebenen Anbeter zu euren Füßen haben, nun aber stolz, die Schätze der Vernunft mit euch zu teilen. Welches auch die Barrieren sind, die man euch entgegenstellt, es ist in eurer Macht, euch zu befreien. Ihr müßt es nur wollen. Kommen wir nun zu dem schrecklichen Bild eurer Situation in der Gesellschaft. Und da im Augenblick die Rede ist von einer Nationalerziehung, wollen wir sehen, ob unsere weisen Gesetzgeber auf gesunde Weise über die Erziehung der Frauen denken. [...]

Form eines Contrat Social zwischen Mann und Frau
Wir, N. und N., gehen aus eigenem Willen eine Verbindung auf Dauer unseres Lebens und auf Dauer unserer gegenseitigen Zuneigung unter den folgenden Bedingungen ein: Wir wollen unser Vermögen zusammenfügen und gemeinschaftlich verwalten, wobei wir uns das Recht vorbehalten, es zu Gunsten unserer gemeinsamen Kinder zu verteilen, und zu Gunsten von Kindern, die einer besonderen Neigung entspringen; wir anerkennen gegenseitig, daß unser Besitz direkt unseren Kindern zukommt, aus welcher Verbindung auch immer sie hervorgehen, und daß sie alle ohne Unterschied das Recht haben, den Namen der Väter und Mütter zu tragen, die sie als ihre Kinder anerkannt haben; und wir unterschreiben das Gesetz, das das Verleugnen des eige-

nen Bluts bestraft. Wir verpflichten uns gleichermaßen, im Falle von Scheidung, unser Vermögen zu teilen, nachdem daraus erst die Anteile der Kinder, wie vom Gesetz bestimmt, sichergestellt sind. In einer perfekten Verbindung wird im Todesfalle jede/r die Hälfte ihres/seines Besitzes den Kindern vererben. Wer kinderlos stirbt, vererbt der/dem Überlebenden von Rechts wegen alles, es sei denn, die/der Verstorbene hat testamentarisch bestimmt, daß die Hälfte des gemeinsamen Besitzes einer dritten Person zukommt.

Das ist ungefähr die Klausel des Ehevertrages, den ich zur Ausführung vorschlage. Ich sehe die Tartuffes, die Klatschmäuler, den Klerus und die ganze teuflische Bande schon vor mir, wie sie beim Lesen dieser ungewöhnlichen Schrift gegen mich in Aufstand kommen. Doch wieviel moralische Mittel bietet diese Schrift den Vernünftigen, um einen hohen Grad der Vervollkommnung der Regierung zu erreichen. Ich werde in wenigen Worten einen konkreten Beweis liefern. Ein reicher, kinderloser Epikureer findet es ganz normal, zu seinem armen Nachbarn zu gehen und dessen Familie zu vermehren. Wenn ein Gesetz verabschiedet wird, das es der Frau des armen Mannes erlaubt, den reichen Mann zur Adoption seiner Kinder zu zwingen, dann werden die gesellschaftlichen Bande enger und die Sitten reiner. Vielleicht wird dieses Gesetz das Wohl der Gemeinschaft bewahren und die Mißstände eindämmen, die so viele Opfer in Hospizen der Schande, Erniedrigung und Degeneration menschlicher Prinzipien enden lassen, wo die Natur schon so lange dahinsiecht. Wenn doch die Verleumder dieser gesunden Philosophie mit ihrem fortwährenden Geschrei gegen die primitiven Sitten aufhören wollten und sich verirrten in den Quellen ihrer Zitate.

Ich will auch ein Gesetz zu Gunsten von Witwen und Mädchen haben, die durch falsche Versprechungen eines Mannes, mit dem sie sich eingelassen haben, betrogen wurden. Ich will, daß dieses Gesetz einen treulosen Mann zwingt, seine Versprechen einzuhalten oder eine Entschädigung im Verhältnis zu seinem Vermögen zu zahlen. Ich will, daß ein Gesetz streng gegen Frauen auftritt, gegen jene, die es wagen, sich auf ein Gesetz zu berufen, das sie selbst durch Verfehlungen, die bewiesen sein müssen, übertreten haben. Ich will auch, wie ich das 1788 in meiner Schrift ›Das ursprüngliche Glück des Menschen‹ erklärt habe, daß den öffentlichen Frauen eigene Viertel zugewiesen werden. Es sind nicht die öffentlichen Frauen, die am meisten zum sittlichen Verfall beitragen, sondern die Frauen der Gesellschaft. Wenn man die Sitten der Letzteren verbessert, trägt man auch zur Veränderung der Erstgenannten bei. Diese Kette brüderlicher Zusammengehörigkeit wird am Anfang Verwirrung stiften, doch am Ende wird ein perfektes Gemeinsames daraus hervorgehen.

Ich biete ein unschlagbares Mittel an, um die Würde der Frauen zu heben, nämlich zusammen mit Männern teilzunehmen an allen Berufszweigen. Besteht der Mann trotzig darauf, daß dieses Mittel unausführbar ist, dann soll er sein Vermögen mit seiner Frau teilen, nicht nach eigener Willkür, sondern aufgrund weiser Gesetze. Dann werden die Vorurteile verschwinden, die Sitten rein, und die Natur wird wieder in all ihre Rechte eingesetzt. Man füge hinzu, die Ehe der Priester, der König, bestätigt auf seinem Thron und die französische Regierung können nicht mehr untergehen.

Es ist wohl nötig, daß ich noch etwas über die Unruhen sage, die, wie es heißt, das Dekret zu Gunsten der Farbigen auf unseren Inseln verursacht. Da bebt die Natur vor Horror; da haben Vernunft und Menschlichkeit die versteinerten Seelen noch nicht berührt. Da wird die Bevölkerung zerrissen und erschüttert. Es ist nicht schwer zu raten, wer die Anstifter dieser Brandherde sind: sie sitzen bis in die Nationalversammlung; in Europa schüren sie das Feuer, das Amerika verzehren soll. Die Kolonialherren regieren wie Despoten über Menschen, deren Väter und Brüder sie sind; in Verkennung der Rechte der Natur verfolgen sie ihr eigenes Fleisch bis in die kleinste Schattierung ihres Blutes. Diese unmenschlichen Kolonialherren sagen, unser Blut fließt in ihren Adern, aber wir vergießen es, wenn nötig, um unsere Habsucht oder unseren blinden Ehrgeiz zu befriedigen. Gerade in diesen Gegenden, am dichtesten bei der Natur, verleugnet der Vater seinen Sohn. Taub für die Stimme des Blutes, erstickt er alle schöne Menschlichkeit. Was kann man von solchem Widerstand erhoffen? Mit Gewalt dagegen kämpfen, dann wird er noch schrecklicher, noch länger dulden heißt, daß alles Unheil über

Amerika kommt. Eine göttliche Hand scheint überall das Erbteil der Menschen, die Freiheit zu verbreiten. Allein das Gesetz ist berechtigt, die Freiheit einzuschränken, wenn sie zu Zügellosigkeit entartet. Aber diese Freiheit muß für alle gleich und vor allem durch Dekret der Nationalversammlung festgelegt sein, diktiert von Klugheit und Gerechtigkeit. Möge sie in gleicher Weise in Frankreich handeln und neue Mißstände gleich schnell ans Licht bringen, wie alte Mißstände sich täglich verschlimmern! Ich bin der Meinung, daß die exekutive mit der legislativen Gewalt zusammengefügt werden muß, denn es scheint mir, daß die eine alles ist und die andere nichts. Daraus entsteht leider vielleicht der Niedergang des französischen Reiches. Ich betrachte diese beiden Gewalten wie Mann und Frau, vereinigt, um einen guten Haushalt zu führen, aber gleich an Kraft und Tugend.

MARY WOLLSTONECRAFT
Die Verteidigung der Rechte der Frauen

Bei dem gegenwärtigen Stande der Gesellschaft ist es nötig, auf die allerersten Ursachen zurückzugehen, um die einfachste Wahrheit zu beweisen und jeden Zoll Bodens gegen herrschende Vorurteile zu verteidigen. Um den Weg, den ich gehen will, anzubahnen, mag mir gestattet sein, einige einfache Fragen zu stellen, deren Beantwortung so unzweideutig sein wird, wie die Axiome, auf welche die Schlußfolgerung aufgebaut ist, trotzdem sich die Fragen zu widersprechen scheinen, wenn man sie in ihrem Verhältnis zu manchen Handlungen und Worten der Menschen vergleicht.

In was besteht des Menschen Übergewicht über das Tier? Die Antwort ist so klar, wie daß zwei mal zwei vier ist: in der Vernunft.

Welche Errungenschaft erhebt ein Wesen über das andere? Die

Moral, müssen wir augenblicklich antworten. Zu welchem Zwecke sind dem Menschen Leidenschaften gegeben? Damit er im Kampfe mit ihnen jenen Grad der Erkenntnis erlange, der dem Tier versagt ist, sagt die Erfahrung.

Folglich muß die Vollkommenheit des Menschen und sein Vermögen, glücklich zu sein, von dem Grade der Vernunft, der Moral und der Erkenntnis bestimmt sein, die das Individuum auszeichnen und die Gesetze für die Gesellschaft vorschreiben. Daß aus der Übung der Vernunft notwendig Moral und Erkenntnis fließt, ist, wenn man die Menschheit als Ganzes betrachtet, ebenfalls unleugbar.

Wenn man die Rechte und Pflichten der Menschen so einfach auseinandergesetzt sieht, könnte man den Versuch, unbestreitbar erscheinende Wahrheit erklären zu wollen, für recht töricht halten. Doch haben so tief eingewurzelte Vorurteile die klare Einsicht umwölkt, daß es nötig ist den Weg zu verfolgen, den die Vernunft genommen hat, bis sie zum Irrtum geworden ist, dadurch daß zufällige Umstände die einfache Wahrheit unkenntlich machten.

Wenn wir der Sache auf den Grund gehen, so ergibt sich, daß das Laster an der ihm eigentümlichen Abscheulichkeit, vor einer genaueren Untersuchung der Frage zurückschreckt: aber oberflächliche Schwätzer schreien beständig, daß diese Argumente ja viel beweisen und daß diese Maßnahmen zu verrottet seien, um noch etwas beweisen zu können.

Die Menschen sind im allgemeinen geneigt, ihren Verstand dazu zu gebrauchen, Vorurteile, die sie einmal in sich aufgenommen haben – unbewußt auf welche Weise es geschah – zu rechtfertigen, anstatt sie auszurotten.

Es gehört ein starker Geist dazu, sich seine eigenen Grundprinzipien zu bilden. Gewöhnlich besteht im Menschen eine Art intellektueller Feigheit, die ihn von dieser Aufgabe zurückschreckt oder sie ihn nur halb tun läßt. Doch die unvollkommenen Schlüsse, die so gezogen werden, scheinen oft sehr überzeugend, weil sie auf teilweiser Erfahrung beruhen, auf richtiger, doch beschränkter Anschauung.

Daß jene Gesellschaft die besteingerichtetste ist, deren Gesetze in der menschlichen Natur begründet sind, leuchtet jedem denkenden Wesen theoretisch so ein, daß es anmaßend erscheint, dafür Beweise erbringen zu wollen. Dennoch müssen Beweise erbracht werden, um die herkömmlichen Ausflüchte zu besiegen; aber die Tradition geltend machen als ein Argument, um einen Menschen (sei es nun Mann oder Frau) seiner natürlichen Rechte zu berauben, ist einer jener sinnlosen Sophismen, die täglich den gesunden Verstand verletzen.

Die Zivilisation der Völker Europas ist keine allgemeine. Es ist fraglich, ob man im Austausch für die Einfalt durch die Zivilisation Werte errungen hat, die jenes Elend ausgleichen, das der übertünchten Unwissenheit entstammt, und ob glänzende Sklaverei imstande ist, Freiheit aufzuwiegen!

Der Wunsch, durch Reichtum zu glänzen – der sicherste Vorrang, den ein Mensch erlangen kann –, das Vergnügen, über schmeichelnde Schmarotzer zu herrschen und noch viele andere, komplizierte, niedere Berechnungen kindischer Eigenliebe haben dazu beigetragen, die Menschheit zu überwältigen.

So wurde aus der Freiheit eine bequeme Handhabe für falschen Patriotismus. Denn während Rang und Titel von solcher Bedeutung sind, daß selbst der Genius oft sein Haupt vor ihnen beugen muß, ist es mit wenigen Ausnahmen doch sehr bedauerlich für eine Nation, wenn Männer von Talent zwar, aber ohne Rang und Vermögen, zu Strebern werden.

Welch Elend mußten nicht schon Tausende erdulden, weil irgendein Abenteurer dunkler Herkunft nach dem Kardinalshute trachtete, um Prinzen gleichgestellt zu werden!

So weit ging schon die Erbärmlichkeit, die von ererbten Ehren, Reichtum und Herrschaft ausging, daß Menschen von lebhaftem Feingefühl über die Einrichtungen der Vorsehung in Gotteslästerung ausbrachen.

In der Erkenntnis und unter dem Eindrucke des Elends und der Ordnungslosigkeit, die sich über die Gesellschaft verbreitet hat, und müde, gegen unnatürliche Toren zu kämpfen, warf Rousseau sich der Einsamkeit in die Arme. Da er zugleich Optimist ist, so will er mit ungewöhnlicher Beredsamkeit beweisen, daß der Mensch von Natur ein einsiedlerisches Tier sei. Irregeleitet von seiner Verehrung Gottes, der sicher – welcher Mensch von Verstand und Gemüt könnte daran zweifeln – nur Leben gab, um Glück zu geben, nimmt Rousseau das Böse als Positives und Werk des Menschen an; doch bedenkt er nicht, daß er ein Attribut auf Kosten des andern übertreibt, da doch beide, das Gute wie das Böse, gleich nötig sind zur göttlichen Vollkommenheit. Auf eine falsche Hypothese aufgebaut, scheint seine Beweisführung zu Gunsten eines Naturzustandes einleuchtend, doch sie ist nicht begründet. Ich sage nicht begründet, denn behaupten, daß der Naturzustand einer Zivilisation mit all' ihrer möglichen Vollkommenheit vorzuziehen sei, heißt mit andern Worten die höchste Weisheit anklagen. Die paradoxe Behauptung, daß Gott alles gut gemacht habe, das Böse komme aber von dem Wesen, das er in seiner Einsicht geschaffen hat, ist ebenso unphilosophisch wie gottlos.

Das weise Wesen, das uns schuf, erkannte das Gute und wollte durch die Leidenschaften, die es in uns pflanzte, unsere Einsicht so entwickeln, daß das gegenwärtige Böse künftiges Gutes erzeugen könne. Könnte denn sonst die hilflose Kreatur, die Gott aus dem Nichts erschuf, sich von der Vorsehung frei machen und ohne des Schöpfers Willen, kühn durch die Erfahrung lernen zu unterscheiden zwischen Gut und Böse? Nein. – Wie kann aber dieser Anwalt der Unsterblichkeit sich selbst so widersprechen? Wäre der Mensch für immer in jenem tierischen Naturzustand geblieben, den selbst Rousseaus Zauberfeder als keinen der Tugend förderlichen ausmalen kann, dann wäre es jedermann, mit Ausnahme Rousseaus, klar geworden, daß der Mensch geboren ist, den Kreislauf zwischen Leben und Tod zu machen, zu einem Zwecke, der aber mit seiner (Rousseaus) Annahme nicht vereinbar ist. Um das Schöpfungswerk zu krönen, wurde ein vernünftiges Wesen hervorgebracht, dem die Möglichkeit gegeben ist, durch Übung seiner Kräfte sich zu vervollkommnen. Da die göttliche Gnade es für gut fand, eine Kreatur, höher als das Tier, zu bilden, ein Geschöpf, das denken und sich vervollkommnen kann, warum soll man dieses unschätzbare Geschenk – denn ein Geschenk ist es, so geschaffen zu sein, sich über das rein tierische Wohlbefinden erheben zu können –, warum soll man dieses Geschenk einen Fluch nennen? Als Fluch wäre es zu betrachten, wenn unser ganzes Leben mit dem Diesseits abgeschlossen wäre. Sollte denn der gnadenreiche Quell des Lebens uns Leidenschaften gegeben haben und die Kraft des Denkens, nur um unsere

Tage zu verbittern und uns falsche Ansichten von Menschenwürde einzuflößen? Warum sollte Gott uns dann weiter führen von der Selbstliebe zu jenen höchsten Regungen, wie die Erkenntnis seiner Weisheit und Güte ist, wenn diese Regungen nicht in uns wären als ein Teil unser selbst, um unsere Natur zu vervollkommnen und zu befähigen, ein gottähnliches Glück zu genießen? Fest überzeugt, daß es kein Übel in der Welt gibt, das Gott nicht in bestimmter Absicht eingerichtet hat, baue ich darauf meinen Glauben an die Vollkommenheit Gottes.

Rousseau bemüht sich zu beweisen, daß uranfänglich alles gut war, viele andere Schriftsteller wollen dartun, daß alles gut ist, und ich will zeigen, daß alles gut sein wird. [...]

Als Grund und Entschuldigung für die Tyrannei der Männer über die Frauen wurden viele geistreiche Argumente angeführt, die alle beweisen sollen, daß die beiden Geschlechter in ihrem Streben nach Vollkommenheit einen ganz verschiedenen Charakter erwerben müßten. Mit andern Worten: die Frauen dürfen nicht so viel Geisteskraft erlangen, als zu wirklicher Vollkommenheit nötig ist. Da man ihnen aber erlaubt, eine Seele zu haben, können sie doch nur den einen Weg gehen, auf dem die Vorsehung das ganze Menschengeschlecht zu Tugend und Glück führt.

Wenn die Frauen nicht nur Gegenstand flüchtiger Tändelei sind, warum sollen sie unter dem Vorwande der Unschuld in Unwissenheit bleiben? Mit Recht beklagen sich die Männer über die Torheiten und Launen unseres Geschlechts, wenn sie nicht unsern leidenschaftlichen Eigensinn und unsre kriecherischen Untugenden einer scharfen, spöttischen Kritik unterziehen. Man bedenke aber die natürliche Folge der Unwissenheit! Ein Geist, der nur mit Vorurteilen genährt ist, wird immer wankelmütig sein, und ein Strom, der nicht in Schranken gehalten ist, tobt in vernichtender Kraft. Von Kindheit auf werden die Frauen gelehrt, daß etwas Kenntnis menschlicher Schwäche, eine gewisse Schlauheit, Sanftheit des Gemütes, scheinbare Fügsamkeit, vorsichtig ängstliches Beobachten der äußern Schicklichkeit ihnen den Schutz eines Mannes sichert. Wenn Frauen schön sind, dann ist wengistens für zwanzig Jahre ihres Lebens alles andre überflüssig!

So beschreibt Milton unsre erste schwache Stammutter. Wenn er sagt, das Weib sei nur für Sanftmut und Schönheit gebildet, kann ich nur denken, daß er nach mohammedanischem Sinn uns die Seele abspricht, um uns zu verstehen zu geben, unsre Bestimmung sei ausschließlich die, durch reizende Anmut und blinden Gehorsam den Sinnen des Mannes zu dienen, wenn sein Geist von Arbeit ermüdet ist.

Welch' ein Schimpf, uns so zu zahmen Haustieren zu erniedrigen! Sanftmut und scheinbare Unterwürfigkeit zum verhüllten Zwecke des Herrschens. Wer wird durch solche Mittel zu Macht gelangen wollen!

Lord Bacon sagt: »Durch seinen Körper ist der Mensch den Tieren verwandt, wäre er aber nicht durch seinen Geist auch mit Gott verwandt, so wäre er ein niedriges, unedles Geschöpf.«

Die Männer scheinen mir sehr wider die Vernunft zu handeln, wenn sie denken, das Wohlverhalten der Frauen dadurch zu sichern, daß sie sie dauernd in dem Zustand der Kindheit erhalten wollen.

Rousseau war darin weniger widerspruchsvoll, indem er die geistige Entwicklung beider Geschlechter aufhalten wollte. Wenn der Mann vom Baume der Erkenntnis ißt, dann wird die Frau davon naschen und von der unvollkommenen Ausbildung ihres Verstandes kann nur Übles hervorgehen.

Kinder sollen unschuldig sein, aber wenn dieser Ausdruck auf Männer und Frauen angewendet wird, so ist er nur eine höfliche Umschreibung für Schwäche. Wenn es den Frauen gestattet ist, sich menschliche Vorzüge anzueignen, dann müssen sie auch jene Festigkeit des Charakters erringen können, welche die Basis der Hoffnungen ist.

Milton war in diesem Punkte andrer Ansicht, indem er sich vor einem unverletzlichen Rechte der Schönheit beugt, trotzdem ihm Stellen in seiner Dichtung nachgewiesen werden können, in denen er sich selbst widerspricht.

Wenn wir also vom Wesen des Weibes sprechen, wollen wir von der sinnlichen Seite der Frage absehen und untersuchen, inwieweit es möglich ist, die Frau zu einer Mitarbeiterin des Höchsten zu machen.

Dies kann nur durch eine individuelle Erziehung geschehen.

Darunter verstehe ich von Kindheit an eine scharfe Entwicklung der Sinne, Bildung des Gemüts und des Charakters, Zügelung der aufkeimenden Leidenschaften und Anregung der Geistestätigkeit, bevor die körperliche Reife erreicht ist, so daß die Erwachsenen dann die wichtige Aufgabe mit Denken und Urteilen nur fortsetzen, nicht erst anfangen müssen. Um Mißverständnisse zu verhüten, muß ich hinzufügen, daß keine einseitig häusliche Erziehung den anzustrebenden Erfolg bringen kann. Männer und Frauen müssen zumeist in dem Geiste und dem Wesen der Zeit, in der sie leben, erzogen werden.

Jedes Zeitalter hat eine bestimmte Geistesströmung, die es mit großer Kraft durchflutet. Bei dem derzeitigen Zustande der Gesellschaft kann wohl von Erziehung wenig erwartet werden. Für meinen gegenwärtigen Zweck ist es aber genügend, daß trotz aller äußeren Umstände die Kräfte des einzelnen sich durch den Gebrauch seiner Vernunft entwickeln können. Der Gedanke, daß nur *ein* Mensch mit lasterhaften Neigungen geboren sei, müßte uns schon zum Atheismus führen.

Die beste Erziehung wird also die sein, die Körper, Geist und Gemüt gleichmäßig stärkt und vervollkommnet. Mit andern Worten eine Erziehung, die die Kräfte des Individuums entwickelt und es zur Unabhängigkeit führt. Ein Geschöpf, das nicht durch Selbsterziehung zum rechten Gebrauch seiner Fähigkeiten und Kräfte kommt, kann nicht moralisch genannt werden. Das ist auch Rousseaus Ansicht von den Männern, ich aber dehne diesen Satz auch auf die Frauen aus. Die Frauen wurden bisher nur durch falsche Verfeinerung ihrer eigentlichen Sphäre entzogen und nicht dadurch, daß sie sich männliche Eigenschaften anmaßten. Die königliche Huldigung, die sie empfangen, ist aber so berauschend, daß es sehr schwer sein wird, die Frauen davon zu überzeugen, daß sie eine gesetzwidrige Macht ausüben. Erst wenn der Geist der Zeit sich geändert hat, wenn man im allgemeinen zu vernünftigeren Anschauungen gekommen sein wird, werden auch die Frauen einsehen, daß sie sich erniedrigen. Sie werden zur Natur zurückkehren und jene Gleichheit anstreben, in der ruhige Zufriedenheit und unverfälschte Neigung ihnen sicher wird. Aber auf die Zeit müssen wir noch warten – warten, bis Könige und Würdenträger so von Einsicht erleuchtet sind, daß sie die wahre Menschenwürde einem kindischen Zustande vorziehen, warten, bis sie ihren lächerlichen, ererbten Firlefanz beiseite lassen. Wenn dann die Frauen auf das launisch willkürliche Recht der Schönheit nicht verzichten – dann werden sie beweisen, daß sie weniger Vernunft haben als der Mann.

Man wird es vielleicht anmaßend finden, wenn ich behaupte, daß alle Schriftsteller, die bisher über weibliche Erziehung und weibliches Wesen geschrieben haben (von Rousseau bis Gregory), nur dazu beigetragen haben, die Frauen noch unnatürlicher und schwächer von Charakter zu machen, und dadurch noch unbrauchbarer für die Gemeinschaft. [...]

Es ist klar, daß die Frau durch ein Zusammenwirken von Umständen schwach und erniedrigt wurde. Von ihr gilt, was von dem Volke behauptet wird: die Masse der Menschheit muß in Unwissenheit erhalten werden, sonst würden die willfährigen Sklaven zur Erkenntnis ihrer Abhängigkeit kommen und ihre Ketten zerreißen. Die Menschen beugen sich vor ihren Unterdrückern, anstatt daß sie das Haupt erheben und das Joch abschütteln. Statt auf ihrem angeborenen Rechte der Freiheit zu bestehen, kriechen sie im Staube und sagen, wir wollen essen und trinken, denn morgen können wir sterben. Von den Frauen gilt dasselbe. Sie erniedrigen sich aus dem gleichen Hang, den Moment zu genießen, und schließlich verachten sie eine Freiheit, die zu erringen sie nicht Kraft genug haben.

Bezüglich der Herzensbildung wird einhellig kein Unterschied des Geschlechtes gemacht, in bezug auf geistige Kraft weist man den Frauen immer eine niedere Rangstufe an. Dieser Irrtum entstand aus einer falschen Ansicht über Erziehung. Man sieht die Erziehung meist nur als eine Vorbereitung fürs Leben an, statt als den Weg ein Geschöpf zur möglichsten Vollkommenheit und Veredlung zu führen. Auf diesem sinnlichen Irrtum (so muß ich ihn nennen) ist das falsche System weiblicher Art aufgebaut worden, das die Frau jeglicher Würde beraubt und sie zu Lilien auf dem Felde macht. Die Angst der Frauen, ihren spezifischen Charakter als Geschlecht, den die Männer stets poetisch verherrlichen, zu verlieren, ließ selbst Frauen höherer Begabung in den gleichen Ton miteinstimmen.

Den Frauen wird eben einfach die Vernunft abgesprochen, und Instinkt und schlaues Anpassen für die Zwecke der Existenz sollen all' ihre geistigen Fähigkeiten ausmachen.

Die Fähigkeit, Gedanken zu verallgemeinern und aus eigenen Beobachtungen vernünftige Schlüsse zu ziehen, verdient einzig Erkenntnis genannt zu werden. Diese Fähigkeit wird den Frauen einfach abgesprochen, und nach einigen Schriftstellern soll sie sogar mit ihrem Geschlechtscharakter unvereinbar sein. Wenn das bewiesen werden kann, dann freilich lebt die Frau nur für den Mann. Ich muß aber beiläufig bemerken, daß die Fähigkeit, Gedanken zu generalisieren, sowohl bei Männern wie bei Frauen eine sehr seltene ist, aber in der Übung dieser Art des Denkens liegt die wahre Veredlung des Geistes. Doch scheint sich alles dagegen verschworen zu haben, diese Veredlung des Geistes der Frau zu ermöglichen. [...]

Ich beginne mit Rousseau und gebe in seinen eignen Worten eine Skizze des Frauencharakters. Meine Bemerkungen zu derselben werden sich aus den schon ausgesprochenen Grundsätzen sehr einfach ergeben. Rousseau will beweisen, daß die Frau schwach und passiv sein muß, weil sie körperlich weniger Kraft hat als der Mann. Er fügt hinzu, daß sie nur geschaffen sei, zu gefallen und sich dem Manne unterzuordnen. Der Zweck und die Pflicht ihres Daseins sei ausschließlich, sich ihrem Herrn und Meister *angenehm* zu machen.

Um aber der Begierde und ihrer Befriedigung einen Schein von Würde zu verleihen, sagt Rousseau, daß der Mann nicht nur seine größere Kraft walten lassen, sondern daß er auch den Willen der Frau gelten lassen solle. Rousseau: »...und es ergibt sich weiter aus der Verschiedenheit der Geschlechter, daß der Stärkere nur scheinbar der Herr ist und daß er tatsächlich vom Schwächeren abhängt, und dieses nicht nur durch leichtfertige Galanterie oder dünkelhaften Großmut, sondern durch ein unveränderliches Naturgesetz, das es der Frau leichter macht, zu reizen, als dem Mann, die Begierde zu befriedigen. ...Der Genuß des Mannes wird noch erhöht durch den Zweifel, ob es die Schwäche ist, die sich der Kraft gefügt oder ob es der Wille war, der sich ihm ergab. Die List der Frauen läßt diesen Zweifel immer bestehen. ...sie bewahren sich den Vorwand, schwach zu sein, wenn es ihnen passend erscheint.«

Ich führe diese Sätze wörtlich an, um bei meinen Lesern nicht den Schein zu erwecken, als hätte ich Rousseaus Worte für meine Argumente zurechtgelegt. Wenn die Frau nur dazu erzogen ist, dem Mann zu gefallen und ihm untertan zu sein, dann muß sie freilich jede Erwägung beiseite lassen, um sich ihm angenehm zu machen. Dann bleibt dieser brutale Wunsch die Triebfeder aller ihrer Handlungen ohne Rücksicht auf Moral oder physische Vorzüge. Ich bestreite aber, daß die Frau nur für den Mann geschaffen ist. Selbst auf die Gefahr hin, daß mich der Vorwurf der Irreligiosität oder gar des Atheismus träfe, weil ich Moses' schöne, poetische Schöpfungsgeschichte und die Erzählung vom Sündenfall des Menschen nicht wörtlich und ohne sie anzuzweifeln hinnehme, so kann es doch nicht gotteslästerlich sein, wenn ich das glaube, was mir meine Vernunft sagt. Ich fürchte den Teufel nicht und will in diesem Gedanken lieber eine Verirrung der Vernunft sehen, als daß ich meine Schwäche auf die Schulter des ersten Verführers meines schwachen Geschlechts stützte. [...]

Es muß bemerkt werden, daß Rousseaus Beobachtungen in einem Lande gemacht waren, wo die Kunst, zu gefallen, so gediehen war, da sie das grobe Laster zu verdecken hatte. Rousseau ging gar nicht auf die Natur zurück. Seine ihn beherrschenden Begierden hatten nur sein Urteil so getrübt, daß er zu einer solchen Schlußfolgerung kommen mußte.

In Frankreich werden Knaben und Mädchen, besonders aber die letzteren, nur dazu erzogen, zu gefallen und ihre eigne Person sowie ihr äußeres Betragen stets selbst zu beobachten. In sehr frühem Alter ist ihr Sinn schon korrumpiert durch die weltlichen und frommen Vorsichtsmaßregeln, die ihnen eingeschärft werden, um ihre Sittsamkeit zu schützen. Ich spreche von vergangenen Zeiten.

Schon allein die Beichte und die Fragen, die der Geistliche an die Kinder stellte, waren geeignet, den geschlechtlichen Sinn zu wecken; die Erziehung in der Gesellschaft war eine Schule der Koketterie und Unnatur. Fast von ihrer Geburt an wurden die

Mädchen wie Frauen behandelt, und statt tüchtiger Belehrung mußten sie nur leere Komplimente hören. Und dann sollte es die *Natur* gewesen sein, die so stiefmütterlich an ihnen gehandelt hatte!

Da man den Frauen keine eigene Vernunft zugestand, war es nur richtig, sie blind einer Autorität zu unterwerfen. Um sie für diese Unterwerfung vorzubereiten, gibt Rousseau den folgenden Rat: »Mädchen sollen fleißig und tätig sein, aber das ist noch nicht alles, sie müssen auch früh an Fügsamkeit gewöhnt werden. Dieses Unglück, wenn es eines ist, ist unzertrennlich von ihrem Geschlechte. Niemals können sie sich davon befreien, ohne ein noch größeres Übel zu erdulden. Ihr ganzes Leben lang müssen die Frauen sich fügen und schicken; die strengsten Anforderungen in dieser Beziehung stellt der Anstand. Deshalb müssen sie vor allem Fügsamkeit lernen, damit diese sie schließlich keine Überwindung mehr kostet... Wenn sie arbeiten wollen, soll man sie manchmal dazu zwingen, nichts zu tun. Verschwendung, Leichtsinn, Unbeständigkeit sind Fehler, die leicht daraus entstehen, daß die Frauen ihren Neigungen immer nachgeben. Um diesem Fehler zu begegnen, muß man die Frauen lehren, sich zu *besiegen*. In unsern unsinnigen Einrichtungen ist das Leben einer anständigen Frau ein fortgesetzter Kampf gegen sich selbst. Es ist nur gerecht, daß dieses Geschlecht den Schmerz der Leiden, den es uns bereitet, mit uns teilt.«

Warum ist aber das Leben einer anständigen Frau ein beständiger Kampf? Weil ihre Erziehung das mit sich bringt. Bescheidenheit, Mäßigkeit und Selbstverleugnung sind die gesunden Erzeugnisse der Vernunft; wenn aber die Sinnlichkeit auf Kosten des Verstandes genährt wird, dann müssen so schwache Geschöpfe, durch despotische Mittel fügsam gemacht, in beständige Konflikte geraten. Man erweitere aber den Gesichtskreis der Frau, und edlere Leidenschaften und Motive werden ihre Wünsche und Triebe beherrschen. Knechtschaft erniedrigt nicht nur das Individuum, sondern die Folgen derselben scheinen sich auch auf die Nachkommenschaft zu vererben. Wenn man bedenkt, wie lange die Frauen schon in Abhängigkeit gehalten worden sind, ist es nur erstaunlich, daß einige noch an ihren Ketten rütteln.

»Frauen sollten nur wenig Freiheit haben«, sagt Rousseau, »denn sie mißbrauchen schon diejenige, die sie haben. Da sie alles zu übertreiben geneigt sind, so betreiben die Mädchen auch schon die Spiele mit mehr Leidenschaft, als die Knaben.« Die Erklärung dafür ist einfach. Sklaven sowohl als der Mob geben sich immer leicht Ausschreitungen hin, wenn sie sich einmal von der Oberherrschaft losreißen. Der zu stark gespannte Bogen schnellt mit Heftigkeit zurück, wenn die Hand, die ihn gewaltsam hielt, losläßt. Rousseau: »Aus diesem gewohnheitsgemäßen Gehorchen entsteht jene Fügsamkeit der Frau, deren sie in ihrem ganzen Leben so sehr bedarf. Denn die Frau hört nie auf, unterworfen zu sein, entweder dem Manne oder dem Urteil der Welt, und es ist ihr nie erlaubt, sich über dieses Urteil hinauszusetzen. Die erste und wichtigste Eigenschaft der Frau ist die Sanftmut: gemacht, um einem so unvollkommenen Geschöpf, wie der Mann es ist, zu gehorchen, einem Geschöpf, oft voll Laster und immer voll Fehlern, muß die Frau früh lernen, Ungerechtigkeit und selbst Unrecht von einem Mann zu ertragen, ohne sich zu beklagen. Nicht für ihn, für sich selbst soll die Frau duldsam sein. Schlechte Laune und Eigensinn der Frauen erhöhen nur ihre Leiden und das schlechte Betragen der Gatten, und die Frauen fühlen auch, daß dieses nicht die Waffen sind, durch die sie zur Herrschaft gelangen.«

Bestimmt, um mit einem so unvollkommenen Geschöpf, wie der Mann, zu leben, sollten die Frauen aus der Übung ihrer Kräfte und Fähigkeiten die Notwendigkeit, Nachsicht zu haben, lernen. Alle heiligen Rechte der Menschheit werden aber vergewaltigt durch das Bestehen auf blindem Gehorsam, oder es gehören die heiligsten Rechte *nur* dem Manne.

Ein Geschöpf, das Ungerechtigkeit geduldig erträgt, das jeden Schimpf stillschweigend hinnimmt, wird selbst bald ungerecht werden und unfähig, Gutes von Bösem zu unterscheiden. Übrigens gebe ich nicht zu, daß das der richtige Weg ist, um die Gemütsart eines Menschen zu verbessern. Als Geschlecht ist der Mann von besserem Gemüt als die Frau, weil bei ihm Geist und Herz gleicherweise und zweckmäßig beschäftigt ist. Ein strammer Geist gibt auch dem Herzen eine gesunde Wärme. Reizbare Menschen sind selten von guter Gemütsart. Die Bildung des Gemütes ist das kühle Werk der Vernunft, indem sie sich im Verlaufe des Lebens mit angenehmen und unangenehmen Elementen zu verbinden weiß. Ich kannte nie eine schwache und unwissende Person, die guter Gemütsart war. Angeborene gute Laune und durch Furcht erzeugter Gehorsam im Benehmen erhalten oft fälschlich diesen Namen. Hierunter verstehe ich einen äußeren Gehorsam des Betragens; natürliche Milde ist auch nur der Ausfluß der Überlegung. Jene unbedingte Fügsamkeit hat für das häusliche Leben auch eine Menge schädlicher Launen im Gefolge, wie auch vernünftige Männer zugeben, die in so feinen, reizbaren Geschöpfen sehr störende Gefährtinnen finden. Rousseau: »Jedes der Geschlechter soll die ihm eigene Eigentümlichkeit und Art bewahren. Ein unterwürfiger Gatte kann die Frau leicht ungefügig machen; mildes Wesen seitens der Frau wird den Mann, wenn er kein absoluter Grobian ist, leicht wieder zu Vernunft bringen und früher oder später über ihn siegen.«

Vielleicht hat milder Sinn manchmal diesen Einfluß, aber verächtliche Angst flößt immer Verachtung ein. Tränen sind nur beredt, wenn sie über schöne Wangen fließen.

Wie muß das Herz beschaffen sein, das schmilzt, wenn es geschmäht wird, und das, statt sich gegen Ungerechtigkeit aufzulehnen, die Knute küßt? Es ist Unrecht, zu behaupten, daß die Tugend der Frauen auf Beschränktheit und Selbstsucht aufgebaut ist, denn wie könnte sie sonst einen Mann liebkosen im selben Augenblick, da er sie als Tyrann behandelt? Die Natur gebietet solche Unaufrichtigkeit nicht. Trotzdem dieses kluge Gebaren Tugend genannt wird, steht es doch sehr schwach um eine Moral, die auf Falschheit beruht. Das sind alles nur Ausflüchte und Ausflüchte sind nur im Augenblick nützlich. [...]

Größe des Geistes ist mit List und Schlauheit unvereinbar. Ich werde nicht über Worte streiten, deren klare Bedeutung Unaufrichtigkeit und Falschheit ist. Ich begnüge mich, zu bemerken, daß, wenn irgendeine Klasse der Menschheit so geschaffen ist, daß sie notwendig in Prinzipien erzogen werden muß, die nicht strenge von der Wahrheit abgeleitet sind, dann ist der Begriff der Tugend eine konventionelle Lüge.

Wie konnte Rousseau nach seinen Ratschlägen die Behauptung

wagen, daß das große Ziel des Lebens beider Geschlechter dasselbe sei, da er doch so gut wußte, daß der Geist sich seinem Streben entsprechend bildet und daß, wenn er in engem Horizont sich betätigt, er nur eng und kleinlich bleiben kann.

Der Mann hat größere Körperkraft als die Frau, aber wären nicht die falschen Begriffe von Schönheit, dann könnte die Frau auch genug Kraft erwerben, um ihren eigenen Unterhalt – die einzig wahre Grundlage der Unabhängigkeit – zu erwerben. – Man gestatte uns nur in der Jugend dieselbe körperliche und geistige Erziehung wie den Knaben, damit wir erfahren, wie groß die Überlegenheit des Mannes eigentlich ist. Welche Tatkraft kann von einem Wesen erwartet werden, das in der Zeit der Saat vernachlässigt worden ist?

EMILIE DU CHÂTELET
Über das Glück

Man glaubt gemeinhin, daß es schwierig ist, glücklich zu sein, und es gibt nur allzu viele Gründe für diesen Glauben. Aber es fiele leichter, glücklich zu werden, wenn die Menschen ihrem Tun Überlegungen und einen Plan für die Vorgehensweise vorausgehen ließen. Man wird getrieben von den Umständen und gibt sich den Hoffnungen hin, die sie wecken und doch immer nur zur Hälfte erfüllen. Schließlich erkennt man die Mittel glücklich zu sein erst, wenn das Alter und die Fesseln, die man sich angelegt hat, ihnen hinderlich entgegenwirken.

Kommen wir solchen verspäteten Einsichten zuvor. Die das Folgende lesen, werden darin finden, was ihnen das Alter und die Betrachtung ihres Lebens zu langsam preisgeben würden. Bewahren wir sie davor, einen Teil der kostbaren und kurzen Zeitspanne, die wir zum Fühlen und Denken haben, zu verlieren. Sie sollen die Zeit dazu nutzen, sich alle Freuden zu bereiten, die sich während ihrer Lebensreise bieten, anstatt sie mit dem Kalfatern ihres Schiffes zuzubringen.

Um glücklich zu sein, muß man sich *von Vorurteilen befreit haben, tugendhaft sein und bei guter Gesundheit, Neigungen und Leidenschaften haben und für Illusionen empfänglich sein.* Denn wir verdanken die meisten unserer Freuden der Illusion, und unglücklich ist, wer sie verliert. Weit entfernt davon, sie durch die Fackel der Vernunft vertreiben zu wollen, solltet Ihr daher versuchen, die Glasur stärker aufzutragen, mit der sie die meisten Dinge überzieht: für sie ist dieser Glanz noch notwendiger als Pflege und Schmuck für unsere Körper.

Man muß damit beginnen, sich wirklich selbst zu sagen und es sich zur Überzeugung zu machen, daß wir nur auf dieser Welt sind, um uns angenehme Empfindungen und Gefühle zu bereiten. Die Moralisten, die den Menschen sagen, *zügelt eure Leidenschaften und beherrscht eure Begierden, wenn ihr glücklich werden wollt*, kennen den Weg zum Glück nicht. Man wird nur glücklich durch befriedigte Neigungen oder Leidenschaften, und da man nicht immer das Glück hat, letztere zu verspüren, muß man sich mangels Leidenschaften eben mit den Neigungen begnügen. Leidenschaften sind es also, die man von Gott erbitten sollte, falls man ihn um etwas zu bitten wagte; und Le Nôtre hatte sehr recht, vom Papst Versuchungen statt Ablässe zu fordern.

Doch, wird man mir entgegenhalten, machen die Leidenschaften nicht mehr Menschen unglücklich als glücklich? Ich habe nicht die erforderliche Waage, um das Gute und das Schlechte, das sie den Menschen bescheren, allgemein abzuwägen. Doch ist zu bedenken, daß man von den Unglücklichen weiß, weil sie die anderen brauchen, gern ihre Leidensgeschichte erzählen und darin Heilmittel und Erleichterung suchen. Die glücklichen Menschen dagegen suchen nichts und werden den anderen ihr Glück nicht kundgeben. Die Unglücklichen sind interessant, die Glücklichen unbekannt.

Daher sind zwei Liebende, wenn sie sich versöhnt haben, wenn ihre Eifersucht verflogen ist, wenn die trennenden Hindernisse überwunden sind, nicht mehr für das Theater geeignet; das Stück ist für die Zuschauer zu Ende. Und die Szene von Renaud und Armide wäre nicht so fesselnd, wenn der Zuschauer nicht wüßte, daß Renauds Liebe durch einen Zauber bewirkt wurde, der seine Kraft verlieren muß, und daß die Leidenschaft, die Armide in dieser Szene offenbart, ihr Unglück interessanter machen wird. Es sind die gleichen Kräfte, die bei Theateraufführungen und bei tatsächlichen Erlebnissen unsere Seele erschüttern. Man kennt also die Liebe weit besser durch die Leiden, die sie verursacht, als durch das oft verborgene Glück, das sie im Leben der Menschen verbreitet.

Aber für einen Augenblick angenommen, die Leidenschaften machten mehr Menschen unglücklich als glücklich, so sage ich, daß sie immer noch wünschenswert wären, weil sie Vorbedingung sind, ohne die es keine großen Freuden geben kann. Nun ist es aber nur der Mühe wert zu leben, um angenehme Gefühle und Empfindungen zu haben, und je lebhafter die angenehmen Gefühle sind, um so glücklicher ist man. Daher sollte man sich Empfänglichkeit für Leidenschaften wünschen, und – ich wiederhole es noch einmal – es hat sie nicht jeder, der will. Es ist an uns, sie für unser Glück nutzbar zu machen, es hängt oft nur von uns ab. *Wer mit seinem Stand und den Verhältnissen, in die das Schicksal ihn hineingestellt hat, so gut umzugehen wußte, daß es ihm gelungen ist, seinen Geist und sein Herz in ein ruhiges Gleichgewicht zu bringen, und wer für alle Gefühle, für alle angenehmen Empfindungen empfänglich ist, die dieser Stand mit sich bringen kann,* ist gewiß ein vortrefflicher Philosoph und muß der Natur sehr dankbar sein. Ich sage, *sein Stand und die Verhältnisse, in die das Schicksal ihn hineingestellt hat*, denn ich glaube, eines der Dinge, die am meisten zum Glück beitragen, ist, mit seinem Stand zufrieden zu sein und lieber zu versuchen, ihn glücklich auszugestalten, anstatt ihn gegen einen anderen zu tauschen.

Ich habe nicht die Absicht, über alle möglichen Arten von Bedingungen und alle Arten von Leuten zu schreiben. Nicht alle Stände sind für die gleiche Sorte Glück empfänglich. Ich schreibe nur für die sogenannten Leute von Welt mit einem sicheren, mehr oder weniger üppigen Vermögen, das ihnen ihren Stand zu halten erlaubt, ohne zu erröten. Und diese Leute glücklich zu machen ist vielleicht nicht die leichteste Aufgabe.

Um Leidenschaften zu fühlen und sie befriedigen zu können,

muß man ohne Zweifel bei guter Gesundheit sein; das ist das erste Gut. Nun haben wir aber auf dieses Gut nicht so wenig Einfluß, wie wir denken. Da wir im allgemeinen alle gesund geboren werden und für eine gewisse Zeitspanne geschaffen sind, würden wir mit Sicherheit alle ungefähr ein, wie man so sagt, Menschenalter lang leben, wenn wir nicht unsere Konstitution durch Schlemmerei, durchwachte Nächte, kurzum, durch Ausschweifungen zerstören würden. Die gewaltsamen Tode nehme ich davon aus, sie sind nicht vorauszusehen, und folglich ist es zwecklos, sich mit ihnen zu befassen.

Aber, wird man mir entgegnen, wenn Eure Leidenschaft die Schlemmerei ist, werdet Ihr folglich sehr unglücklich sein; denn wenn Ihr gesund bleiben wollt, werdet Ihr Euch ständig Zwang auferlegen müssen. Darauf antworte ich, wenn Euer Ziel das Glück durch Befriedigung Eurer Leidenschaften ist, darf Euch nichts von diesem Ziel abbringen. Und wenn die Magenschmerzen und die Gicht, die Ihr durch Eure Ausschweifungen bei Tisch bekommt, Euch Leiden verursachen, die heftiger sind als die Freuden, die Ihr aus der Befriedigung der Eßlust zieht, dann rechnet Ihr schlecht. Ihr zieht den Genuß des einen den Entbehrungen des anderen vor. Ihr entfernt Euch von Eurem Ziel und seid unglücklich durch eigene Schuld. Beklagt Euch also nicht, Schlemmer zu sein, denn das ist eine Quelle steter Freuden; doch wißt sie für Euer Glück zunutze zu machen. Dies wird Euch leicht fallen, indem Ihr zu Hause bleibt und Euch nur das servieren laßt, was Ihr essen wollt. Legt Fastenzeiten ein. Wenn Ihr wartet, bis Euer Magen echten Hunger verspürt, wird Euch alles Angebotene ebensoviel Genuß bereiten wie ausgesuchtere Gerichte, an die Ihr auch gar nicht denken werdet, solange Ihr sie nicht vor Augen habt. Diese selbst auferlegte Zurückhaltung wird den Genuß nur steigern. Ich empfehle sie Euch nicht, um Euch die Freude am Schlemmen zu verderben, sondern um Euch einen noch köstlicheren Genuß daraus zu ermöglichen.

Was aber die Kranken, die Gebrechlichen betrifft, denen alles beschwerlich ist, so haben sie andere Formen des Glücks: es angenehm warm zu haben, ihr Hühnchen gut zu vertragen, zum Nachtstuhl zu gehen ist für sie eine Freude. Doch für sie schreibe ich nicht: Ein solches Glück ist, wenn es denn eins ist, zu fade, um sich mit den Mitteln, es zu erreichen, zu befassen. Es scheint, daß diese Art von Menschen einer Sphäre angehören, wo das, was man Glück, Freude, angenehme Gefühle nennt, nicht hingelangen kann. Sie sind zu bedauern, aber man kann nichts für sie tun.

Wenn man einmal klar erkannt hat, daß man ohne Gesundheit keine Freude und nichts Gutes genießen kann, entschließt man sich ohne Mühe zu einigen Opfern, um sie zu bewahren. Ich bin, das kann ich wohl sagen, ein Beispiel dafür. Ich habe eine sehr gute Konstitution, aber ich bin nicht robust. Es gibt Dinge, die mit Sicherheit meine Gesundheit zerstören würden, so der Wein zum Beispiel und alle starken Getränke. Ich versage sie mir seit meiner frühen Jugend. Ich habe ein feuriges Temperament und ertränke mich vormittags in Flüssigkeiten. Kurzum, ich gebe mich oft der Lust am Schlemmen hin, die Gott mir mitgegeben hat, aber ich gleiche diese Ausschweifungen mit strengem Fasten wieder aus, das ich mir auferlege, sobald ich die erste Unpäßlichkeit spüre, und das hat mir Krankheiten immer erspart. Dieses Fasten kostet mich nichts, weil ich währenddessen zur Essenszeit zu Hause bleibe. Da aber die Natur weise genug ist, bei uns kein Hungergefühl zu wecken, wenn wir mit Nahrung überlastet sind, und meine Eßlust nicht durch den Anblick von Speisen erregt wird, versage ich mir nichts, wenn ich nicht esse, und stelle meine Gesundheit wieder her, ohne daß es mich Entbehrungen kostet.

Eine andere Quelle des Glücks ist die Freiheit von Vorurteilen, und es liegt nur an uns, sie abzuschütteln. Wir haben alle die notwendige Portion Verstand, um zu überprüfen, was man uns zwingen will zu glauben, um beispielsweise zu wissen, ob zwei und zwei vier macht oder fünf. Im übrigen fehlt es in unserem Zeitalter nicht an Möglichkeiten, sich zu unterrichten. Ich weiß, daß es andere Vorurteile gibt als die des Aberglaubens, und glaube, daß sie sehr leicht zu erschüttern sind, obwohl keine soviel Einfluß auf unser Glück oder Unglück haben wie die des Aberglaubens. Wer von Vorurteil spricht, meint eine Anschauung, die man ohne Prüfung übernommen hat, weil sie dieser nicht standhalten würde. Der Irrtum kann niemals etwas Gutes sein und ist sicherlich ein großes Übel bei Fragen, von denen die Lebensführung abhängt.

Man darf die Vorurteile nicht mit den guten Sitten verwechseln. Die Vorurteile haben keinen Wahrheitsgehalt und können nur schlechten Seelen nützlich sein; denn es gibt verderbte Seelen, wie es mißgestaltete Körper gibt. Diese fallen aus dem Rahmen, und ich habe ihnen nichts zu sagen. Die guten Sitten haben Wahrheitsgehalt durch Übereinkunft, und das genügt, damit sich eine Person von edler Geburt niemals eine Abweichung von ihnen gestatten würde. Es gibt kein Buch, das die guten Sitten lehrt, und doch mißachtet sie niemand, zumindest absichtlich. Sie sind verschieden je nach Stand, Alter, Umständen. Wer auch immer nach dem Glück strebt, darf sie niemals verletzen. Die genaue Beachtung der guten Sitten aber ist eine Tugend, und ich habe gesagt, daß man tugendhaft sein muß, um glücklich zu sein.

Ich weiß, daß die Prediger und sogar Juvenal sagen, man müsse die Tugend um ihrer selbst willen lieben, um der ihr eigenen Schönheit willen. Aber man muß den Sinn dieser Worte zu verstehen suchen und wird dann sehen, daß sie sich so zusammenfassen lassen: Man muß tugendhaft sein, weil man nicht lasterhaft und zugleich glücklich sein kann. Unter Tugend verstehe ich alles, was zum Glück der Gesellschaft beitragen kann und folglich zu unserem, da wir Mitglieder der Gesellschaft sind.

Ich sage, daß man nicht glücklich und zugleich lasterhaft sein kann, und der Beweis für diesen Grundsatz liegt im Herzen aller Menschen. Ich behaupte, daß sogar unter den größten Schurken keiner ist, bei dem nicht die eigenen Gewissensbisse, das heißt sein inneres Empfinden, und die Verachtung der anderen, die er verdient zu haben weiß und auch zu spüren bekommt, sobald er erkannt ist, wie eine Folter wirken. Unter Schurken verstehe ich nicht die Diebe, Mörder, Giftmischer; sie sind in der Klasse von Leuten, für die ich schreibe, nicht zu finden. Aber ich gebe diesen Namen den falschen und hinterhältigen Leuten, den Verleumdern, Spitzeln, Undankbaren, kurz, all jenen, die Lastern frönen, gegen die es keine geschriebenen Gesetze gibt, über die aber die Sittengesetze und die der Gesellschaft um so schrecklichere Urteile fällen, weil sie immer vollstreckt werden.

Ich bin also der Meinung, daß es auf Erden niemanden gibt, der Verachtung zu spüren bekommen könnte, ohne in Verzweiflung zu geraten. Die allgemeine Geringschätzung, die tiefe Ablehnung durch die achtbaren Leute ist eine grausamere Folter als alle, die ein Kerkermeister je zufügen könnte, weil sie länger dauert und keinerlei Hoffnung läßt.

Man darf also nicht lasterhaft sein, wenn man nicht unglücklich sein will. Aber es ist uns nicht genug, nicht unglücklich zu sein; das Leben wäre nicht der Mühe wert ertragen zu werden, wenn die Abwesenheit von Schmerz unser einziges Ziel wäre. Das Nichts wäre besser, denn das ist gewiß der Zustand, wo man am wenigsten leidet. Man muß also versuchen, glücklich zu sein; man muß gut sein zu sich selbst, aus dem gleichen Grund, warum man in seinem Hause bequem eingerichtet sein sollte. Und man würde vergebens hoffen, diese Zufriedenheit zu genießen ohne die Tugend.

»Leicht ist es, der Sterblichen Augen zu blenden, / Doch kann man nicht täuschen der Götter wachsamen Blick« hat einer unserer besten Dichter gesagt*, – aber es ist der wachsame Blick des eigenen Gewissens, den man niemals täuscht. Je genauer man sich selbst Rechenschaft ablegt und sich bezeugen kann, daß man seine Pflichten erfüllt und alles Gute getan hat, das man tun konnte – nun, daß man eben tugendhaft ist –, um so mehr genießt man diese innere Befriedigung, die Gesundheit der Seele genannt werden kann. Ich zweifle, daß es ein köstlicheres Gefühl gibt, als soeben eine tugendhafte Tat vollbracht zu haben, die die Anerkennung der achtbaren Menschen verdient. Zu der inneren Befriedigung über eine gute Tat kommt noch die hinzu, allgemeine Achtung zu genießen; selbst die Spitzbuben können der Rechtschaffenheit nicht ihren Respekt versagen, aber nur auf die Wertschätzung der ehrenhaften Leute kommt es an.

Schließlich sage ich, daß man *für Illusionen empfänglich* sein muß, wenn man glücklich sein will, und dies bedarf keines Beweises. Aber, werdet Ihr mir entgegnen, Ihr habt gesagt, daß der Irrtum immer schädlich sei; ist die Illusion denn kein Irrtum? Nein. Zwar zeigt uns die Illusion die Dinge nicht so, wie sie sind, aber sie zeigt sie uns, wie sie sein sollen. Um in uns angenehme Gefühle zu wecken, paßt sie sie unserer Natur an. Solcher Art

* Voltaire, Semiramis.

sind die optischen Täuschungen. Die Optik betrügt uns aber nicht, obwohl sie uns nicht in der Weise sehen läßt, wie wir zu unserem Nutzen sehen müßten. Aus welchem Grund lache ich mehr als alle anderen beim Marionettenspiel, wenn nicht, weil ich mich mehr als jeder andere der Illusion hingebe und nach einer Viertelstunde glaube, daß da der Hanswurst spricht? Hätte man nur einen Augenblick des Vergnügens im Theater, wenn man sich nicht dem Gaukelspiel überließe, das uns lang verstorbene Personen zeigt und sie in Alexandrinern sprechen läßt? Und welchen Genuß hätte man bei einem anderen Schauspiel, wo alles Trugbild ist, wenn man sich ihm nicht hingeben könnte? Das wäre gewiß ein Verlust. Und diejenigen, die in der Oper nur Freude an der Musik und den Tänzern haben, spüren ein recht dürres Vergnügen, jenem weit unterlegen, das dieses bezaubernde Schauspiel als Ganzes schenkt.

Ich habe das Schauspiel angeführt, weil die Illusion dort leichter zu spüren ist; sie mischt sich in alle Freuden unseres Lebens und ist dessen Glasur. Das ist nur zu wahr, bis zu einem bestimmten Punkt: Man kann sich keine Illusionen zulegen, ebensowenig wie man sich Vorlieben und Leidenschaften schenken kann. Aber man kann die Illusionen, die man hat, behalten und versuchen, sie nicht zu zerstören. Man sollte gerade nicht hinter die Kulissen gehen, um das Räderwerk für Flüge und die übrige Bühnenmaschinerie zu sehen. Darin besteht die ganze Kunst, die man dareinsetzen kann, und die ist weder unnütz noch vergeblich.

Dies sind die wichtigsten Werkzeuge des Glücks, wenn ich mich so ausdrücken darf. Doch gibt es noch einige einzelne Kunstgriffe, die auch dazu beitragen können.

Der erste von allen ist die feste Entschlossenheit zu dem, was man sein will und was man tun will, und gerade sie fehlt fast allen Menschen. Dennoch ist sie die Voraussetzung, ohne die es kein Glück gibt. Ohne sie schwimmt man fortwährend in einem Meer von Ungewißheiten, man zerstört am Morgen, was man abends gemacht hat, verbringt sein Leben damit, Dummheiten zu begehen, sie wiedergutzumachen, sie zu bereuen. Dieses Gefühl der Reue ist eines der schmerzhaftesten und der unangenehmsten, die unsere Seele verspüren kann, und eines der größten Geheim-

nisse ist es, sich davor zu schützen zu wissen. Da sich im Leben
nichts gleich bleibt, ist es fast immer nutzlos, die Fehler zu sehen;
zumindest wenn man sich lange damit aufhält, sie zu betrachten
und sich vorzuwerfen. Damit bringen wir uns in unseren eigenen
Augen in Verlegenheit ohne jeden Gewinn. Man muß von dort
ausgehen, wo man steht, allen Scharfsinn seines Geistes benutzen, um wiedergutzumachen oder Mittel zur Wiedergutmachung
zu finden. Aber man darf niemals rückwärts schauen und muß
immer die Erinnerung an Verfehlungen aus seinem Geist entfernen, wenn man nach einer ersten Betrachtung die zu erwartende
Lehre daraus gezogen hat. Traurige Gedanken zu vertreiben und
sie durch angenehme zu ersetzen ist eine weitere der großen
Triebkräfte des Glücks, und diese haben wir in unserer Hand,
zumindest bis zu einem gewissen Punkt.

Ich weiß, wenn uns eine heftige Leidenschaft unglücklich
macht, hängt es nicht allein von uns ab, die quälenden Gedanken
zu bannen. Aber man befindet sich nicht immer in so bedrängen-
den Situationen. Nicht alle Krankheiten sind bösartige Fieber,
und die einzelnen kleinen Mißgeschicke, die unangenehmen,
wenn auch harmlosen Situationen sind leicht zu vermeiden. Der
Tod zum Beispiel ist ein Gedanke, der uns immer betrübt, sei es
daß wir den unseren voraussehen, sei es daß wir an den von Menschen, die wir lieben, denken. Man muß also sorgfältig alles vermeiden, was uns diesen Gedanken ins Gedächtnis zurückruft.

Ich bin ganz anderer Meinung als Montaigne, der sich selbst so
sehr dazu beglückwünschte, sich derartig an den Tod gewöhnt
zu haben, daß er sicher war, ihn ohne Schrecken von nahem sehen zu können. An der Selbstgefälligkeit, mit der er von seinem
Sieg berichtet, erkennt man, daß er ihn viel gekostet hat; und insofern hat der weise Montaigne schlecht gerechnet. Denn sicherlich ist es eine Dummheit, einen Teil der knapp bemessenen Zeit,
die wir zu leben haben, mit diesem traurigen und demütigenden
Gedanken zu vergiften, um einen einzigen Augenblick geduldi-
ger zu ertragen, den die körperlichen Schmerzen immer sehr bit-
ter machen, trotz all unserer Philosophie. Im übrigen, wer weiß,
ob das Nachlassen unseres Geistes durch Krankheit oder Alter
uns die Früchte unserer Betrachtungen ernten lassen wird und ob
wir uns nicht umsonst bemüht haben, wie es so oft im Leben ge-

schieht? Erinnern wir uns immer, wenn uns der Gedanke an den Tod wieder kommt, dieses Verses von Gresset: »Der Schmerz ist ein Jahrhundert und der Tod ein Augenblick.«

Wenden wir also unseren Geist von allen unangenehmen Gedanken ab; sie sind die Quelle, der alle metaphysischen Leiden entspringen, und vor allem sind sie es, die zu vermeiden fast immer in unserer Macht liegt. Die Vernunft muß immer die Fäden in der Hand halten, denn wer vernünftig sagt, meint glücklich, zumindest in meinem Wörterbuch. Man braucht Leidenschaften, um glücklich zu sein, aber wir müssen sie unserem Glück dienstbar machen, und es gibt einige, denen wir jeden Zutritt zu unserem Herzen verbieten müssen. Ich spreche nicht von den lasterhaften Leidenschaften wie etwa Haß, Rache, Zorn. Der Ehrgeiz ist zum Beispiel ein Drang, vor dem man seine Seele, wie ich glaube, schützen sollte, wenn man glücklich sein will. Nicht, weil er keine Freude bringt, denn ich glaube, daß diese Leidenschaft sie verschaffen kann; auch nicht, weil der Ehrgeiz immer begehrt, denn dies ist gewiß etwas sehr Gutes; sondern weil er mehr als alle anderen Leidenschaften unser Glück von anderen abhängig macht. »Je weniger aber unser Glück von anderen abhängt, um so einfacher ist es für uns, glücklich zu sein.«

Fürchten wir nicht, uns zu sehr zu verschanzen, es wird immer noch genug von den anderen abhängen. Aus dem Grunde der Unabhängigkeit ist die Liebe zum Studium von allen Leidenschaften diejenige, die am meisten zu unserem Glück beiträgt. Die Gelehrsamkeit schließt eine Leidenschaft mit ein, von der eine edle Seele niemals ganz frei ist, die Liebe zum Ruhm. Sie ist sogar für die Hälfte der Menschheit der einzige Weg, Ruhm zu erlangen, und gerade dieser Hälfte raubt die Erziehung die Mittel dafür und macht es unmöglich, am Studium Geschmack zu finden.

Es ist gewiß, daß die Gelehrsamkeit für das Glück der Männer weit weniger wichtig ist als für das der Frauen. Die Männer haben unendlich viele Möglichkeiten, die den Frauen gänzlich fehlen. Jenen stehen ganz andere Wege offen, zu Ruhm zu gelangen, und es ist sicher, daß der Ehrgeiz, seine Talente zum Nutzen seines Landes einzusetzen und seinen Mitbürgern zu dienen, sei es durch Geschicklichkeit in der Kriegskunst, sei es durch Bega bung für das Regieren oder die Diplomatie, weit über den Zielen steht, die man sich mit Studien setzen kann. Aber die Frauen sind durch ihre Stellung von jeder Art des Ruhms ausgeschlossen. Und wenn sich durch Zufall eine findet, geboren mit einer recht edlen Seele, so bleibt ihr nur das Studium, um sich über all die Aussperrungen und all die Abhängigkeiten hinwegzutrösten, zu denen sie durch ihre Stellung verdammt ist.

Die Liebe zum Ruhm, Quelle so vieler Seelenfreuden und so vieler Anstrengungen aller Art, die zum Glück, zur Belehrung und Vervollkommnung der Gesellschaft beitragen, ist ausschließlich auf Illusion gegründet. Nichts ist einfacher, als das Trugbild zu vertreiben, dem alle großen Geister nachlaufen, aber wieviel wäre dabei zu verlieren für sie und für die anderen! Ich weiß, daß an der Liebe zu dem Ruhm, den man zu Lebzeiten genießen kann, etwas Wahres ist. Doch gibt es nicht einen Helden, welcher Art er auch sei, der völlig gleichgültig wäre gegenüber dem Beifall der Nachwelt, von der man sogar mehr Gerechtigkeit erwartet als von seinen Zeitgenossen. Man gesteht sich nicht immer den dunklen Wunsch ein, von sich reden zu machen, wenn man nicht mehr ist, aber im Grunde unseres Herzens ist er immer da. Die Philosophie möchte uns dessen Nichtigkeit zum Bewußtsein bringen, aber das Gefühl gewinnt die Oberhand. Und diese Freude ist keineswegs Illusion, denn sie ist Beweis für die wirklich empfundene Genugtuung über unser zukünftiges Ansehen. Wäre die Gegenwart unser einziges Gut, so wären unsere Freuden begrenzter, als sie tatsächlich sind. Wir sind im gegenwärtigen Augenblick nicht nur durch unsere jetzigen Genüsse glücklich, sondern auch durch unsere Hoffnungen und Erinnerungen. Die Gegenwart bereichert sich um die Vergangenheit und die Zukunft. Wer würde für seine Kinder arbeiten, für die Größe seines Hauses, wenn man sich nicht auf die Zukunft freute? Was wir auch tun, die Selbstliebe ist immer die mehr oder weniger versteckte Triebfeder unserer Handlungen. Sie ist der Wind, der die Segel bläht und ohne den das Schiff nicht führe.

Ich habe gesagt, die Gelehrsamkeit sei die für unser Glück notwendigste Leidenschaft; sie ist ein sicheres Mittel gegen Unglück und eine Quelle unerschöpflicher Freuden. Cicero sagt ganz zu Recht, die Freuden der Sinne und des Herzens seien denen des

Studiums zweifellos unterlegen. Es ist nicht unabdingbar zu studieren, um glücklich zu sein, aber vielleicht ist es notwendig, in sich diese Möglichkeit und Stütze zu fühlen. Man kann die Gelehrsamkeit lieben und doch ganze Jahre, vielleicht sein ganzes Leben ohne Studien sein, und glücklich, wer es so verbringt! Denn es können ja nur noch lebhaftere Freuden sein, denen er jene eine opfert, die er immer wiederzufinden sicher ist und beleben wird, um sich für den Verlust der anderen zu entschädigen.

Sophie Germain
Allgemeine Betrachtungen über die Beschaffenheit der Wissenschaften

Wir haben schon bemerkt, daß in uns ein tiefes Gefühl für Einheit, Ordnung und Ebenmaß herrscht, das unseren Urteilen zum Führer dient. Durch dieses finden wir in der Moral die Vorschrift für das Gute, in Verstandesangelegenheiten die Erkenntnis des Wahren, in den Dingen der Unterhaltung die Eigenschaften des Schönen.

Es fällt uns schwer zu erkennen, ob die Bedingungen, welche unserer Erkenntnis überall auferlegt sind, das unmittelbare Resultat der Gesetze des Seins sind oder ob sie nur von einem Zusammenhang zwischen einer anderen Wirklichkeit und derjenigen unserer Existenz herrühren.

In unseren Tagen hat Kant eine Frage dieser Art bearbeitet. Seine ausdrückliche Bekundung läuft darauf hinaus, daß die zwingendsten Schlußfolgerungen entweder von den äußeren notwendigen Beziehungen abhängig sind oder in der Form unseres Verstandesvermögens liegen, so daß uns im Hinblick hierauf alle vernunftgemäße Entscheidung untersagt scheint.

Was nun die Beweisführung a priori anbelangt, darf man wirklich die Berechtigung des philosophischen Zweifels nicht leugnen, wenn dieser Zweifel auf der Unmöglichkeit fußt, irgendein anderes Urteil mit dem des Menschen zu vergleichen. Indessen kann die Ansicht, welche dem absoluten Sein Einheit, Ordnung und Ebenmaß zuschreibt, die wir in allen Dingen verfolgen können, ihren Einfluß in verschiedenen Schlußfolgerungen geltend machen, so daß es vielleicht nicht unnütz ist, sie zu entwickeln. Wir wollen versuchen, die Natur dieser Schlußfolgerungen möglichst klar zu schildern, es wird dann leicht sein, den Grad des Vertrauens zu würdigen, das man ihnen schenken will.

Unsere Logik setzt sich aus Regeln zusammen, welche die universelle Vernunft vorschreibt. Diese Regeln würden für uns nicht weniger gewiß sein, selbst wenn man sie nur dazu gebrauchen sollte, Urteile zu bilden und anzuerkennen, die niemand von gesundem Menschenverstand bestreiten kann. Wenn wir einen Augenblick die Hypothese von dem vollständigen Abgesondertsein der Vernunft annehmen würden, das heißt, wenn wir voraussetzten, kein Gegenstand außerhalb des menschlichen Geistes wäre zu seiner Kenntnis gelangt, und daß er nur seinen eigenen Gedanken und denen, die er der menschlichen Gesellschaft verdankt, überlassen wäre, und wenn er dann die Kenntnisse seines eigenen Seins, die seinen sozialen Verbindungen entsprangen, sowie seine Neigungen und seine Pflichten in einer Lehre vereinigen wollte, so würden wir darin nur die Idee des Guten, Wahren und Schönen finden, genau so wie wir sie jetzt wirklich besitzen. Unsere Moral, unsere Logik, unsere Geschmacksregel würden sich nicht geändert haben, denn die angeregten Erzählungen, die Schilderung der Leidenschaften, die Erfindung einer poetischen Handlung würden der Kunst noch Stoff genug liefern zu verschönen und zu gefallen, die Literatur würde, wenn auch verarmt, nicht vernichtet werden.

In dieser hypothetischen Lage würde sich die Frage, ob die Zusammenhänge zwischen den verschiedenen Teilen eines Vorganges notwendig sind oder ob sie uns nur so infolge unserer Verstandesanlage vereinigt erscheinen, dem Geist eines Philosophen nicht aufgedrängt haben. Nur von menschlichen Dingen umgeben, würde es ihnen vielleicht selbst unmöglich sein, den Sinn dieser Frage zu verstehen. Wie können sie in der Tat an den abstrakten Begriff des absoluten Seins denken, wenn ihnen nur eine einzige Art des Daseins bekannt wäre? Ihre Logik hätte die unsrige sein können, aber ihre dogmatische Meinung würde ganz verschieden sein von der, die unter uns gilt.

Wir wollen einen Augenblick unsere Aufmerksamkeit dem philosophischen Zweifel zuwenden und versuchen, seine Natur richtig zu erklären.

Die Frage, die durch Kant aufgeworfen ist, versucht das Fundament der absoluten Wirklichkeit und alle Gewißheit, die wir überhaupt erlangen können, zu zerstören. Sie führt selbst diejenigen, von denen wir die klarsten Beweise haben, auf relative Wahrheiten zurück. Der Zweifel, den dieser Philosoph erhoben hat, greift hauptsächlich alles das an, was wir dem Sein an Eigenschaften zuschreiben. So hat also das innerliche Empfinden, das uns das Gute, das Wahre und das Schöne unterscheiden läßt, gerade dasjenige, das unserer Art zu empfinden am meisten entspricht, außer uns keine Spur von Wirklichkeit, durch die wir Gewißheit erlangen könnten.

Nachdem der Autor den Beweis der Existenz Gottes geleugnet hat, der auf die Notwendigkeit einer ersten Ursache für das Weltall begründet ist, verlangt er vom Gefühl, daß es den Mangel, den der Vorderschluß geschaffen hat, ersetze. Es ist aber leicht zu sehen, daß dieses Zugeständnis zugunsten der sittlichen Ideen rein willkürlich und nur dazu bestimmt ist, als Schutz für sein System der intellektuellen Formen zu dienen.

Wir haben es schon gesagt, und dieser Satz ist grundlegend, es gibt nur ein Vorbild der Wahrheit, aber die Abbilder sind unter sich ebenso verschieden wie die Dinge, die dadurch ihre Form erhalten. In der Moral, in der Wissenschaft, in der Literatur, in den schönen Künsten verfolgen wir immer nur das Gesetz der Einheit, Ordnung und Ebenmaß zwischen den verschiedenen Teilen eines großen Ganzen.

Die Frage, um die es sich handelt, ist folgende: Das Vorbild des Wahren, dieses Urbild des Seins, verdanken wir es unserer Existenz, abstrakt betrachtet, das heißt genügt es, daß es ein intelligentes Wesen gibt, das in sich selbst die Bedingungen findet, ohne die irgendein Dasein nicht möglich ist, das heißt ist es unsere besondere eigene Beschaffenheit, der die Bedingungen angehören, die für uns den Charakter des Wahren ergeben?

Unsere Frage schließt die Kants ein, welche man so wiedergeben könnte: Ist unsere Logik die der absoluten Vernunft, oder kommt sie nur dem menschlichen Verstand zu? [...]

Je nachdem man mehr oder weniger vom einen oder andern Teil dieser Behauptung berührt wird, wird man durch den Geist des Systems dahin gebracht, zu behaupten, entweder daß unsere Begriffe angeboren sind, oder daß sie von unseren Sinneswahrnehmungen herrühren. Sowohl die eine als die andere Meinung sind wahr innerhalb der Grenzen, die wir gezogen haben. Das Urbild der Wahrheit tragen wir schon mit unserer Geburt in uns, unser Sein, dessen Wirklichkeit unsere innerste unerschütterlichste Erkenntnis ist, bleibt unzertrennlich von dieser angeborenen Vorstellung. In diesem Sinne ist der Mensch ein Stück des Weltalls, denn das Sein und die Wahrheit erfüllen überall, wo sie sich auch finden, bestimmte Bedingungen, welche die Aufmerksamkeit notwendigerweise an allen Gegenständen der Wirklichkeit, mit denen sie sich beschäftigt, entdecken muß. Aber diese abstrakte Ähnlichkeit ist weit entfernt von der, welche man gesucht hat. Sie kann aber immerhin die Ursache des Irrtums, der früher den Geist des Menschen verführt hat, erklären.

Der abstrakteste (schwerverständlichste) aller unserer Begriffe ist der des Seins selbst, denn der des Nichts ist völlig verneinend. Das Sein gehört uns an, es durchdringt unsern Verstand und erleuchtet ihn mit der Fackel der Wahrheit. Die Begriffe des Schönen und des Guten sind viel verwickelter. Wir verdanken sie dem Vergleich zwischen den erworbenen Kenntnissen und unserm innern Vorbild. Andere Begriffe sind das unmittelbare Ergebnis unserer Sinneswahrnehmungen. So drücken die Worte der Große, der Kleine, der Starke, der Schwache Begriffe aus, die als angeboren zu betrachten absurd wäre. Dasselbe werde ich von dem beweisen, was wir vergleichsweise Schönheit und Güte nennen, diese Begriffe sind alle mit Hilfe der Sinneswahrnehmungen und Überlegung erworben.

Man muß das Gefühl der Analogie auf die Gleichmäßigkeit der Bedingungen des Seins, welche alle Tätigkeit unseres Verstandes lenkt, beziehen.

Die Geschichte des menschlichen Geistes lehrt uns, daß dieses

Gefühl grobe Irrtümer, aber auch glückliche Gedanken hervorgebracht hat.

Man kann fragen, wie eine Ursache, deren Wirkung konstant ist, dennoch diese verschiedenen Ergebnisse gezeitigt hat.

Wir werden sehen, daß solche Unterschiede unvermeidlich von der verschiedenartigen Weise herrühren, in der man sich bemühte, die Begriffe zu verwirklichen, zu denen uns die Veranlagung unseres Verstandes unaufhörlich hinzuziehen bestrebt war.

Ihrem Wesen nach sind die Gesetze des Seins abstrakt, wären sie es nicht, würde man nicht begreifen, wie sie universelle Geltung haben könnten. Der systemschaffende Geist bekundete sich dadurch, daß er eine bekannte Tatsache, das heißt eine besondere Teilwahrheit als Grundlage zu einer Reihe von Tatsachen nahm. Diese betrachtete man nicht mehr an sich selbst, sondern man forschte nur nach den wirklichen und vermeintlichen Beziehungen, in welchen sie zu der ersten stehen. Indem man so eine gewisse Anzahl von Einzeldingen zusammenstellte, räumte man einem derselben die Herrschaft über die andern ein, in der Weise, daß man diese ihrer selbständigen individuellen Eigenschaften entkleidete und sie dann mit denjenigen ausstattete, die allein der herrschenden Wahrheit zukam, die man ausgewählt hatte.

Statt Analogien aufzusuchen, wollte man Identität finden, weil in der Tat Identität viel einfacher und infolgedessen befriedigender für den Verstand sein mußte als die Analogie. Das Urbild der Wahrheit, die Einfachheit des Seins, die Ordnung und die Maßverhältnisse der Teile, deren Notwendigkeit sich stets fühlbar gemacht hat, glaubte man nach dem Belieben einer zügellosen Phantasie willkürlich verwirklichen zu können. Man mußte bei diesem Bestreben fehlgehen: und dennoch haben sich alle Verirrungen des menschlichen Geistes, die unerschöpflich erscheinen, gewissen Wahrheiten genähert und sind nicht so zahlreich gewesen, wie der Mangel an Einsicht es vermuten läßt. Also ist es das Wahrheitsbewußtsein, das die Urheber aller dieser Systeme niemals verlassen hat. Es genügte nicht, sie vor willkürlichen oder gezwungenen Vermutungen zu bewahren, aber es hat doch ihrer Einbildungskraft gewisse Grenzen gezogen.

Auf die Systeme der philosophischen Spekulation folgt heute die methodische Forschung. Die Allgemeinheit der Gesetze des

Seins läßt sich besser an jedem einzelnen Gegenstand begreifen. Man forscht nach ihrer Verwirklichung, aber man verwechselt sie nicht mehr mit den besonderen Bedingungen des Einzelnen, deren zufällige Entdeckung eine lange, unbemerkt gebliebene Anordnung von Naturerscheinungen aufgedeckt hat. Man wendet sich an die Erfahrung: zunächst sucht man die Tatsachen zu vervielfältigen, indem man die Umstände abändert, unter denen sie auftreten können. Das innere Gefühl für Analogie weist auf Gesetze hin, die noch nicht hervortreten: und man bemüht sich, die einzelnen Vorgänge, welche die Wirkungen komplizierter machen, voneinander zu trennen, indem man beobachtet, was den größten und den geringsten Einfluß auf sie ausübt. Alsdann ordnen sich die Tatsachen, sie bieten einen Zusammenhang; eine Anordnung der Gesetze, deren Existenz man vermutet hatte, tritt offen zutage und fügt sich an die älteren Kenntnisse als ein neuer Zweig des Wissens an. Während einer solchen Periode besitzt man indessen nur den experimentellen Teil. Die Theorie wird erst gebildet, wenn man die Tatsachen auf einen mathematischen Ausdruck gebracht und aus dieser Formel Folgerungen abgeleitet hat, die sich mit der Erfahrung decken. Die aus den ersten Beobachtungen hervorgegangenen Formeln offenbaren dann wieder die Existenz bisher unbekannter Tatsachen.

Heute, da verschiedene Zweige der Physik bereits der Herrschaft des mathematischen Wissens unterworfen sind, nimmt man mit Bewunderung wahr, wie dieselben Integrale mit Hilfe von Konstanten, die aus verschiedenen Arten von Erscheinungen gewonnen waren, Tatsachen offenbaren, zwischen denen man nie den mindesten Zusammenhang vermutet haben würde. Ihre Gleichartigkeit ist alsdann ersichtlich, sie liegt im Verstand, sie wird aber aus den Gesetzen des Seins abgeleitet. Und was einst der Traum einer kühnen Phantasie war, noch ungewiß, in welche Formen sie wagen könnte diese zu kleiden – die Identität der Beziehungen, der Ordnung und des Maßverhältnisses in den verschiedenen Vorgängen wird den Augen wie auch gleichzeitig dem höheren Denken mit der ganzen überzeugenden Klarheit, die nur den exakten Wissenschaften eigen ist, sichtbar.

Aber die Gesetze des Seins beherrschen nicht nur die Tatsachen, welche im Gebiet der Wissenschaften liegen, sondern sie beziehen sich in gleicher Weise auf die Ordnung des Verstandes selbst. Dadurch, daß wir uns immer mehr dem Urbild des Seins oder der Wahrheit, dieser Quelle alles wirklichen Wissens, nähern, vervollkommnen sich die Theorien, läutert sich die Moral, klärt sich die Politik, schwinden die Irrtümer der Metaphysik, werden sich die schöne Literatur und die Kunst der Regeln bewußt, welche sie angewandt haben, sowie der großen Erfolge, welche sie erzielen.

Trotz der äußersten Verschiedenheit der Arten stehen doch alle diese Dinge zueinander im Verhältnis von Ordnung und Ebenmaß, und diese Beziehungen erscheinen um so überraschender, je näher man sie prüft. Wenn die Sprache des Kalküls durch die Fortschritte, die vielleicht noch alle vernünftigen Erwartungen zu übersteigen scheinen, sich auf Probleme der Moral, Physik, Metaphysik und auf solche Fragen anwenden ließe, die mehr unsere Gefühle betreffen und in das Gebiet des Geschmacks gehören, so würde alsdann die Ähnlichkeit der Formeln beweisen, daß selbst die verschiedenartigsten Gegenstände untereinander so ähnlich sind, wie es die Gesetze des Seins bedingen. Ihr besonderes Wesen würde durch die Konstanten dargestellt werden; alle auf einen Gegenstand bezüglichen Sätze würden durch Funktionen ausgedrückt, deren immer wiederkehrende Formen durch ihre Gleichartigkeit den vollkommenen Beweis von den intellektuellen Ähnlichkeiten liefern würden, von denen wir sprechen.

Wählen wir ein Beispiel, das unsere Behauptung verständlicher macht.

Bei verschiedenen Naturphänomenen zeigt sich das Streben nach Regelmäßigkeit durch den Ausdruck der Formeln, die man auf sie anwendet, denn die Glieder, welche die Unregelmäßigkeit ausdrücken, schließen die Dauer derartig aus, daß sie zeigen, nach welcher sehr kurzen Zeit sie wieder verschwinden müssen. So würde das Theorem, welches sich auf die kurze Dauer eines Eingriffes störender Ursachen bezieht, unserer Annahme gemäß, durch Rechnungsformen angezeigt.

Auf dem Gebiete der Moral würde man sehen, von wie kurzer Dauer die Wirkungen des Betruges, der Lüge und der Ungerechtigkeit sind. Man würde wahrnehmen, daß die Wahrheit und Gerechtigkeit fortwährend dahin wirken, die Hindernisse zu beseitigen, welche ihrer Betätigung entgegentreten.

Auf dem Gebiete der Politik würde man unter den auf die Verfassung der Gesellschaft wirkenden Ursachen bald diejenigen unterscheiden, welche die sind, die uns immer wachsenden Kräften hervorgehen und endlich die Oberhand gewinnen, während andere, nur zufällige, deren Wirkung im gegebenen Augenblick zwar sehr groß ist, im Gegenteil ihre Kraft bald ganz verlieren. In den auf Verstand aufgebauten Wissenschaften würde man ebenfalls erkennen, daß der Irrtum bald schwinden muß.

In Geschmackssachen ist die Mode eine störende Ursache, auch ihr Reich ist nicht von langer Dauer.

Es ist also wahr, daß auf allen, wenn auch noch so verschiedenen Gebieten Vorgänge, welche die natürliche Ordnung stören, sich selbst aufheben müssen.

Die Analogie, die sich zwischen den verschiedenen Erkenntnisobjekten bemerkbar macht, beschränkt sich nicht auf ein einziges Moment. So könnte man zum Beispiel behaupten, daß die gesamte rationelle Mechanik solche Ähnlichkeit mit der politischen Wissenschaft zeigt, daß die Theoreme der ersteren durch ihre Beziehungen zu der letzteren von unwiderlegbarer Wahrheit sind.

So ergibt sich das Gleichgewicht zwischen mehreren Kräften daraus, daß die Wirkung der einen mit der der anderen entgegengesetzte Richtung und gleiche Kraft hat. Auch setzen sie sich zusammen und zerlegen sich; sie bringen dann Widerstände, die nicht in ihrer ursprünglichen Richtung liegen, hervor.

Ebenso verhält es sich mit den Kräften, die aus dem Gesellschaftszustande erwachsen. Wenn sie entgegengesetzte Richtung und gleiche Stärke haben, so erhält sich der Zustand der Ruhe von selbst. Es gehört Geschick dazu, durch indirekte Widerstände ihre Richtung zu verändern. Das Parallelogramm der Kräfte könnte als Sinnbild für eine derartige Geschicklichkeit dienen.

Wenn ein System von Kräften in Ruhe ist, so kann dieser Zustand aus wesentlich verschiedenen Bedingungen verursacht sein. Wenn eine äußere Ursache auf das System einwirkt, so wird es entweder seine ursprüngliche Lage wieder zu erlangen suchen, und das Gleichgewicht wird sich mit Hilfe von Schwingungen wiederherstellen, deren Weite mit jedem Augenblick abnimmt; oder die mitgeteilte Bewegung bringt das System immer mehr aus seiner ursprünglichen Lage, und dieses kehrt nicht eher in den Ruhezustand zurück, als bis es eine ganz andere Lage angenommen hat. – Die beiden Formen des Gleichgewichtes, das stabile und das nicht stabile, lassen sich gleichfalls im Zustand der Gesellschaft wahrnehmen. Man sieht Ursachen, die geeignet sind, bald geringe Bewegungen hervorzubringen, die sich selbst wieder aufheben, bald vollkommene Umwälzungen, die erst nach bedeutenden Veränderungen in der sozialen Ordnung dem Staate seinen inneren Frieden wiedergeben.

Will man den Vergleich noch weiterführen, so werden sich die Ähnlichkeiten nicht verleugnen.

Das Gleichgewicht ist stabil, wenn alle Punkte des Systems die Lage einnehmen, die ihre natürliche Tendenz erfordert. – Dieselbe Bedingung muß gegenüber den Gliedern der Gesellschaft erfüllt werden, damit die Ruhe in derselben dauerhaft sein soll.

Das Gleichgewicht ist nicht stabil, wenn es sich in einer Lage befindet, in der es sich nur so lange erhalten kann, als es vor jedem Stoß gesichert ist, in der Weise, daß bei der geringsten Störung, die den verschiedenen Punkten des Systems die freie Bewegung in der Richtung ihrer natürlichen Tendenz gestattet, der ursprüngliche Zustand sofort aufhört und in einen ganz entgegengesetzten verwandelt wird, die Bewegung kann dann nicht eher aufhören, als bis der neue Zustand gesichert ist, der eben das stabile Gleichgewicht ausmacht. – Die Staaten, welche ohne Rücksicht auf die sozialen Ansprüche regiert werden, bewahren ihre innere Ruhe nur so lange, als nicht irgendein Ereignis die Geister aufregt; aber der geringste Umstand genügt, um die Gesellschaft in ihren Grundlagen zu erschüttern. Jeder individuelle Wille erhält einen neuen Anstoß, und die daraus hervorgehenden Bewegungen dauern so lange fort, bis die Gesellschaft auf soliderer Basis wieder errichtet ist und jedem die Sicherheiten bietet, deren Bedürfnis er empfunden hatte.

In einem System von Punkten, die der Schwerkraft unterworfen sind, strebt jeder dahin, sich dem Mittelpunkt der Erde soviel als möglich zu nähern. Die Lage, welche sie einnehmen, ist nicht die, die sie haben würden, wenn sie frei wären, diese hängt zur gleichen Zeit von ihrer Verbindung und ihrer individuellen Tendenz ab. – In der Gesellschaft strebt jedes Individuum nach Wohlbefinden, und die erste Bedingung ist die, daß das Wohlbehagen eines jeden dem des andern so wenig als möglich schade.

Das Gleichgewicht eines Systems erfordert, daß der Schwerpunkt gestützt sei und daß er so tief als möglich liegt, dann ist das Gleichgewicht stabil. – Die Ruhe eines Staates ließe sich unmöglich aufrechterhalten, wenn man gar keine Rücksicht auf die Bestrebungen des Zeitalters oder, was dasselbe ist, auf die öffentliche Meinung nähme. Man muß ihr entweder mächtige Hindernisse entgegenstellen oder sich ihren Forschungen anzubequemen wissen. Diese beiden Standpunkte, die Frage zu behandeln, führen entweder zu einem unsicheren Zustande oder zu einer dauernden Ruhe. –

Betrachten wir jetzt die Wirkung des Stoßes.

Wenn die Richtung der einem System von Körpern mitgeteilten Bewegung durch den Schwerpunkt des Systems geht, so wird es bewegt, als wären alle Punkte, die es zusammensetzen, in einem einzigen vereinigt, und die ganze Kraft dient dazu, die erwartete Wirkung hervorzubringen. – Ebenso scheint die Gesellschaft, wenn die Handlungen der Regierung im Sinne der öffentlichen Meinung geschehen, sich wie ein einziges Individuum zu bewegen, welches seine Interessen verfolgt, und alle Kräfte des Staates laufen dann auf das Wohl des Ganzen hinaus.

Wäre einmal die Richtung einer Bewegung eine verschiedene, so würde die bewegende Kraft in zwei Teile zerlegt werden. Die eine, deren Richtung durch den Schwerpunkt des Systems ginge, würde eine solche Wirkung haben, als bewegte sie allein das System in der Richtung, in welche man es hätte stoßen wollen, während die andere ganz für diesen Zweck verlorenginge und nur dazu diente, das System um seinen Schwerpunkt zu bewegen. Wenn endlich der Antrieb so ungeschickt war, daß der erste Teil der bewegenden Kraft zu Null wurde, würde das System gar keine fortschreitende Bewegung haben, die Rotationskraft bleibt allein bestehen, und es liegt im Wesen dieser Kraft, die Verbindung zwischen den verschiedenen einzelnen Teilen des Systems aufzuheben. – Wir sehen nun, daß die Maßnahmen der Regierungen in gleicher Weise zum Teil Nutzen, zum Teil Schaden bringen, je nachdem sie in einigen Punkten die öffentliche Meinung befriedigen, während sie in anderen ihr entgegenarbeiten. Wenn es eine so schlechte Verwaltung geben würde, die unter allen Umständen darauf ausginge, der öffentlichen Meinung, oder was dasselbe ist, dem öffentlichen Interesse entgegenzuhandeln, so würde der Staat eine innere Erschütterung erfahren, die seine Auflösung herbeiführen müßte. So wäre es zum Beispiel möglich, daß bei der ersten Gelegenheit die Grenzprovinzen die Ansprüche eines Nachbarstaates begünstigten, der in sie einen Einmarsch beabsichtigte; denn in der Politik ebenso wie in der Mechanik werden die Grenzteile bei den Bewegungen, von denen wir sprechen, am meisten betroffen. Die tangentiellen Kräfte sind wirkungslos im Zentrum des Systems; das Streben nach Abtrennung würde in den Hauptstädten absurd erscheinen.

Die Gesellschaft ist aus drei Hauptelementen zusammengesetzt: Interessen, Leidenschaften, Trägheit. Die einzelnen Individuen vereinigen manchmal die drei Wesensarten, aber die eine von ihnen überwiegt meistens, und sie sind es, die ebenso viele Charaktere bilden. Diese drei Charaktere weisen Ähnlichkeiten mit dem Zustand auf, wie sich die harten Körper, die elastischen und die weichen Körper verhalten. So verharren die ausschließlich mit ihren Interessen beschäftigten Menschen hartnäckig auf dem Wege, der sie zu ihrem Ziele führt, und widersetzen sich jeder entgegengesetzten Bewegung in der Weise, daß das Hindernis, dem sie begegnen, sie nur dann bestimmt die Richtung zu ändern, wenn es ihre ganze Kraft vernichtet hat. Die von ihren Leidenschaften bewegten Personen fassen beim geringsten Hindernis einen unerwarteten Entschluß; sie stürzen sich auf einen andern Weg und benehmen sich in einer Weise, die derjenigen ganz entgegengesetzt ist, die sie zuerst angenommen hatten. Endlich erleiden Menschen, welche die Ruhe lieben, eher wirkliche Verletzungen, als daß sie an Gegenregungen denken.

In den Zeiten der Ruhe herrschen die Interessen, die Verwaltung muß sie schützen und kann es leicht, denn es liegt in ihrer Natur, selbst die Maßregeln anzugeben, die ihnen günstig sind. Ihre Richtung ist bekannt und unveränderlich. Sie dienen der öffentlichen Meinung zur Grundlage.

Falls aber die innere Ruhe gestört ist, beginnen die während des Zustandes des Friedens mühelos unterdrückten Leidenschaften die Unruhe zu steigern. Sie arbeiten in tausend Richtungen zugleich, man weiß nicht, wohin sie zielen, und oft kann man kaum voraussehen, was das Ergebnis ihres Anstoßes sein wird.

Man hat noch nicht daran gedacht, eine Statistik der Charaktere aufzustellen, aber es gibt sicher eine genügende Zahl von Leuten, die sich immer ihren Interessen entsprechend verhalten, vielleicht mehr als 50 vom Hundert, die andere Hälfte ist in zwei Teile geschieden. Der eine setzt sich aus erregbaren Wesen zusammen, in deren Augen ihre Interessen im Vergleich zum Gegenstand ihrer Leidenschaften immer verächtlich sind. Je nach Alter und Lebensstellung können diese Leidenschaften verschiedenen Charakter annehmen, aber die Eigenliebe ist die beständigste von allen. Der andere Teil umfaßt die Personen, welche als Sklaven ihrer Gewohnheiten alles fürchten, was sie daraus vertreiben könnte, sie kennen weder den Ehrgeiz nach Reichtümern noch denjenigen nach Ruhm noch die lebhaften Begierden der leidenschaftlichen Leute.

Es existiert aber in der unbelebten Natur kein vollkommen harter Körper, das heißt keiner, der nicht unter mächtigen und wiederholten Einwirkungen die Gestalt ändern könne, kein vollkommen elastischer, das heißt keiner, der nicht etwas von der Richtung beibehielte, in der man ihn stößt, kein vollkommen weicher, das heißt den der Stoß nicht vom Platze weichen ließe und der mit einer Formveränderung die ganze aufgewandte Kraft verbrauchte. Ebenso sieht man aber auch Leute, die nicht derartig an ihren Interessen hängen, daß sie nicht in bestimmten Augenblicken ihres Lebens aus andern Gründen handelten. Leidenschaftliche Leute geben manchmal ihre Interessen auf. Personen, die von Natur aus die Ruhe lieben, können durch ihre Umgebung, durch Dinge und Menschen, dahin gebracht werden, daß in ihnen der Wunsch nach Reichtum, Ruhm und Zuneigung erweckt wird. Die Leidenschaftlichkeit dieser letzten wird schwach sein, aber schließlich kann sie nicht ganz ohne äußere Wirkung bleiben.

So stören in der Tat die Unruhen eines Staates das Gleichgewicht, das gewöhnlich zwischen diesen verschiedenen Charakteren besteht, welche die drei Gruppen bilden. Alle Individuen erhalten einen Stoß, der sie in leidenschaftliche Menschen verwandelt. Die Bewegung verteilt sich zweifellos ungleichmäßig unter sie, aber die Abschätzung der Kraft der aus neuen Elementen zusammengesetzten Masse ist eins der verwickeltsten Probleme. Die Richtungen sind unbestimmt und veränderlich. Die Erregung bekundet sich besonders in plötzlichen Handlungen, und dieser Umstand verdoppelt die Schwierigkeit. In Zeiten des Friedens und der Ruhe haben diejenigen, welche die Zügel der Regierung führen, allerdings genug Muße für die Wahl der notwendigen Maßregel. Heller Blick, Geschäftsgewandtheit, die Absicht, das Gute mit möglichst geringem Schaden zu tun, genügen, um mit Geschicklichkeit zu herrschen. In den Augenblicken von Krisen ist es ganz etwas anderes. Die Umstände werden beängstigend, man muß verstehen, sich rasch zu entschließen, oft hat man auch Mut nötig, und Mut ist durchaus nicht immer mit Eigenschaften verbunden, die den geschickten Mann ausmachen. Die Gesellschaft läuft also tausend Gefahren, die zu vermeiden ebenso schwer ist, wie sie vorauszusehen.

Wir müssen noch hinzufügen, daß, begünstigt von der Verwirrung, plötzlich von allen Seiten Menschen auftauchen, ausgerüstet mit einer bis dahin unbekannten Tatkraft, Menschen, die von Natur mit großen Kräften begabt, während der Ruhe in Stellungen untergebracht waren, die diese Kräfte unterbanden. Solche Individuen hatten nicht vorausgesehen, daß sie eines Tages aus ihrer Bedeutungslosigkeit hervortreten würden, in die ihre soziale Stellung sie verbannt hatte, sie haben sich keinem Spezialstudium gewidmet, bevor sie ihren Platz unter den Menschen einnehmen, die das Schicksal ihresgleichen bestimmen; die gewaltsamen Entschlüsse sind die einzigen, welche sie wählen können, weil sie dabei die Verwendung ihrer Kräfte finden, aber keine Geschäftstüchtigkeit aufweisen, die nur eine Frucht von Fachkenntnissen ist, welche ihnen aber gänzlich mangelt.

Gleichheit ist ein Irrtum, die Mechanik liefert uns hierzu wieder eine Analogie. Zwei Menschen vom gleichen Gewicht können sehr verschiedenartige lebendige Kräfte entwickeln. Das kleinste Gewicht kann, ans Ende eines Hebels gerückt, einer beliebig großen Masse das Gleichgewicht halten, es handelt sich nur darum, die Gleichheit zwischen den virtuellen Kräften herzustellen. Dieselbe Sache wiederholt sich in der Gesellschaft, die Umwälzungen sind nur deshalb so gefährlich und so unberechenbar in ihren Ergebnissen, weil sie mit einem Schlage die Beziehungen zwischen den lebendigen Kräften der verschiedenen Gesellschaftsklassen verändern. Wie schon oben gesagt, verschwindet das, was die Umwälzungen an Gewaltsamem und Unregelmäßigem haben, bald, gemäß des allgemeinen Lehrsatzes, der uns zeigt, daß bei allen Vorgängen die störenden Kräfte Funktionen der Zeit sind, und daß Gesetz und Regelmäßigkeit in jedes System wieder einzudringen versucht, von welcher Beschaffenheit es auch immer sein mag.

Harriett Taylor-Mill
Über Frauenemanzipation

Die meisten unserer Leser dürften aus diesen Blättern zum ersten Mal erfahren, daß in den Vereinigten Staaten, und zwar in ihren zivilisiertesten und aufgeklärtesten Teilen, eine planmäßige Agitation in betreff einer neuen Frage entstanden ist – einer Frage, welche zwar für Denker nicht neu ist und für alle jene, welche die Grundsätze freier und volkstümlicher Staatseinrichtungen nicht bloß anerkannt, sondern in sich aufgenommen haben, welche aber neu und selbst unerhört ist als Gegenstand öffentlicher Versammlungen und praktischer politischer Tätigkeit. Diese Frage ist die Emanzipation der Frauen, ihre gesetzliche und tatsächliche Gleichstellung in allen politischen, bürgerlichen und sozialen Rechten mit den männlichen Mitgliedern des Gemeinwesens.

Es wird die Überraschung, mit welcher viele diese Nachricht vernehmen werden, noch erhöhen, wenn wir hinzufügen, daß diese junge Bewegung nicht darin besteht, daß männliche Schriftsteller und Redner für die Frauen eintreten, während jene, zu deren Gunsten die Agitation stattfindet, ihr mit Gleichgültigkeit oder unverhohlener Feindseligkeit begegnen. Es ist vielmehr eine politische Bewegung, welche praktische Ziele anstrebt und in einer Weise geführt wird, welche die Absicht auszuharren erkennen läßt; und es ist nicht nur eine Bewegung *für*, sondern auch *von* Frauen. [...]

Daß die Urheber dieser neuen Bewegung sich auf den Boden von Prinzipien stellen und sich nicht scheuen, dieselben in ihrem weitesten Umfange ohne Achselträgerei oder Kompromißsucht zu bekennen, geht aus den Resolutionen hervor, welche die Versammlung angenommen hat und welche wir zum Teil hier folgen lassen. Sie lauten dahin:

»Daß jedes menschliche Wesen im reifen Alter und seit einer entsprechenden Zahl von Jahren im Lande ansäßig, welches den Gesetzen zu gehorchen verpflichtet ist, auch auf eine Stimme bei deren Erlaß ein Recht hat, daß jede solche Person, deren Eigentum oder deren Arbeit besteuert wird zum Zwecke der Erhaltung der Regierung, auch auf einen direkten Anteil an derselben Anspruch hat; daß mithin die Frauen Anspruch haben auf das Stimmrecht und auf die Wählbarkeit zu Ämtern... und daß jede Partei, welche sich rühmt, die Humanität, die Zivilisation und den Fortschritt des Zeitalters zu vertreten, verpflichtet ist, Gleichheit vor dem Gesetz ohne Unterschied des Geschlechtes oder der Farbe auf ihre Fahnen zu schreiben; ferner daß bürgerliche und politische Rechte keinen Geschlechtsunterschied kennen und daß daher das Wort ›männlich‹ aus allen Verfassungsurkunden zu tilgen ist. Desgleichen: da die Aussicht auf ehrenvolle und nützliche Verwendung im späteren Leben der beste Sporn ist, sich die Vorteile der Erziehung anzueignen, und da die beste Erziehung diejenige ist, welche wir uns in den Kämpfen, Beschäftigungen und in der Schule des Lebens selbst geben, ist es unmöglich, daß Frauen aus dem ihnen schon jetzt gewährten Unterricht den vollen Nutzen ziehen oder daß ihre Laufbahn ihren Fähigkeiten vollauf entspreche, solange ihnen nicht die Wege zu den mannigfaltigen bürgerlichen und berufsmäßigen Stellungen geöffnet sind. Daraus ergibt sich: daß jeder Versuch, die Frauen heranzubilden, ohne ihnen ihre Rechte zuzugestehen und ohne durch das Gewicht ihrer Verantwortlichkeit ihr Pflichtbewußtsein zu wecken, vergeblich ist und eine Vergeudung von Arbeit bedeutet. Weiter: daß die Gesetze des ehelichen Güterrechtes einer gründlichen Umgestaltung bedürfen, damit volle Rechtsgleichheit zwischen den Ehegatten bestehe; daß das Weib während des Lebens gleiches Verfügungsrecht über das durch gemeinsame Anstrengung und Opfer erworbene Eigentum besitzen und ihren Mann in genau demselben Maße wie er sie beerben soll, und daß sie berechtigt sein soll, bei ihrem Tode über einen ebenso großen Teil des gemeinsamen Vermögens letztwillig zu verfügen wie er.« [...]

Es ist ein Axiom der englischen Freiheit, daß die Besteuerung und die politische Vertretung Hand in Hand gehen sollen. Doch gibt es selbst unter der Herrschaft der Gesetze, die das Eigentum des Weibes dem Manne zusprechen, viele unverheiratete Frauen, welche Steuern zahlen. Es ist eine der fundamentalen Vorschriften der britischen Verfassung, daß alle Personen von ihresgleichen gerichtet werden sollen. Doch werden Frauen jedesmal von männlichen Richtern und einer männlichen Jury gerichtet. Fremden gesteht das Gesetz das Vorrecht zu, zu verlangen, daß die Jury zur Hälfte von Fremden gebildet werde; nicht so den Frauen. Allein, sehen wir von solchen speziellen Forderungen ab, die mehr auf gewisse Orte oder Nationen beschränkte als allgemeine Ideen darstellen. Es ist ein anerkanntes Gebot der Gerechtigkeit, ohne Notwendigkeit keine verletzende Unterscheidung zu machen. In allen Dingen sollte die Voraussetzung zugunsten der Gleichheit sein. Es muß erst ein Grund dafür angegeben werden, warum ein Ding einer Person erlaubt und der anderen untersagt sein soll. Aber wenn die Ausschließung sich fast auf alles erstreckt, was diejenigen, die nicht von ihr betroffen sind, am höchsten schätzen und dessen Entziehung sie als die größte Beleidigung empfinden; wenn nicht nur die politische Freiheit, sondern auch die persönliche Freiheit des Handelns das Vorrecht einer Kaste ist; wenn selbst in der Erwerbstätigkeit fast alle Beschäftigungen, welche die höheren Fähigkeiten auf irgendeinem wichtigen Gebiete in Anspruch nehmen, welche zu Auszeichnung, Reichtum oder auch nur zu materieller Unabhängigkeit führen, als das ausschließliche Eigentum der herrschenden Klasse allseitig umfriedet gehalten werden, während der abhängigen Klasse beinahe keine anderen Türen offen bleiben als solche, denen alle, welche anderswo eintreten können, verächtlich den Rücken kehren – dann sind die armseligen Zweckmäßigkeitsgründe, welche als Entschuldigung für eine so ungeheuerlich parteiische Verteilung vorgebracht werden, selbst wenn sie nicht völlig unhaltbar wären, nicht imstande, ihr den Charakter einer schreienden Ungerechtigkeit zu nehmen. Indessen sind wir der festen Überzeugung, daß die Teilung der Menschheit in zwei Kasten, die eine durch die Geburt dazu bestimmt, die andere zu beherrschen, in diesem Falle wie in jedem anderen nichts weniger als zweckdienlich, sondern ganz und gar vom Übel ist – eine Quelle der Verderbnis und sittlichen Entartung sowohl für die begünstigte Klasse als für die, auf deren Kosten sie bevorzugt ist; daß sie nichts von dem Guten hervorbringt, das man ihr gewöhnlich zuschreibt; und daß sie – solange sie besteht – ein fast unüberwindliches Hindernis jeder wirklich eingreifenden Verbesserung, sei es in den Charaktereigenschaften, sei es in den sozialen Zuständen des Menschengeschlechtes, bildet.

Es ist nun unsere Absicht, diese Behauptung zu erweisen; aber ehe wir damit beginnen, möchten wir uns bemühen, die vorläufigen Einwendungen zu zerstreuen, welche bei Personen, denen dieser Gegenstand neu ist, eine ernstliche und gewissenhafte Prüfung desselben zu behindern pflegen. Das vornehmste dieser Hindernisse ist die ungeheure Macht der Gewohnheit. Die Frauen haben niemals gleiche Rechte wie die Männer besessen. Ihre Ansprüche auf die gemeinsamen Menschenrechte gelten für beseitigt durch den allgemeinen Brauch. Zwar hat dieses stärkste aller Vorurteile, das Vorurteil gegen das Neue und Unbekannte, in einem Zeitalter der Neuerungen wie dem unsrigen viel von seiner Stärke verloren; wäre dem nicht so, so bliebe wenig Hoffnung, etwas gegen dasselbe auszurichten. In drei Vierteilen der bewohnbaren Welt macht die Antwort: es ist immer so gewesen, noch heute jeder Erörterung ein Ende. Aber es ist der Stolz der modernen Europäer und ihrer amerikanischen Vettern, daß sie viele Dinge kennen und tun, welche ihre Vorfahren weder kannten noch taten; und unser Zeitalter ist vielleicht in keinem anderen Punkte früheren Epochen so unzweifelhaft überlegen als darin, daß die Gewohnheit nicht mehr dieselbe tyrannische

Herrschaft über Meinungen und Handlungsweise ausübt wie vordem und daß die Verehrung des Althergebrachten ein in Abnahme begriffener Kultus ist. Ein ungewohnter Gedanke über einen Gegenstand, der die wichtigeren Interessen des Lebens berührt, wirkt bei seinem ersten Auftreten noch immer befremdend und beunruhigend; wenn es jedoch gelingt, ihn so lange lebendig zu erhalten, bis der Eindruck des Fremdartigen schwindet, findet er Gehör und eine so vernunftgemäße Würdigung, als der Geist des Zuhörers irgendeinem anderen Gegenstande zu widmen gewohnt ist.

Im vorliegenden Falle steht das Vorurteil der Gewohnheit ohne Zweifel auf der Seite des Unrechts. Zwar haben, außer einigen der hervorragendsten Männer der Gegenwart, zu allen Zeiten große Denker, von Platon bis auf Condorcet, in der nachdrücklichsten Weise zugunsten der Gleichheit der Frauen ihre Stimme erhoben, und es hat freiwillige Vereinigungen, geistliche wie weltliche, unter denen die Gemeinschaft der Quäker die bekannteste ist, gegeben, welche diesen Grundsatz anerkannten. Aber es hat keine politische Gemeinschaft oder Nation gegeben, in der sich nicht die Frauen durch Gesetz und Sitte in einer politisch wie bürgerlich untergeordneten Stellung befunden hätten. In der Alten Welt wurde dieselbe Tatsache mit demselben Recht zugunsten der Sklaverei angeführt. Sie hätte im ganzen Mittelalter zugunsten jener gemilderten Form der Sklaverei, welche Hörigkeit hieß, angeführt werden können. Sie wurde gegen die Gewerbefreiheit, gegen die Gewissensfreiheit, gegen die Pressefreiheit angerufen; keine von diesen Freiheiten wurde mit einem wohlgeordneten Staatswesen für verträglich gehalten, bis ihr wirkliches Vorhandensein ihre Möglichkeit dartat. Daß eine Einrichtung oder ein Brauch von Alters her besteht, ist kein Beweis für seine Güte, wenn ein anderer zureichender Grund für sein Dasein angegeben werden kann. Es ist gar nicht schwer zu verstehen, warum die Knechtschaft der Frauen ein Herkommen geworden ist; es bedarf dafür keines anderen Erklärungsgrundes als der physischen Stärke.

Daß diejenigen, welche physisch schwächer sind, sich auch im Zustande rechtlicher Inferiorität befinden, entspricht ganz dem Geist, in dem die Welt regiert worden ist. Bis vor ganz kurzer

Zeit war die Herrschaft der physischen Kraft das allgemeine Gesetz der Menschheit. Durch die ganze historische Zeit haben die Nationen, Rassen oder Klassen, welche durch Muskelkraft, durch Reichtum oder durch militärische Schulung die stärksten waren, die übrigen unterworfen und in Untertänigkeit erhalten. Wenn bei den vorgeschrittensten Völkern das Gesetz des Schwertes endlich als unwürdig verworfen wurde, so ist dies nur die Frucht des vielverleumdeten achtzehnten Jahrhunderts. Die Eroberungskriege haben erst aufgehört, seitdem die demokratischen Revolutionen begonnen haben. Die Welt ist noch sehr jung und hat eben erst angefangen, sich von der Ungerechtigkeit freizumachen. Sie entledigt sich erst jetzt der Sklaverei der Neger, sie entledigt sich erst jetzt des Despotismus der Alleinherrscher, sie entledigt sich erst jetzt des erblichen Feudaladels, sie entledigt sich erst jetzt der Rechtsungleichheit aufgrund der Religionsverschiedenheit. Sie beginnt eben erst, irgendwelche *Männer* außer den Reichen und einen begünstigten Teil der Mittelklasse als Bürger zu behandeln. Dürfen wir uns wundern, daß sie für die Frauen noch nicht soviel getan hat? Wie die Gesellschaft bis auf die wenigen letzten Generationen bestellt war, war die Ungleichheit ganz eigentlich ihre Grundlage; irgendeine auf gleiche Rechte begründete Vereinigung bestand damals kaum; Gleichheit bedeutete soviel als Feindschaft; zwei Personen konnten kaum gemeinsam an irgend etwas arbeiten oder in irgendein freundliches Verhältnis zueinander treten, ohne daß das Gesetz den einen zum Vorgesetzten des anderen bestellte. Die Menschheit ist nun diesem Zustand entwachsen, und alles zielt dahin, an die Stelle der Herrschaft des Stärkeren eine gerechte Gleichheit als das allgemeine Prinzip der menschlichen Beziehungen zu setzen. Von allen Verhältnissen aber mußte das zwischen Männern und Frauen, da es das nächste und innigste und mit der größten Anzahl intensiver Gefühle verknüpft ist, notwendig das letzte sein, bei dem die alte Richtschnur außer Übung und die neue in Aufnahme kommt; denn im Verhältnis zur Stärke eines Gefühls steht die Hartnäckigkeit, womit es an den Formen und Umständen festhält, mit welchen es auch nur zufällig verkettet worden ist. [...]

Was also die Eignung der Frauen für das öffentliche Leben betrifft, so kann darüber keine Frage sein; aber der Streit wird sich wahrscheinlich mehr um die Eignung des öffentlichen Lebens für die Frauen drehen. Wenn man die Gründe, welche für die Ausschließung der Frauen vom tätigen Leben in all seinen wichtigeren Gebieten angeführt werden, ihres deklamatorischen Aufputzes entkleidet und sie auf den einfachen Ausdruck eines Gedankens zurückführt, so scheinen ihrer hauptsächlich drei zu sein: fürs erste die Unverträglichkeit des tätigen Lebens mit den Mutterpflichten und mit der Besorgung eines Haushaltes, zweitens dessen angeblich verhärtender Einfluß auf den Charakter und drittens die Unzweckmäßigkeit einer Steigerung des ohnehin schon übermäßigen Druckes der Konkurrenz in jedem Zweige des Berufs- oder Erwerbslebens.

Das erste Argument, das der Mutterpflichten, wird gewöhnlich besonders betont, obwohl – es ist fast unnötig, das zu sagen – dieser Grund, wenn er einer ist, sich nur auf Mütter beziehen kann. Es ist aber weder notwendig noch gerecht, die Frauen in die Zwangslage zu versetzen, daß sie entweder Mütter oder gar nichts sein müssen oder daß sie, wenn sie einmal Mütter gewesen sind, ihr ganzes übriges Leben nichts anderes sein dürfen. Weder für Frauen noch für Männer bedarf es eines Gesetzes, um sie von einer Beschäftigung auszuschließen, wenn sie sich einer anderen zugewendet haben, welche damit unvereinbar ist. Niemand schlägt vor, das männliche Geschlecht vom Parlament auszuschließen, weil ein Mann ein Soldat oder Matrose im aktiven Dienst sein kann, oder ein Kaufmann, dessen Geschäft all seine Zeit und Tatkraft in Anspruch nimmt. Neun Zehntel der Männer sind *de facto* durch ihre Beschäftigung ebenso wirksam vom öffentlichen Leben ausgeschlossen, als ob das Gesetz sie davon ausschlösse; aber das ist kein Grund dafür, Gesetze zu erlassen, um diese neun Zehntel, geschweige denn um das noch übrige Zehntel auszuschließen. Für die Frauen gilt hier genau dasselbe wie für die Männer. Es ist nicht notwendig, durch ein Gesetz Vorsorge zu treffen, daß eine Frau nicht in eigener Person die Geschäfte eines Haushaltes besorgen oder die Erziehung von Kindern leiten und gleichzeitig ein Arzt oder Anwalt sein oder ins Parlament gewählt werden dürfe. Wo die Unvereinbarkeit eine wirkliche ist, wird sie selbst für sich zu sorgen wissen; aber es ist eine grobe Ungerechtigkeit, diese Unvereinbarkeit zum Vorwand der Ausschließung derjenigen zu machen, bei denen sie nicht besteht. Und von solchen würde sich eine sehr große Anzahl finden, wenn man ihnen freie Wahl ließe. Das Mutterpflichten-Argument läßt seine Vertreter im Stiche im Falle von ledigen Frauen, eine große und rasch zunehmende Klasse der Bevölkerung, welche Tatsache – es ist nicht überflüssig, dieses zu bemerken – dadurch, daß sie die übermäßige Konkurrenz der Massen verhindert, dazu angetan ist, das Wohl aller erheblich zu fördern. Es gibt keinen in der Sache selbst liegenden Grund und keine Notwendigkeit, warum alle Frauen sich freiwillig dafür entscheiden sollten, ihr Leben *einer* animalischen Funktion und ihren Folgen zu widmen. Zahlreiche Frauen werden nur darum Gattinnen und Mütter, weil ihnen keine andere Laufbahn offensteht, kein anderer Spielraum für ihre Gefühle oder ihre Tätigkeit. Jede Verbesserung ihrer Erziehung und jede Erweiterung ihrer Fähigkeiten, alles, was sie für irgendeine andere Lebensweise tauglich macht, vergrößert die Zahl derjenigen, denen durch die Entziehung der freien Wahl ein schweres Unrecht widerfährt. Sagen, daß die Frauen vom tätigen Leben ausgeschlossen werden müssen, weil die Mutterpflichten sie dazu untauglich machen, das heißt in Wahrheit sagen, daß ihnen jeder andere Lebensweg verschlossen sein soll, damit der Stand der Mutter ihre einzige Zuflucht bleibe.

Aber zweitens, so behauptet man, würden die Frauen, wenn ihnen dieselbe Freiheit in der Wahl der Beschäftigungen wie den Männern gewährt würde, jene Überzahl von Konkurrenten noch vermehren helfen, welche bereits die Zugänge zu fast allen Berufsarten sperrt und deren Ertrag vermindert. Dieses Argument hat – wohlgemerkt – nichts mit der politischen Frage zu tun. Es entschuldigt nicht, daß den Frauen die Bürgerrechte vorenthalten werden. Auf das Stimmrecht, auf die Zulassung zur Geschworenenbank, zum Parlament und zu öffentlichen Ämtern hat es keinen Bezug. Es erstreckt sich einzig und allein auf die industrielle Seite der Frage. Wenn wir somit diesem wirtschaftlichen Argument seine volle Bedeutung zuerkennen, wenn wir einräumen, daß die Zulassung der Frauen zu den Beschäftigungen, welche jetzt ausschließlich Männer innehaben, gleich der Aufhebung von anderen Monopolen dahin abzielen würde, die Einträglichkeit dieser Beschäftigungen zu vermindern – dann liegt es uns ob, zu erwägen, wie groß der daraus entspringende Nachteil ist und was demselben gegenübersteht. Das Schlimmste, was jemals behauptet wurde, weit mehr, als irgendwie eintreffen dürfte, ist dies: daß, wenn die Frauen mit den Männern in Konkurrenz träten, ein Mann und eine Frau zusammen nicht mehr erwerben könnten, als was jetzt ein Mann allein erwirbt. Nehmen wir diese Voraussetzung, die ungünstigste, die überhaupt möglich ist, an; das vereinigte Einkommen beider würde dann dasselbe sein wie früher, während die Frau aus der Stellung einer Dienerin zu der einer Mitarbeiterin erhoben wäre. Selbst wenn bei dem jetzigen Stand der Dinge keine Frau eines männlichen Ernährers entbehrte, wie unendlich besser wäre es doch, daß ein Teil des Einkommens der Erwerb der Frau sei, auch wenn der Gesamtbetrag dadurch nur um wenig vermehrt wird, anstatt daß sie genötigt ist zurückzustehen, damit der Mann der einzige Erwerber und der einzige Verwalter des Erworbenen sei. Selbst unter den gegenwärtigen Gesetzen über das Eigentum der Frauen kann ein Weib, das zur Erhaltung der Familie wesentlich beiträgt, nicht in derselben verächtlichen und tyrannischen Weise behandelt werden wie eines, dessen Lebensunterhalt gänzlich vom Manne abhängt, so schwer auch die Mühsal der häuslichen Arbeit auf ihr lasten mag.* Gegen die Herabsetzung der Löhne infolge der Vermehrung der Konkurrenz werden sich seiner Zeit wohl Mittel finden lassen. Palliativ-Maßregeln könnten sofort angewendet werden, zum Beispiel eine strengere Ausschließung der Kinder von industrieller Tätigkeit während der Jahre, in denen sie keine andere Arbeit leisten sollten als jene, welche ihren Körper und Geist für das spätere Leben erstarken macht. Kinder sind notwendigerweise abhängig und unter der Gewalt anderer, und ihre Arbeit, die nicht ihnen selbst, sondern ihren Eltern Gewinn bringt, ist

* Die wahrhaft schrecklichen Folgen des gegenwärtigen Zustandes der Gesetze bei dem untersten Teil der arbeitenden Bevölkerung zeigen sich in jenen Fällen von gräßlicher Mißhandlung der Frauen durch ihre Männer, mit denen jedes Zeitungsblatt, jeder Polizeibericht überfüllt ist. Elende, die nicht verdienen, die geringste Autorität über irgendein lebendes Wesen zu besitzen, haben ein hilfloses Weib zu ihrer Haussklavin. Solche Ausschreitungen könnten nicht vorkommen, wenn die Frauen einen Teil des Einkommens der Familie sowohl erwerben würden als zu besitzen das Recht hätten. (Anm. v. H. T. M.)

ein geeigneter Gegenstand gesetzlicher Regelung. Was die Zukunft anbelangt, so glauben wir, daß weder die gedankenlose Vermehrung und die daraus folgende übermäßige Schwierigkeit, einen Unterhalt zu finden, immer andauern wird, noch daß die Teilung der Menschen in Kapitalisten und gemietete Arbeiter und die Regulierung der Entlohnung der Arbeiter hauptsächlich durch Nachfrage und Angebot für immer oder auch nur lange Zeit noch in Kraft bleiben wird. Aber solange die Konkurrenz das allgemeine Gesetz des menschlichen Lebens bleibt, ist es Tyrannei, die eine Hälfte der Mitbewerber auszuschließen. Alle, die das Alter der Selbständigkeit erreicht haben, haben das gleiche Recht, jede Art von nützlicher Arbeit, der sie fähig sind, zum Preis, den sie einträgt, zu verkaufen.

Der dritte Einwand gegen die Zulassung der Frauen zum öffentlichen Leben oder zur Erwerbstätigkeit, deren angeblich verhärtender Einfluß, gehört einer vergangenen Zeit an und ist für unsere Zeitgenossen kaum mehr verständlich. Es gibt aber immer noch Personen, welche sagen, daß die Welt und ihr Getriebe die Menschen selbstisch und gefühllos werden läßt, daß die Kämpfe, Rivalitäten und Kollisionen des geschäftlichen und politischen Lebens sie rauh und unliebenswürdig machen und daß, wenn die eine Hälfte der Gattung sich unvermeidlich diesen Dingen hingeben muß, es um so notwendiger ist, daß die andere Hälfte davon ferngehalten werde; daß es die Frauen vor den schlechten Einflüssen der Welt zu bewahren gilt, damit die Männer denselben nicht gänzlich verfallen.

Dieses Argument hätte etwas Annehmbares, wenn sich die Welt noch im Zeitalter des Faustrechts befände, als das Leben reich war an physischen Kämpfen und jeder Mann das gegen ihn oder gegen andere verübte Unrecht mit dem Schwerte oder mit der Stärke seines Armes abwehren mußte. Die Frauen, und desgleichen die Priester, mögen dadurch, daß sie von solchen Verpflichtungen und teilweise von den sie begleitenden Gefahren befreit waren, damals imstande gewesen sein, einen wohltätigen Einfluß auszuüben. Allein, bei der gegenwärtigen Gestaltung des menschlichen Lebens wüßten wir jene verhärtenden Einflüsse nicht aufzufinden, denen die Männer unterworfen und von denen die Frauen unberührt sein sollen. Die einzelnen kommen heutzutage nur selten in die Lage, Mann gegen Mann auch nur mit friedlichen Waffen zu kämpfen; persönliche Feindschaft und Rivalität spielen keine große Rolle im Weltgetriebe; der allgemeine Druck der Verhältnisse, nicht das Übelwollen einzelner ist das Hindernis, gegen welches sich die Menschen heute zu wehren haben. Wenn dieser Druck übermäßig wird, knickt er den Lebensmut und verengt und verbittert das Gemüt, jedoch das der Frauen nicht weniger als das der Männer, da jene gewiß nicht weniger als diese unter seinen Übeln leiden. Es gibt zwar noch immer Zwist und Gehässigkeit, aber ihre Quellen sind andere geworden. Einst fand der Feudalherr seinen bittersten Feind in seinem mächtigen Nachbarn, der Minister oder Höfling in jenem, der ihm seine Stellung streitig machte; aber der Gegensatz der Interessen im tätigen Leben wirkt jetzt nicht mehr als Ursache persönlicher Feindschaft; die Feindschaften von heutzutage entspringen mehr aus kleinen Veranlassungen als aus großen, mehr aus dem, was die Leute übereinander sagen, als was sie gegeneinander tun, und wenn auch noch Haß, Bosheit und jede Art des Übelwollens zu finden ist, so sind sie es doch unter Frauen ganz in demselben Maße wie unter Männern. Im gegenwärtigen Zustande der Zivilisation könnte die Absicht, die Frauen vor den verhärtenden Einflüssen der Welt zu bewahren, nur so verwirklicht werden, daß man sie vollständig von der Gesellschaft fernhielte. Die gewöhnlichen Pflichten des gewöhnlichen Lebens, wie es jetzt bestellt ist, sind mit jeder anderen Weichheit der Frauen als mit ihrer Schwäche unverträglich. Und ein schwacher Geist in einem schwachen Körper wird sicherlich nicht mehr lange für anziehend oder liebenswürdig auch nur gehalten werden.

Aber in Wahrheit berühren alle diese Argumente und Erwägungen in keiner Weise die Grundlagen des Gegenstandes. Die wirkliche Frage geht dahin, ob es recht und ersprießlich ist, daß die eine Hälfte der menschlichen Gattung ihr Leben in einem Zustande erzwungener Unterordnung unter die andere Hälfte zubringen soll. Wenn es der beste Zustand der menschlichen Gesellschaft ist, in zwei Teile zu zerfallen, von denen der eine aus Personen mit Willen und selbständiger Existenz, der andere aus demütigen Gefährten dieser Personen besteht, jede einem von den ersteren beigegeben, um *seine* Kinder zu erziehen und *sein* Haus ihm angenehm zu machen, wenn das die Stellung ist, die den Frauen zukommt: dann ist es nur ein Gebot der Menschlichkeit, sie dazu zu erziehen, ihnen den Glauben beizubringen, daß ihnen kein größeres Glück widerfahren kann, als von irgendeinem Mann zu solchen Zwecken erwählt zu werden, und daß jede andere Laufbahn, welche der Welt für glücklich oder ehrenvoll gilt, ihnen durch die Bestimmung – nicht sozialer Einrichtungen, sondern der Natur und des Schicksals verschlossen ist.

Wenn wir jedoch fragen, warum das Dasein der einen Hälfte der Menschheit nur ein Mittel für die Zwecke der anderen sein soll und jede Frau ein bloßes Anhängsel eines Mannes, dem seine eigenen Interessen erlaubt sind, damit sich in ihrem Geist kein Widerstreit gegen seine Interessen und sein Belieben rege, so ist die einzige Auskunft, die wir erhalten können, die, daß die Männer es so haben wollen. Es ist ihnen angenehm, daß sie um ihrer selbst willen, die Frauen um der Männer willen leben, und die Herrscher wissen es dahin zu bringen, daß die Eigenschaften und das Betragen, das ihnen an ihren Untertanen wohlgefällt, diesen selbst lange Zeit hindurch als ihre spezifische Untertanen-Tugend gelte. [...]

Es liegt daher im Interesse nicht nur der Frauen, sondern auch der Männer und des menschlichen Fortschrittes im weitesten Sinne, daß die Emanzipation der Frauen, welche die moderne Welt sich oft rühmt bewirkt zu haben und welche mitunter auf Rechnung der Zivilisation, mitunter auf jene des Christentumes gesetzt wird, nicht auf der Stufe stehenbleibe, auf der sie sich jetzt befindet. Wenn es gerecht oder notwendig wäre, daß ein Teil der Menschheit an Gemüt und Geist nur halb entwickelt werde, so hätte die Entwicklung des anderen Teiles soweit als möglich von seinem Einfluß unabhängig gemacht werden sollen. Statt dessen sind die Frauen die nächsten, und man kann jetzt sagen die einzigen nahen Gefährten derjenigen geworden, deren Höhe sie doch beileibe nicht erreichen sollen; sie sind gerade weit genug erhoben worden, um die anderen zu sich herabzuziehen. [...]

Charlotte Perkins Gilman
Die wirtschaftlichen Beziehungen der Geschlechter

Seit wir gelernt haben, die Entwickelung des menschlichen Lebens aus denselben Gesichtspunkten zu betrachten wie die Entwickelung der übrigen organischen Welt, zeigen sich uns gewisse eigentümliche Erscheinungen, die den Philosophen und den Ethiker lange in Verlegenheit gebracht und verwirrt haben, in einem ganz neuen Licht. Wir mußten nach und nach einsehen, daß die Schmerzen und Widerwärtigkeiten unseres Daseins – weit entfernt, unerforschliche Probleme zu sein, die zu lösen einem anderen Leben vorbehalten ist – nur die natürlichen Folgen natürlicher Ursachen sind, und daß, sobald wir diese Ursachen erkannt, wie bereits den ersten Schritt zu ihrer Beseitigung getan haben.

Es steht fest, daß – bei aller Macht des persönlichen Willens, gegen gegebene Zustände anzukämpfen, denselben eine Zeitlang zu widerstehen, sie zuweilen zu überwinden – die menschliche Kreatur doch in gleichem Maße wie jede andere durch die sie umgebenden Verhältnisse beeinflußt wird. [...]

Wie alle Tiere und Pflanzen werden auch wir durch Klima und Bodenbeschaffenheit, durch physikalische, chemische, elektrische Kräfte beeinflußt. Mit den Tieren haben wir ferner die Anpassung an unsere eigene Tätigkeit, den rückwirkenden Einfluß der Übung unserer Organe gemeinsam. Was wir selbst tun, und was an uns getan wird, macht uns zu dem, was wir sind. Außer diesen Faktoren wirken aber auch solche auf uns ein, die unsere besondere menschliche Eigenart kennzeichnen – nämlich die *sozialen* Verhältnisse, unter denen wir leben. In dem organisierten Verkehr, der unser soziales Leben bildet, beeinflussen wir uns gegenseitig in einem viel höheren Grade, als es bei anderen Herdentieren der Fall ist. Dieser dritte Faktor, das *soziale Milieu*, ist von größter Wichtigkeit und ausschlaggebend für die Entwickelung der menschlichen Rasse. Vor allem aber sind dabei die durch unsere *wirtschaftlichen* Bedürfnisse hervorgerufenen sozialen Beziehungen in ihrer Wirkung die eigentlich entscheidenden.

Ohne vorerst den Einfluß dieser sozialen Faktoren zu berücksichtigen, indem wir den Menschen lediglich als eine besondere Tiergattung in Betracht ziehen, sehen wir, daß auch für ihn in erster Linie die ökonomischen, das heißt die Ernährungsverhältnisse, maßgebend sind, wie für alle tierischen Arten. So verschieden sie in Farbe und Größe, in Stärke und Schnelligkeit, Anpassungsfähigkeit und so weiter sein mögen, so haben zum Beispiel alle, die sich von Pflanzenkost nähren, gewisse unterscheidende Züge gemeinsam, ebenso wie alle fleischfressenden besondere unterscheidende Züge gemeinsam haben und zwar so durchweg gemeinsam und so durchweg unterscheidend, daß sie nach Gebiß und Ernährungswerkzeugen und nicht nach ihren Bewegungs- oder Verteidigungsorganen klassifiziert werden. Die Nahrung des Tieres bildet den wichtigsten passiven, der Vorgang, durch den es zu dieser Nahrung gelangt, den wichtigsten aktiven Faktor in seiner Entwickelung. Die hierzu erforderliche Tätigkeit, die unaufhörliche Wiederholung derselben Anstrengungen ist es, welche seine Struktur am meisten beeinflußt und seine Fähigkeiten vor allem ausbildet. Das Schaf, die Kuh, der Hirsch sind in ihrer Anpassung an Witterung und Klima, in ihrer Beweglichkeit, in ihren Verteidigungswaffen ganz verschieden, aber infolge der gleichen Methode ihrer Ernährung stimmen sie in ihren charakteristischen Rasseeigentümlichkeiten überein.

Der Mensch bildet keine Ausnahme von dieser Regel. Auch er wird vom Klima beeinflußt, von der Witterung, vom Kampf mit feindlichen Naturgewalten – aber, wie jede andere lebendige Kreatur, am meisten durch die Tätigkeit, die er zur Erlangung seiner Nahrung entwickelt. Ungeachtet der mannigfaltigen Einflüsse eines höheren geistigen Lebens, der rückwirkenden Kräfte unserer komplizierten sozialen Einrichtungen, ist doch die Art und Weise, wie er seinen Lebensunterhalt gewinnt, bestimmend und ausschlaggebend für sein Wesen. [...]

Wenden wir nun angesichts dieser Tatsachen unsere Aufmerksamkeit den besonderen und eigentümlichen wirtschaftlichen Verhältnissen zu, unter denen die menschliche Rasse lebt, Verhältnissen, die in der ganzen organischen Welt einzig dastehen. *Die Menschen sind die einzige tierische Spezies, in welcher das*

Weib in bezug auf seine Ernährung auf den Mann angewiesen ist, die einzige, in welcher daher die geschlechtlichen Beziehungen zugleich ökonomische Beziehungen bedeuten. Das eine Geschlecht lebt in vollständiger wirtschaftlicher Abhängigkeit von dem anderen Geschlecht – und damit ist seine sexuelle Abhängigkeit eng verknüpft. Für die wirtschaftliche Stellung des Weibes sind ihre geschlechtlichen Beziehungen maßgebend.

Es wird vielfach angenommen, daß dies Verhältnis auch in der übrigen Tierwelt besteht; dies ist aber nicht der Fall. Wohl kommt es bei vielen Vogelarten vor, daß das Männchen während der Brutzeit dem Weibchen bei der Fütterung der Jungen hilft und sie zum Teil mitfüttert; auch bei einigen der höher entwikkelten fleischfressenden Tiere können wir die gleiche Erscheinung beobachten. Aber in keinem dieser Fälle ist sie vollständig von ihm abhängig, selbst während dieser Zeit nicht. Eine Ausnahme bildet das Weibchen des Hornvogels, welches auf seinem Nest in einem hohlen Baume sitzend, von dem Lehm und Erde herzutragenden Männchen förmlich eingemauert wird, bis nur noch sein Schnabel heraussteht; dann füttert er sie, solange sie ihre Jungen ausbrütet. Aber selbst der weibliche Hornvogel erhebt nicht den Anspruch, zu anderen Zeiten gefüttert zu werden. Die weiblichen Bienen und Ameisen sind wirtschaftlich abhängig, aber nicht von den männlichen Bienen und Ameisen. Die Arbeiter unter ihnen sind gleichfalls weiblichen Geschlechts, wenn sie auch ausschließlich ihren wirtschaftlichen Funktionen leben. Bei den fleischfressenden Tieren können die Jungen viel eher den Vater entbehren als die Mutter, die vollkommen imstande ist, allein für sie zu sorgen. Bei manchen Spezies, wie zum Beispiel der unserer Hauskatze, ernährt das Weibchen nicht nur sich selbst und seine Jungen, sondern hat diese auch noch häufig gegen das Männchen zu verteidigen. In keinem einzigen Fall aber wird das Weibchen sein ganzes Leben lang vom Männchen unterhalten.

Beim Menschen dagegen ist dieser Zustand allgemein und *dauernd,* wenn es auch immer Ausnahmen gegeben hat und wenn auch das letzte Jahrhundert bereits von einem sich vorbereitenden Wandel in dieser Hinsicht Zeugnis ablegte. Wir waren aber bisher nicht gewohnt, die Tatsache in einem anderen Lichte als dem einer bequemen Verallgemeinerung zu sehen, daß das eben »natürlich« und daß es bei anderen Geschöpfen genau ebenso sei.

Unsere Auffassung der Sachlage mag manchem unrichtig erscheinen; man wird uns die schwer arbeitende Bäuerin, die Frauen der wilden Stämme und die häuslichen Arbeitsleistungen der Frauen im allgemeinen als Gegenbeweise anführen. Nur durch sehr sorgfältige und genaue Unterscheidungen an einem Beispiel können wir uns selbst das Wesentliche in der Stellung der Frau auch in den angeführten Fällen klar machen. Das Pferd ist in seinem freien, natürlichen Zustand unabhängig. Es gewinnt seinen Unterhalt *durch seine eigenen Bemühungen*, ohne Beziehung zu einer anderen Kreatur. Das Pferd in seinem gegenwärtigen Zustand als Haustier ist wirtschaftlich abhängig. Es erhält seinen Unterhalt aus der Hand seines Herrn, und seine eigenen Leistungen, seien sie groß oder gering, stehen in keinem direkten Verhältnis zu diesem Unterhalt. Tatsächlich sind die am besten gepflegten und gefütterten nicht die am härtesten arbeitenden und abgearbeiteten Pferde. Es ist wahr, das Pferd arbeitet – aber was es dafür zu fressen bekommt, hängt von dem Willen und der Lage seines Herrn ab, es ist also wirtschaftlich abhängig. Das gleiche ist der Fall bei der hart arbeitenden Wilden oder bei der Bauersfrau. Ihre Arbeit ist das Eigentum eines anderen, sie arbeitet nach eines anderen Willen, und was sie dafür erhält, hängt nicht von ihrer Leistung ab, sondern von dem Willen und der Lage dieses anderen. Sie ist also unter allen Umständen wirtschaftlich abhängig. Und dies trifft sowohl im einzelnen wie im allgemeinen auf die Ehefrauen der ganzen Welt zu. [...]

Da die Männer jagen, fischen, Viehzucht treiben, Getreide bauen, essen die Frauen Wild, Fische, Rindfleisch und Brot. Da die Männer sich Fahrzeuge bauen, zur See gehen, aus fernen Ländern Kaffee und Gewürz, seidene Stoffe, Edelsteine mitbringen, ist auch den Frauen ihr Anteil am Kaffee, an Gewürzen, seidenen Stoffen und Edelsteinen gesichert. Die wirtschaftlichen Verhältnisse der menschlichen Rasse, bei allen Völkern und zu allen Zeiten, werden hauptsächlich von der Tätigkeit des Mannes beherrscht; die Frau erhält ihren Anteil an allen Errungenschaften der Kultur vorläufig nur durch ihn.

Noch sichtbarer, deutlicher und eindringlicher stellt sich uns diese Tatsache am einzelnen Individuum dar. Das ärmliche, geflickte Kleid wie die blitzenden Juwelen der Gattin, das niedere Dach wie der prunkende Palast, ihre müden Füße wie ihre glänzende Equipage – sie bezeichnen klar und unzweifelhaft die wirtschaftliche Potenz des Gatten, vom Tagelöhner bis zum Millionär. Alles was die Frau für ihr Behagen, für ihren Luxus und für die Notdurft des Lebens empfängt, wird von ihrem Gatten erworben und ihr von ihm gegeben. Und wenn sie, auf sich selbst gestellt, ohne einen Mann als »Ernährer« zur Seite, ihre wirtschaftlichen Bedürfnisse selbst zu decken sucht, so beweisen die Schwierigkeiten, auf die sie dabei stößt, am besten ihre prekäre Stellung in unserem Wirtschaftsleben. Niemand wird also die offenkundige Tatsache bestreiten können, daß die wirtschaftliche Stellung des weiblichen Geschlechts im allgemeinen von derjenigen der einzelnen Männer abhängt, zu deren Familie sie gehören.

Hier wird uns nun sogleich die landläufige Anschauung entgegengehalten werden, daß – wenn es auch zugegeben werden müsse, daß der Mann die Werte und Güter der Welt produziert und verteilt – die Frau doch ihren Anteil daran als Ehefrau *mit erwirbt*. Dabei müßten wir aber entweder voraussetzen, daß der Gatte die Stellung des Arbeitgebers, die Gattin die des Arbeitnehmers einnimmt, oder aber, daß die Ehe ein Kompagniegeschäft und die Frau der ebenbürtige Partner des Mannes in der Herstellung des Lebensbedarfes sei.

Im weitesten Sinne des Wortes sind alle Geschöpfe wirtschaftlich von einander abhängig – die Tiere von den Pflanzen, der Mensch von beiden. In einem engeren Sinne beruht unser ganzes soziale Leben auf einer gegenseitigen Abhängigkeit, da der einzelne Mensch unter keinen Umständen leisten könnte, was nur durch das Zusammenarbeiten der Gesamtheit hervorgebracht werden kann. Im engsten Sinne des Wortes möchten wir den Begriff der persönlichen wirtschaftlichen Unabhängigkeit unter einzelnen Individuen dahin präzisieren, daß der einzelne *bezahlt, was er empfängt*, oder dafür arbeitet – mit anderen Worten, daß er für jede Leistung eine Gegenleistung, ein Äquivalent für alles das gibt, was ein andrer ihm gibt. Ich bin in bezug auf meine Kleider, meine Schuhe vom Schneider, vom Schuhmacher abhängig; aber wenn ich dem Schneider und dem Schuhmacher so viel von meiner Arbeit (oder meinem Arbeitsertrag) gebe, wie diese Kleider und Schuhe wert sind, so gewinne ich dadurch meine persönliche Unabhängigkeit wieder. Ich habe nichts von ihren Produkten genommen, wofür ich ihnen nicht etwas von den meinigen gegeben hätte. Solange das, was ich empfange, durch das, was ich gebe, ausgeglichen wird, bin ich wirtschaftlich unabhängig.

Die Frauen konsumieren Werte. Welche anderen aber geben sie dafür im Austausch? Die Auffassung, daß die Ehe ein Kompagniegeschäft sei, in welchem die beiden Partner Güter schaffen, die keiner von ihnen einzeln herstellen könnte, hält selbst vor der oberflächlichsten Prüfung nicht stand. Der glückliche und von häuslichem Behagen umgebene Mann wird mehr leisten und leichter schaffen können als der vereinsamte, in unbehaglichen Verhältnissen lebende – aber das trifft ebenso auf den Vater oder Sohn wie auf den Gatten zu. Den Mann um die Bedingungen bringen, die sein Behagen begründen und sein Leben erleichtern, heißt im allgemeinen soviel, wie seine Leistungsfähigkeit und seine Tatkraft herunterdrücken. Aber die Angehörigen, die dies Behagen um ihn verbreiten, sind darum nicht seine geschäftlichen Partner und in keiner Weise berechtigt, sein Einkommen zu teilen.

Das Behagen, das dem Manne durch das Walten seiner Frau bereitet wird, dankbare Anerkennung für eine angenehme Häuslichkeit hat mit den Bedingungen eines Kompagniegeschäftes nichts zu tun, ebensowenig der häusliche Fleiß der Gattin oder ihre Sparsamkeit. Eine Haushälterin an ihrer Stelle könnte ebenso sparsam sein, und niemand würde sie als eine Geschäftsteilhaberin ansehen. In einer Hinsicht sind Mann und Weib allerdings richtige Partner, in der gegenseitigen Verbindlichkeit für ihre Kinder, in ihrer gemeinsamen Liebe, Pflicht und Arbeit für diese. Aber der Fabrikant, der sich verheiratet, der Arzt, der Anwalt nimmt nur in den sehr seltenen Fällen mit der Lebensgefährin zugleich einen Kompagnon an, wo die letztere ebenfalls Fabrikant, Ärztin, Anwalt und so weiter ist. Ohne eine eigene berufliche Ausbildung kann sie ihm in seinem Beruf nicht den einfachsten Rat erteilen, und die Liebe zu ihrem Gatten, dem Produzenten, befähigt sie keineswegs, selbst zu produzieren. Der Verlust der Gattin, auch wenn er ihm noch so nahe geht, beeinträchtigt ihn daher beruflich und geschäftlich nicht, oder doch nur insoweit, als sein Geist und seine Willenskraft dadurch gebrochen würde. Die Frau ist daher nur in den seltenen Fällen als die Partnerin des Mannes anzusehen, wenn sie ihr Kapital oder ihre Kenntnisse oder ihre Arbeit zu seinem Geschäft beisteuert, wie es ein männlicher Partner tun würde. Die meisten Männer würden aber wohl heute noch Bedenken tragen, mit einer Frau in ein Kompagniegeschäft zu treten, gleichviel ob Gattin oder nicht.

Wenn also nicht in dieser Eigenschaft, in welcher anderen verdient sie die Nahrung, Kleidung und Wohnung, die sie vom Gatten empfängt? – Durch ihre häusliche Arbeit, wird man uns hier sogleich erwidern. Es ist die allgemeine unklare Auffassung, daß die Frau alles, was sie empfängt – und mehr als das – rechtmäßig durch ihre Arbeit im Hause erwirbt, und hier berühren wir zum ersten Mal einen anscheinend sicheren und praktischen wirtschaftlichen Boden. Obgleich nicht eigentlich Produzentin von Gütern, wirkt die Frau doch mit an den wichtigen Vorgängen der Vorbereitung und Verteilung derselben. Ihre Arbeit im Hause repräsentiert einen wirklichen wirtschaftlichen Wert.

Die Mitwirkung eines gewissen Prozentsatzes von Personen im Dienste anderer, zum ausschließlichen Zweck, damit diese anderen mehr in der Hervorbringung positiver Werte leisten können, ist ein Moment, welches wir nicht übersehen dürfen. Die Arbeiten der Frau im Hause setzen den Mann ohne Zweifel in den Stand, mehr an Werten zu produzieren, als es ihm sonst möglich sein würde, und in diesem Sinne sind die Frauen auch als wirtschaftliche Faktoren in unserem sozialen Leben zu betrachten. Aber das gleiche gilt zum Beispiel auch von den Pferden. Die Arbeit des Pferdes setzt den Mann ebenfalls in den Stand, mehr an Werten zu produzieren, als es ihm sonst möglich sein würde. Aber ökonomisch unabhängig ist das Pferd darum nicht – *und die Frau ist es ebensowenig.* Wenn ein Mann mit einem Diener mehr nützliche Arbeit leisten kann, als er *ohne* den Diener leisten könnte, so leistet der Diener selbst dadurch eine nützliche Arbeit. Wenn aber der Diener sozusagen das Eigentum des Mannes ist, das heißt wenn er gezwungen ist, diese Arbeit zu leisten, und

wenn er nicht dafür bezahlt wird, ist er nicht wirtschaftlich unabhängig.

Die Arbeit, die die Frau im Hause verrichtet, ist ihr als ein Teil
ihrer hausfraulichen Pflichten übertragen, nicht als ein zu hono-
rierendes Amt. Aber sowohl die Frau des kleinen Mannes, die in
ihrem ärmlichen Heim die Last der gesamten Hausarbeit allein
zu tragen, wie die Frau des Reichen, die mit Anmut und Geschick die Verwaltung des größten Hauswesens zu leiten, alle
seine Funktionen zu überwachen hat, sie sind berechtigt, einen
Lohn für die von ihnen geleisteten Dienste zu fordern.

Wenn wir daran festhalten und die logischen Konsequenzen
ziehen wollten, so hätten also die Ehefrauen entsprechend ihrer
häuslichen Arbeitsleistung die Gehälter von Köchinnen, Haus-
mädchen, Kindermädchen, Näherinnen oder Haushälterinnen zu
beanspruchen – aber nicht mehr. Dadurch würde selbstverständlich das Taschengeld der Frauen der oberen Zehntausend sehr re-
duziert werden, dem armen Mann aber würde es unmöglich gemacht, eine Frau überhaupt zu unterhalten – wenn er nicht etwa
die Sachlage bis zu ihren letzten Konsequenzen erfaßte und ihr
zwar ihren Lohn als häusliche Arbeiterin zahlte, sich dann aber
mit ihr in die Erhaltung der Kinder und des Hauswesens teilte.
Er hätte dann eine Magd, und sie wäre gleich ihm »Ernährerin«
der Familie. Aber nirgends auf der Welt würde es unter diesen
Umständen »reiche Frauen«, das heißt reiche Ehefrauen geben,
denn nicht die bestbezahlte Haushälterin erster Klasse, so wert-
voll ihre Dienst dem Hause sein mögen, kann ein Vermögen
sammeln, kann Diamanten und kostbare Pelze kaufen und eine
Equipage halten. Dergleichen erwirbt man durch Hausarbeit
nicht.

Als springender Punkt geht also aus dieser Untersuchung hervor, daß – welches immer der Wert der häuslichen Arbeit der
Frauen sein möge – sie die entsprechende Entlohnung dafür nie
erhalten. [...]

Nach anderer Auffassung erwirbt die Frau ihren Unterhalt durch
ihre Mutterschaft, das heißt durch die besondere und wichtige
Naturaufgabe, die sie in der menschlichen Gesellschaft zu erfüllen hat, von der man immer mit großem Gefühlsaufwande

spricht, aber sehr oft, ohne sich über dieselbe klar zu sein. Wenn wir diese Aufgabe vom wirtschaftlichen Standpunkt betrachten und uns fragen, welche Gegenleistung an Gütern oder Arbeit die Frauen für die Güter und die Arbeit bieten, die sie erhalten, für Kleider und Schuhe, Hausgerät und Essen und Wohnung, dann belehrt man uns, daß ihre Pflichten und Leistungen als Mutter sie zu diesem Unterhalt berechtigen. Wenn dem so wäre, wenn die Mutterschaft von den Frauen gleichsam als Entgelt für Kleider und Nahrung eingetauscht würde, dann müßte selbstverständlich diese Mutterschaft quantitativ und qualitativ immer der Quantität und Qualität der dafür eingetauschten Güter entsprechen. In diesem Falle kämen dann Frauen, die nicht Mütter sind, wirtschaftlich überhaupt nicht in Betracht; die ökonomischen Ansprüche derjenigen aber, die Mütter sind, müßten stets im Verhältnis zu dieser Mutterschaft stehen. Die Annahme wäre offenbar absurd. Die kinderlose Frau ist so gut gestellt wie die Mutter einer zahlreichen Familie – ja *besser*, denn die Kinder der letzteren verzehren mit, was anderenfalls ihr allein zufallen würde; auch ist die untüchtige Mutter nicht schlechter gestellt als die tüchtige – kurz, von welcher Seite wir die Sache auch ansehen mögen, die Frau wird vom Mann nicht im Hinblick auf ihre mütterlichen Leistungen erhalten, ihre wirtschaftliche Stellung steht also auch zu ihrer Mutterschaft in keiner Beziehung. [...]

Während bei anderen Tiergattungen Weibchen und Männchen um die Wette weiden und grasen, jagen und töten, klettern, schwimmen, graben, laufen, fliegen, um ihre Nahrung zu erlangen, verzichtet das Weibchen der menschlichen Spezies darauf, die Vorteile zu benutzen, die ihr ihre Kräfte und Fähigkeiten zur Erlangung ihres Unterhaltes bieten, und läßt sich vom Männchen füttern.

Nun aber ein Wort über die praktische Notwendigkeit. Es heißt, daß wegen ihrer Mutterpflichten die Frau nicht imstande sei, für ihren eigenen Unterhalt zu sorgen. Da nun die Mutterpflichten das Weibchen anderer Tiergattungen nicht unfähig machen, ihren eigenen und den Unterhalt ihrer Jungen zu gewinnen, so müßte man annehmen, daß die menschlichen Mutterpflichten die Betätigung *aller* Fähigkeiten und Kräfte der Mutter im Dienst des Kindes während ihres ganzen Lebens oder wenigstens während einer so langen Periode desselben in Anspruch nehmen, daß für ihre individuellen Bedürfnisse und Interessen nichts mehr übrig bliebe.

Wenn die Tatsachen diese Annahme bestätigten, würden sie natürlich auch die Abhängigkeit der Frau, ihre Ernährung durch den Mann erklären und rechtfertigen. Die Bienenkönigin, die ausschließlich für den Beruf der Mutterschaft bestimmt ist, wird auch ernährt, allerdings nicht von den männlichen Bienen, sondern von ihren Geschlechtsgenossinnen, den »alten Jungfern«, den unfruchtbaren Arbeitsbienen, die auf diese Weise ihren Anteil an den mütterlichen Pflichten des Schwarmes erfüllen. So würde auch die Frau, wenn sie *ausschließlich* zur Mutterschaft bestimmt wäre, unfähig für jede andere Leistung und ihr Leben lang zu hilfloser Abhängigkeit verdammt sein.

Ist das nun in der Tat der Fall? Verliert die menschliche Mutter durch ihre Mutterschaft die Herrschaft über ihren Geist und Körper, verliert sie Fähigkeit, Geschick und Lust zu jeder anderen Leistung?

HEDWIG CONRAD-MARTIUS
Die schöpferische Entwicklung des Lebendigen

In der Tat: ein lebendiger Organismus ist eine Ganzheit, und zwar von Anbeginn durch jede Entwicklungsphase seiner selbst bis zum Ende, weil er sich kraft eigener Mächtigkeit aus eigenem Potenzgrunde zu seiner jeweiligen arttypischen physischen Organisation heraus- und heraufgestaltet. Hierzu muß er aber seine physische Substanz, die es eben im Sinne der Formmannigfaltigkeitssteigerung herauszugestalten gilt, *von eigenen inneren transphysischen Standorten* aus selber umfassen können. Sonst wird er zum Münchhausen, der sich am eigenen Schopf aus dem Sumpf herauszieht. Ex nihilo nihil fit. Eine nur physisch materiell gedachte Ganzheit kann unmöglich diese ihre eigene physische Materie, aus der sie ganz und gar bestünde, kraft ihrer selbst aus eigenem Potenzgrund zu der betreffenden arttypischen Organisation hinaufentwickeln. Wir haben es zugleich deutlich ausgesprochen: nicht nur eine einfache, sondern eine doppelte über- oder transphysische Grundposition muß der lebendige Organismus in sich besitzen: nicht nur eine aktive oder wirkmächtige, sondern auch eine passive oder materiale [transphysisch materiale], aus der er kraft jener Wirkmächtigkeit den ganzen physischen Keim mit immer neuen sinngemäß geordneten Aktions- und Reaktionsmöglichkeiten zu überziehen vermag. So erst kann man die entscheidende Mittelstellung finden, die das Positive an der ganzheitsbiologischen und der neovitalistischen Position aufgreift, das Negative ausscheidet und beides in einer höheren oder vielmehr tieferen sachgerechten Synthese vereinigt. Wenn die Ganzheitsbiologen den Neovitalisten vorwerfen, daß sie nur einen überphysischen Faktor zu einer bleibend unlebendigen Grundlage hinzufügen, so die Neovitalisten den Ganzheitsbiologen, daß ihrer Entwicklungssteigerung jede wahrhaft ganzheitlich ziel- und sinngerechte Führung fehle und daß sie, für sich selbst genommen, eine Unmöglichkeit darstelle. Nehmen wir beides zusammen, nehmen wir, wie Driesch etwa will, einen überphysischen entelechialen Wirkfaktor, der nicht nur »die normalen Proportionen der künftigen Form in sich schließt« [nach Dürkens Charakterisierung], sondern *den ganzen künftigen Organismus virtuell vorentworfen und zielursächlich wirkkräftig darstellt* und ihn daher in typisch artgemäßer Weise herausgestalten kann; nehmen wir dazu, wie etwa Dürken will, einen nun allerdings auch transphysisch zu begreifenden ganzheitlichen Potenzgrund, aus dem heraus der lebendige Organismus – kraft jener Entelechie – seine Reaktions- und Aktionspotenzen sinn- und artgemäß zu schöpfen vermag, so haben wir einen Standort gewonnen, auf dem die materialistische Biologie erst wahrhaft überwunden werden kann. Weder die Neovitalisten noch die Ganzheitsbiologen haben ihn überwunden.

Daß eine solche doppelseitige Potenzialität keine bloße philosophische Konstruktion ad hoc ist, sondern von einer Fülle biologisch experimenteller Gegebenheiten nach vielfacher Richtung gefordert wird, habe ich durch ausführliche Analysen aufzuweisen versucht. Ich habe die gesamten, so ungeheuer vielseitig variierten Untersuchungen, wie sie Hans Spemann in seinem Werk »Experimentelle Beiträge zu einer Theorie der Entwicklung« zu eindrucksvoller Darstellung bringt, sozusagen unter die ontologische Lupe genommen. Dabei ließ sich als wesentlichstes Ergebnis feststellen, daß die Morphogenese, als die Einzelentwicklung eines Tieres aus dem Ei oder Keim heraus, niemals und nirgends so vor sich geht, wie es dem unmittelbaren Phänomen nach oft aussieht, als ob ein letztlich entscheidender und übermächtiger Organisationsfaktor ein sozusagen passives physisches Material forme, sondern immer und überall wird die Bildung der Organe und Organteile durch eigene innere Gestaltungspotenzen besorgt, die für jede Entwicklungsphase [also normalerweise immer zur rechten Zeit] in neuer sinngemäßer Bildung und Verteilung [also auch am rechten Ort] die Keimesmaterie bedecken oder, richtiger gesagt, sie unterbauen, um dann eventuell nur mehr noch durch auslösende Reizfaktoren zur Tätigkeit erweckt zu werden. Sie sind je nachdem schon stabil oder noch labil determiniert – nach der Spemannschen Unterscheidung; wenn noch labil, dann sind sie noch nicht unwiderruflich mit der Materie verbunden und können auf Grund entsprechender Organisationseinflüsse noch in andere Gestaltungspotenzen umgewandelt werden; wenn schon stabil, wie bei verschiedenen Tierarten in mehr oder minder späten Keimstadien, dann hört diese Möglichkeit auf. Man sieht schon hieran mit Deutlichkeit, daß man die physische Keimmaterie selbst von den jeweiligen und jeweilig nach Bedarf umordenbaren Gestaltungspotenzen unterscheiden muß und die letzteren nicht mit der physischen Keimmaterie gleichsetzen darf, welche richtige Einsicht den russischen Biologen A. Gurwitsch zu der allerdings in dieser überspitzten Form unhaltbaren Theorie einer letzten absoluten Dualität des lebendigen Organismus geführt hat – nämlich aus organisationsfähiger Materie und organisationsmächtigem Feld; denn Gurwitsch faßt alle Organisationspotenzen feldartig, also doch wieder physisch dynamisch auf; was Spemann zu dem richtigen Einwand veranlaßt, daß demgegenüber wegen der Pluripotenz der Keimmaterie genau dieselben Schwierigkeiten bestünden wie gegen jede potenzielle Vorgegebenheit in physischer Formung.

Wichtiger aber für uns als jene gewiß notwendige Spemannsche Unterscheidung zwischen stabiler und labiler Determination ist die nach meinen Analysen, wie mir scheint, unumgängliche Tatsache, daß die noch labil oder schon stabil determinierten Gestaltungspotenzen immer schon in einer voll wirkbereiten, das heißt selber schon aktualisierten Form in der Keimesmaterie vorhanden sein müssen, wenn sie schließlich nur noch, wie es regulär der Fall ist, durch irgendwelche indifferenten Reize in die faktische Tätigkeit der Organausgestaltung gesetzt werden. So wie eine gespannte Feder, voll von potenzieller, das heißt eben voll wirkbereiter physischer Energie, nur enthemmt zu werden braucht, um entsprechend ihrer dynamischen Potenz zu wirken, so brauchen offenbar auch die Gestaltungspotenzen in den meisten Fällen nur noch eine enthemmende, auslösende Reizursache, um mit ihrer vitalen Formungsenergie in die organismische Materie hineinzuwirken. Diese Analogisierung zwischen physischer und vitaler Energetik ist nicht nur ein Bild, sondern hat einen sehr tiefen reellen Sinn. Ganz gewiß ist vitale Gestaltungsenergie in keinem Sinn der physischen Energie *gleich*zusetzen und deshalb natürlich auch nicht in dieselbe umrechenbar. Es gibt kein mögliches quantitatives Bilanzverhältnis zu ihr, schon weil sie als zielursächliche überhaupt nicht quantitativ faßbar ist. Aber sie ist der physischen Energie doch auf anderer, eben der vitalen Seinsebene *analog*. Ich glaube, daß es kaum etwas Wichtigeres für die ganze Neuorientierung der Biologie [übrigens nicht nur dieser, sondern auch der anorganischen Naturwissenschaften, was ihren philosophischen Unterbau betrifft] gibt, als die Einsicht, daß neben den physischen und, wie ebenfalls noch angenommen wird, psychischen Wirkfaktoren auch transphysische im eigentlichsten und strengsten Sinne bestehen. Wirkfaktoren, die eben ganz anderer, nämlich zielursächlicher, entelechialer Artung sind als die physischen, aber deshalb nicht minder wirksam, nicht minder – in *ihrer* zielursächlichen Weise – arbeitsfähig, »energetisch«. Es ist *die* von den klassisch naturwissenschaftlichen Jahrhunderten zurückgebliebene Hauptbelastung aller heutigen Bemühungen, den Materialismus zu überwinden, daß alle diejenigen, die solcherlei meta- oder transphysische Faktoren wieder anerkennen [falls sie sie nicht, wie zum Beispiel Spemann, von vornherein psychisch umdeuten], dieselben doch immer in irgendein gewissermaßen idealistisches Reich bloßer geltender Werte oder dergleichen abschieben zu müssen glauben. Zum Beispiel auch Richard Woltereck, der so nahe an echter ontologischer Einsicht war. Höchstens werden sie noch – und das ist schon sehr real gedacht, wenn auch ebenfalls noch völlig unzulänglich – als nur eben auslösende Steuerungsfaktoren anerkannt, wie etwa bei A. Mittasch. Daß es aber objektive, nicht subjektive zielursächliche Werdebestimmer von höchster eigentlichster dynamischer Wirksamkeit und Leistungsfähigkeit gibt – das anzuerkennen scheint für das moderne Denken immer noch fast unvollziehbar. Und doch wird eine Gesundung des Denkens nicht an diesem Schritt vorbeikommen. Gestaltungspotenzen als solche sind im Organismus vorhandene zielursächliche Dynamismen, die die Ausformung der lebendigen Materie zu Organen und Organteilen zu leisten imstande sind. Sie können das nur in einem zielursächlichen Sinne, indem sie das, was sie zu leisten haben, virtuell vorentworfen in sich tragen oder, eigentlicher gesprochen, indem sie selber die virtuellen, aber höchst wirksamen Vorentwürfe des zu Gestaltenden *sind*; so bilden sie die physische Keimesmaterie oder bei Regenerationen und so weiter auch die des erwachsenen Organismus *sich selber nach*.

Der ganze Leib des werdenden Organismus ist erfüllt mit solchen entelechialen Gestaltungspotenzen, natürlich in jeder typischen Entwicklungsphase mit immer neuen und anderen. Wir bekommen so ein ganz anderes Bild vom werdenden lebendigen Organismus, als man gewöhnlich besitzt. Er ist gewissermaßen von innen her geladen mit voll wirkbereiten und entsprechend leistungsfähigen zielursächlichen Wirkpotenzen. Das führt uns noch eine Stufe tiefer. Denn diese Gestaltungspotenzen, die in jeder Entwicklungsphase neue und andere sind, müssen ja irgendwie und irgendwann zu ihrer vitalen potentiellen Energetik gelangt sein; sie müssen selber irgendwie und -wann aktualisiert worden sein. Vorhin stellten wir der aktiven wirkmächtigen Entelechie die passive transphysisch materiale Gestaltungsgrundlage gegenüber. In dieser materialen Gestaltungsgrundlage ruht die einzelne

Gestaltungspotenz in der Weise eines bloßen statischen Kraftvorrats, so wie – wiederum analog gesprochen – die Masse eines physischen Körpers einen ruhenden Kraftvorrat darstellt für eine mögliche Bewegungsenergie in horizontaler Richtung. Gewiß besitzt der ruhende Körper andererseits auch eine voll wirkbereite, selber noch potentielle, weil durch die Unterlage gehende *Energie* in vertikaler Bewegungsrichtung: die Schwere. Aber es ist eben etwas ganz anderes, eine gehemmte potentielle Energie zu enthemmen, als einen bloßen ruhenden Kraftvorrat zu dynamisieren oder sozusagen aufzuladen. Es ist etwas ganz anderes, eine Feder zu entspannen, das heißt ihre schon vorhandene Wirkbereitschaft auszulösen, als sie zu spannen, das heißt ihr erst die Wirkbereitschaft zu verleihen, obwohl auch für dieses letztere eine potentielle Grundlage vorhanden sein muß; nur eben keine schon energetische, aber doch eine dynamische, ein Kraftvorrat, der im Fall der Feder durch die Elastizität gegeben ist. Genau so im Vitalen. Es ist etwas anderes, voll wirkbereite entelechiale Gestaltungspotenzen auszulösen als diese Wirkbereitschaft selber zu aktualisieren. Auch hierfür bedarf es einer potenziellen Grundlage im Sinne eines vitalen Kraftvorrats, das heißt eben eines materialen Gestaltungspotenzschatzes. Es ist nun ebenso klar: die bloße Auslösung eines schon voll Leistungsfähigen kann gegebenenfalls ein Faktor leisten, dessen eigenes dynamisches Maß in keiner Kommensurabilität zu der auszulösenden Energie zu stehen braucht; um aber einen Kraftvorrat allererst zu mobilisieren, ihn in volle Leistungsfähigkeit umzusetzen, sei es in vorerst nur potenzielle oder schon aktuelle, dazu bedarf es eines dynamischen Wirkfaktors, der selber die entsprechende volle Wirkmächtigkeit besitzt. Hier setzt sich Energie in Energie, Wirkmächtigkeit in Wirkmächtigkeit um. So auch mutatis mutandis bei den vitalen Gestaltungspotenzen. Um sie aus dem ruhenden Kraftvorrat heraus zu aktualisieren, dazu bedarf es einer ihnen kommensurablen vital energetischen Kraftpotenz, die eben das zu leisten vermag, was hier zu leisten ist. Es handelt sich ja darum, Gestaltungspotenzen zu verwirklichen, die auf die ihnen mögliche Gestaltungsleistung in sich selbst zielmäßig ausgerichtet sind. Das vermögen nur selbst wiederum zielhaft auf eben diese Aktualisierungsleistung ausgerichtete Potenzen; das vermögen nur selber entelechiale Wirkvermögen. Auch hier setzt sich [entelechiale] Energetik in [entelechiale] Energetik um. Und so wie es verschieden geartete physische Energien gibt [mechanische, thermische, elektrische usw.], so gibt es verschieden geartetet entelechiale Wirkvermögen; nur daß in diesem letzteren Fall keine Umkehrbarkeit der möglichen Umsetzung besteht, die ja übrigens faktisch auch in physischen Verhältnissen nicht immer restlos vorhanden ist, wie die Entropie zeigt.

Edith Stein
Individuum und Gemeinschaft

Die Untersuchung über die psychische Kausalität faßte die einzelne Psyche zunächst als einen Mikrokosmos, als eine Welt für sich. Unsere Betrachtungen selbst aber drängten auf eine Erweiterung dieses Rahmens hin. Wir sahen, daß der »Mechanismus« des psychischen Geschehens kein in sich geschlossener ist. Die Lebenskraft, die ihn in Betrieb hält, erfährt Zuströme »von außen«, und diesen Zuströmen muß man bis zu ihren Quellen nachgehen, wenn man ein allseitiges Verständnis der individuellen Psyche gewinnen will. Zwei Hauptrichtungen sind dabei zu verfolgen: Die Eingliederung in den Zusammenhang der materiellen Natur und die Eingliederung in den Zusammenhang der geistigen Welt. Dem zweiten Problem ist die folgende Untersuchung gewidmet. [...]

Das individuelle Ich ist der letzte Auslaufspunkt alles Bewußtseinslebens. Unter »individuellem Ich« ist hier nicht eine Person von bestimmter Eigenart beziehungsweise Einzigartigkeit verstanden, sondern zunächst nur das Ich, das *dies* ist und kein anderes, einzig und ungeteilt – so wie es als Ausstrahlungspunkt irgendeines Erlebnisses erlebt ist. Es ist abgehoben von allem Nicht-Ich, und zwar sowohl von toten Objekten als von anderen

Subjekten, und es ist von diesen anderen Subjekten unterschieden unangesehen ihrer und seiner eigenen Qualitäten. Eben dieses Ich, das keiner materialen Beschaffenheit bedarf, um sich in seinem Schein von allem anderen abzugrenzen, ist es, was wir als *reines Ich* bezeichnen. Ihm entspringt kontinuierlich aktuelles Bewußtseinsleben, das sich, indem es in die Vergangenheit rückt, »gelebtes Leben« wird, zur Einheit des konstituierten Bewußtseinsstromes zusammenschließt. Dabei strömt das jeweils aktuelle konstituierende Leben ständig aus dem vergangenen hervor, und der konstituierte Strom ist stets in Deckung mit dem vormals aktuellen konstituierenden. Was dem *einen* Ich entströmt, das gehört zu *einem* Bewußtseinsstrom, der in sich abgeschlossen und von jedem anderen abgegrenzt ist, wie das Ich selbst.

Es ist nun höchst wunderbar, wie dieses Ich, unbeschadet seiner Einzigkeit und unaufhebbaren Einsamkeit, eingehen kann in eine *Lebensgemeinschaft* mit anderen Subjekten, wie das individuelle Subjekt Glied wird eines überindividuellen Subjekts und wie im aktuellen Leben einer solchen Subjektgemeinschaft oder eines Gemeinschaftssubjekts sich auch ein überindividueller Erlebnisstrom konstituiert. Wie für das eine Subjekt die anderen Subjekte gegeben sind, und wie weit solche Gegebenheit für das Gemeinschaftsleben Voraussetzung ist, das wollen wir hier nicht untersuchen. Uns interessiert zunächst nur die Struktur dieses Gemeinschaftslebens selbst.

Gehen wir vom Leben irgendeiner sozialen Gruppe aus, der wir angehören oder als deren Glied wir uns fingieren. Wir werden bei unserer Fragestellung nicht das objektive Sein des sozialen Gebildes untersuchen, wie es uns in der Welt gegenübertritt, sondern wir wollen es gleichsam von innen betrachten. Das Material, das uns zur Zergliederung vorliegt, ist das, was wir als Glieder der Gemeinschaft erleben. Nehmen wir als Beispiel etwa das folgende. Die Truppe, in der ich diene, befindet sich in Trauer um den Verlust ihres Führers. Vergleichen wir damit die Trauer, die ich beim Verlust eines persönlichen Freundes fühle, so sehen wir, daß die beiden Fälle sich in mehrfacher Hinsicht unterscheiden: 1. ist das Subjekt des Erlebens ein verschiedenes; 2. ist die Struktur des *Erlebnisses* eine andere; 3. ist der Erlebnisstrom, dem das Erlebnis sich einordnet, verschieden geartet.

Was den ersten Punkt anlangt, so haben wir in unserem Fall an Stelle des individuellen Ich ein Subjekt, das eine Mehrheit von individuellen Ichen umgreift. Gewiß bin ich, das individuelle Ich, von Trauer erfüllt. Aber ich fühle mich nicht allein damit, sondern ich fühle sie als *unsere* Trauer, das Erlebnis ist wesentlich davon gefärbt, daß andere daran teilhaben, oder vielmehr, daß ich nur als Glied einer Gemeinschaft daran teilhabe. *Wir* sind von dem Verlust betroffen und *wir* trauern darüber, und dieses »Wir« umfaßt nicht nur diejenigen, die die Trauer fühlen wie ich, sondern alle, die von der Einheit der Gruppe umschlossen werden: auch diejenigen, die etwa von dem Ereignis nichts wissen und die Mitglieder der Gruppe, die früher gelebt haben oder später leben werden. Wir, die wir die Trauer fühlen, tun es im Namen* der gesamten Gruppe und aller, die zu ihr gehören. Sie ist das Subjekt des Gemeinschaftserlebnisses, das in uns, den einzelnen individuellen Subjekten, die zu ihr gehören, lebt. Dieses Subjekt fühlen wir in uns getroffen, wenn wir ein Gemeinschaftserlebnis haben. Ich trauere als Glied der Truppe, und die Truppe trauert in mir.

Um nicht mißverstanden zu werden, müssen wir hier etwas vorwegnehmen, was erst spätere Untersuchungen klar erweisen werden. Das Gemeinschaftssubjekt, von dem wir sprechen, ist nicht als »reines Ich« zu fassen wie das individuelle. Das Gemeinschaftserlebnis entspringt dem Gemeinschaftssubjekt nicht in derselben Weise wie das individuelle Erlebnis dem individuellen Ich, das eben als solch letzte Ursprungsstelle in seiner Ichheit charakterisiert ist. Die Erlebnisse der Gemeinschaft haben letzten Endes, wie die individuellen, ihren Ursprung in den individuellen Ichen, die zur Gemeinschaft gehören. Aber diese Unmöglichkeit eines »reinen Gemeinschafts-Ich« steht nicht in Widerspruch zu unseren Ausführungen über das Gemeinschaftssubjekt. Die Ausdrücke »Ich« und »Subjekt« sind ja mehrdeutig. Wie wir vom reinen Ich, dem qualitätlosen Ausstrahlungspunkt der Erlebnisse, die *Persönlichkeit* unterscheiden müssen, die konstituierte Einheit persönlicher Eigenschaften, so steht es auch bei

---

* Dieses »im Namen« bezeichnet keine »Vertreterschaft«, sondern lediglich den im Erlebnis selbst beschlossenen Bezug auf die Gemeinschaft. (Anm. E. St.)

der Gruppe. Ein Gemeinschaftssubjekt als Analogon des reinen Ich besteht nicht. Wohl aber entspricht der individuellen Persönlichkeit, die sich in den individuellen Erlebnissen konstituiert und aus der wiederum die individuellen Erlebnisse zu verstehen sind, eine *Gesamtpersönlichkeit*, als deren Erlebnisse die Gemeinschaftserlebnisse anzusehen sind. Die nähere Untersuchung dieser Verhältnisse muß einer späteren Stelle vorbehalten werden.

Wir sagten nun, daß nicht nur das Subjekt, sondern auch das Erlebnis eine andere Struktur zeigt als das individuelle. Um das aufzuweisen, müssen wir an die Gliederung des Erlebnisses anknüpfen, die wir an früherer Stelle herausgearbeitet haben. Wir unterschieden den *Gehalt* des Erlebnisses (in unserem Falle die Trauer) von seinem *Erlebtwerden* (dem Fühlen der Trauer) und davon wiederum das *Bewußtsein* von dem Erleben, das es – ohne es gegenständlich zu machen – begleitet und eventuell in eine Reflexion übergehen kann, die das Erlebnis zum Gegenstande macht. Was den Gehalt angeht, so müssen wir scheiden zwischen dem, was das Individuum als Glied der Gemeinschaft erlebt*, und dem, was die Gemeinschaft selbst erlebt. Die Trauer, die ich »im Namen« der Truppe fühle, ist ein schlechthin individueller Gehalt, durchtränkt von meinem individuellen Leben, wenn ihr auch der Umstand, daß ich sie im Namen der Truppe erlebe, eine Note gibt, die sie von jeder Trauer um einen rein persönlichen Verlust abhebt. So hat jeder einzelne *seine* Trauer, obwohl es andererseits berechtigt ist, zu sagen, daß sie alle »dieselbe« Trauer fühlen. Die Bedeutung dieser »Selbigkeit« gilt es eben herauszustellen. Die Trauer ist ein individueller Gehalt, den ich fühle, aber sie ist *nicht nur* das. Sie hat einen *Sinn* und beansprucht kraft dieses Sinnes einem jenseits des individuellen Erlebens Liegenden, objektiv Bestehenden zu gelten, durch das sie vernünftig begründet ist. Das Objektive, dem in unserem Falle die Trauer ihrem Sinne nach gilt, ist der Verlust des Führers. Das Korrelat des Erlebnisses ist also für alle, die daran teilhaben, dasselbe, und entsprechend ist der Sinnesgehalt jedes einzelnen Erlebnisses, das

---

* Nicht zu verwechseln damit, wie das Individuum etwa *persönlich* von dem betroffen wird, was der Truppe widerfährt: zum Beispiel wenn der Führer sein Freund ist. (Anm. E. St.)

diesem Korrelat gilt, idealiter derselbe, unbeschadet der individuellen Einkleidung, die ihn jeweils umgibt. Wir haben also an jedem Erlebnisgehalt einen Sinneskern abzuscheiden von der besonderen Hülle, die er im Erleben dieses oder jenes Ichs annimmt. Nicht jeder Sinn braucht einer Mehrheit von Subjekten zugänglich zu sein. Wenn ich einen Freund verliere, so trifft dieser Verlust mich wie keinen anderen Menschen, und entsprechend kommt der Sinnesgehalt der Trauer, die diesem Verlust gebührt, meinem und nur meinem Erlebnis zu. Er ist dem verständnisvollen Ein- und Mitfühlen zugänglich – kann eventuell sogar darin adäquater gefühlt werden als von dem Betroffenen selbst –, aber die eingefühlte Trauer als solche zeigt doch dem ursprünglich erlebten Sinnesgehalt gegenüber, auch wenn er voll in sie eingegangen ist, eine Sinnesmodifikation, die es gestattet, den Sinn selbst und abgesehen von seiner Erlebnisfärbung als einen individuellen zu bezeichnen. Der Sinn der Trauer dagegen, die dem Verlust der Truppe gilt, kann prinzipiell von jedem Mitglied erlebt werden. Ein Erlebnis dieses Sinnesgehalts wird von der Truppe als solcher und jedem, der ihr zugehört, gefordert. Was nun von dieser vernunftgemäß geforderten Trauer in den Erlebnissen der einzelnen Mitglieder realisiert beziehungsweise intendiert wird, das konstituiert die Trauer als Erlebnisgehalt der Gemeinschaft. Daß ein Erlebnisgehalt sich aus mannigfachen Elementen aufbaut, das ist dem individuellen Erlebnis gegenüber nichts Neues: auch dieses ist ja nicht etwas Punktuelles, sondern erwächst in einer Kontinuität des Erlebens während einer Dauer und weist mancherlei qualitative Schwankungen innerhalb seiner Einheit auf. Nur gehört hier der Erlebnisgehalt *einem* individuellen Bewußtseinsstrom zu, während dort eventuell eine ganze Reihe von Bewußtseinsströmen an seinem Aufbau mitwirken. Wenn keines der Mitglieder die gebührende Trauer fühlt, so muß man auch sagen, daß der Verlust von der Truppe nicht richtig gewürdigt wird. Wenn auch nur *ein* Mitglied den vernünftig geforderten Sinnesgehalt in sich realisiert hat, so gilt das nicht mehr: da der eine »im Namen der Truppe« fühlt, hat sie in ihm dem an sie gestellten Anspruch genügt. Die Erlebnisse der anderen werden dadurch nicht ausgeschaltet. Sie alle tragen mit bei zum Aufbau des Gemeinschaftserlebnisses; aber das, was in ihnen allen *intendiert* war, ist im Erlebnis dieses einen allein zur *Erfüllung* gekommen. Das Verhältnis der verschiedenen Teilgehalte kann wieder durch den parallelen Aufbau eines individuellen Erlebnisses – wir entnehmen das Beispiel diesmal einem anderen Gebiet – erhellt werden. Wenn ich mich im Dunkeln einem Gegenstande nähere und, während ich ihn ständig im Auge behalte, ihn zunächst für einen kauernden Menschen, dann für ein Tier halte, zuletzt aber erkenne, daß es ein Meilenstein ist, so schließt sich diese ganze kontinuierliche Erlebnisreihe zur Einheit einer Wahrnehmung zusammen. Das sinnliche Material, auf dem sich das Erlebnis aufbaut, die Empfindungsgehalte, sind ständig wechselnde, und mit ihnen ändert sich die gegenständliche Intention, die »Meinung« des Erlebnisses. Die neue Auffassung durchstreicht die alte und entwertet damit in gewisser Weise die Sinnesdaten, auf die sich jene aufbaute. Letztlich behaupten sich nur die Empfindungsgehalte, auf die sich die *erfüllte Intention* stützt, die wir im klaren Erkennen haben. Aber auch die »entwerteten« Daten werden aus dem gesamten Wahrnehmungserlebnis nicht herausgestrichen, sondern tragen ebenso wie die anderen mit zu seinem Aufbau bei. Analog verhält es sich in unserem Falle: das Erlebnis jedes einzelnen Trauernden hat einen Sinnesgehalt und zielt kraft dieses Sinnesgehalts auf etwas Objektives – den Verlust, dem die Trauer gebührt – ab. Aber nur im Erlebnis des einen, der die »gebührende« Trauer fühlt, ist die Intention, die durch das gesamte Gemeinschaftserlebnis hindurchgeht, erfüllt und gesättigt.

Es muß betont werden, daß den Erlebnissen, die auf ein überindividuelles Objekt gerichtet sind – sofern dieses Objekt als überindividuelles vor uns steht –, neben der rein gegenständlichen Intention eine Intention auf das Gemeinschaftserlebnis innewohnt, für das unser Erlebnis konstitutiv ist. Wir fühlen die Trauer als Angehörige der Truppe, und indem wir das tun, beanspruchen wir durch diese Trauer die Trauer der Truppe zu realisieren. Auch diese Intention kann mehr oder minder erfüllt sein, aber dieses Erfüllungsverhältnis ist von dem früher erwähnten durchaus zu trennen. Die Intention, das Gemeinschaftserlebnis zu realisieren, kann sehr viel weiter erfüllt sein als die Intention, den Ansprüchen des Objekts gerecht zu werden – etwa in Fällen, wo der Gehalt des Gemeinschaftserlebnisses beträchtlich hinter dem zurückbleibt, was von ihm gefordert wird. Andererseits kann der Gehalt des individuellen Erlebnisses sehr nahe an das heranreichen, was durch das überindividuelle Objekt gefordert ist, und braucht doch bei weitem nicht den Gehalt des Gemeinschaftserlebnisses zu decken. Das kann einmal daran liegen, daß in den Gehalt des Gemeinschaftserlebnisses Sinnesbestandteile mit eingehen, die nicht objektiv gefordert sind. Es kann zum Beispiel das betreffende Ereignis – der Tod des Führers – von einzelnen Gliedern in seiner Bedeutung für die Gemeinschaft falsch gewertet werden, und auch diese »falschen« durch andere durchstrichenen und korrigierten Sinnesgehalte gehen ja in den Gesamtgehalt mit ein, ohne daß sie von dem Einzelerlebnis mit umspannt zu werden brauchen. Außerdem aber spielen noch andere Momente für das Auseinanderfallen des Einzelgehaltes und des darin intendierten Gesamtgehaltes eine Rolle: die durchgehende Intention auf das überindividuelle Objekt, die die Sinnesgehalte der Einzelerlebnisse durchzieht, begründet die Einheit des Gemeinschaftserlebnisses – es ist eine Einheit des Sinnes. Trotzdem hat auch der Gehalt des Gemeinschaftserlebnisses seine »Erlebnisfärbung«, die den Sinneskern umschließt und die in ihrer Eigenart bestimmt ist durch die Besonderheit der individuellen Erlebnisgehalte, die am Aufbau des Gemeinschaftserlebnisses beteiligt sind. Natürlich ist das Gemeinschaftserlebnis, das durch so mannigfache Einzelerlebnisse aufgebaut ist, ebenso wie die individuellen Erlebnisse in seiner Erlebnisfärbung einzigartig und von jedem von ihnen unterschieden.

Wir kommen nun zum zweiten Moment des konkreten Erlebnisses, dem Erleben des Gehalts, in unserem Fall: dem Fühlen der Trauer. Derselbe Gehalt (einem Sinnesbestande nach) kann heftiger oder weniger heftig, tiefer oder weniger tief, rein oder durch anderes getrübt, gefühlt werden. Jedes Individuum fühlt den Gehalt in anderer Weise, und diese Unterschiede des Fühlens, die »noetischen« Unterschiede, haben ihre Korrelate in »noematischen«, nämlich in jenen mannigfachen »Erlebnisfärbungen« des Sinnesgehaltes, von denen wir sprachen. Aber das Erleben ist nicht seinem vollen Bestande nach schlechthin individuell. Wie der Sinnesgehalt umkleidet ist von einer Erlebnisfärbung, so ist andererseits das Erleben mit bestimmt durch den

Sinn des Gehaltes. Jeder Gehalt fordert seinem Sinne nach ein ganz bestimmt geartetes Erleben. Die Trauer zum Beispiel, die dem erlittenen Verlust gebührt, verlangt nach einer bestimmten Tiefe und einer bestimmten Heftigkeit des Gefühles. Diese Qualitäten des Fühlens können prinzipiell bei allen Beteiligten vorhanden sein, es ist aber auch möglich, daß sie nur von wenigen oder auch von niemandem erreicht werden, daß keiner mit seinem Erleben den Ansprüchen des Sinnesgehaltes gerecht wird. Nehmen wir an, daß die geforderten Qualitäten des Erlebens sich bei mehreren Individuen finden, und sehen wir ferner ganz davon ab, wie jedes *persönlich* etwa von dem Verlust betroffen wird, sondern betrachten nur, wie sie als Glieder der Gemeinschaft fühlen, so finden wir doch an jedem dieser Erlebnisse trotz allem, was sie gemein haben, eine individuelle Note.

Wir fragen nun, ob wir der Gemeinschaft selbst – nicht nur ihren Gliedern – ebenso wie einen Erlebnisgehalt, so auch ein Erleben zusprechen sollen, und wir müssen diese Frage unbedingt bejahen. Lassen wir unberücksichtigt, wie der Verlust eventuell uns persönlich trifft, betrachten wir nur, was er für die Gemeinschaft bedeutet, so fühlen wir im Namen der Gemeinschaft, ihr Erleben ist es, das sich in uns und durch uns vollzieht. Es ist durchaus sinnvoll zu sagen, daß die Gemeinschaft tief, leidenschaftlich und nachhaltend oder leicht und flüchtig trauert. Dabei ist das Gemeinschaftserlebnis nach seiner noetischen ebenso wie nach seiner noematischen Seite durch die Einzelerlebnisse der beteiligten Individuen konstituiert. Je nachdem sich Einzelsubjekte finden oder nicht, deren Erlebnis den Forderungen des Gehaltes gerecht wird, kann man von der Gemeinschaft selbst sagen, daß sie die Trauer gebührend fühlt oder nicht. Und darüber hinaus bestimmt die individuelle Note der konstituierenden Einzelerlebnisse die besondere noetische Eigentümlichkeit des Gemeinschaftserlebnisses.

Wie steht es nun mit dem Bewußtsein der Gemeinschaft? Kann man sagen, daß eine Gemeinschaft sich ihres Erlebens im Vollzuge bewußt ist, daß sie eventuell auf ihr Erleben reflektieren kann, und sind Bewußtsein und Reflexion der Gemeinschaft von denen der einzelnen Glieder zu unterscheiden, wie wir Erleben und Erlebnisgehalt der Gemeinschaft von dem ihrer Elemente unterscheiden mußten? Offenbar geht das nicht an. Die Gemeinschaft wird sich nur in uns ihrer selbst bewußt, und dieses unser »Gemeinschaftsbewußtsein« konstituiert kein überindividuelles Gemeinschaftsbewußtsein, wie das individuelle Erleben und sein Gehalt ein überindividuelles Erleben und einen überindividuellen Gehalt konstituieren. Der einzelne lebt, fühlt, handelt als Glied der Gemeinschaft, und sofern er das tut, lebt, fühlt und handelt die Gemeinschaft in ihm und durch ihn. Aber wenn er sich seines Erlebens bewußt wird oder darauf reflektiert, so wird sich nicht die Gemeinschaft dessen bewußt, was sie erlebt, sondern er wird sich dessen bewußt, was die Gemeinschaft in ihm erlebt.

SIMONE WEIL

Reflexionen über die Ursachen der Freiheit und sozialen Unterdrückung

Im Grunde gilt es zu untersuchen, was die Unterdrückung im allgemeinen und jede besondere Unterdrückungsform mit dem Produktionsregime verbindet. Oder anders: den Mechanismus der Unterdrückung begreifen, was sie hervorruft, aufrechterhält und vielleicht theoretisch beseitigen könnte. Das ist – oder ist fast – eine neue Frage. Seit Jahrhunderten haben großmütige Menschen die Macht der Unterdrücker als eine einfache Usurpation betrachtet, der man zu begegnen versuchen müsse entweder durch den bloßen Ausdruck radikaler Mißbilligung oder durch die bewaffnete Macht im Dienste der Gerechtigkeit. Die beiden Methoden brachten stets einen vollständigen Mißerfolg; nie war er jedoch bezeichnender als in jenem Augenblick, da er mit dem Anschein des Sieges auftrat, wie es in der Französischen Revolution geschah: Nachdem es tatsächlich gelungen war, eine bestimmte Unterdrückungsform zu beseitigen, wohnte man ohnmächtig der sofortigen Errichtung einer neuen Unterdrückung bei.

Die Reflexion über diesen weitreichenden Mißerfolg – die Krönung aller anderen – führte Marx zu dem Schluß, es sei unmöglich, die Unterdrückung abzuschaffen, solange die Ursachen, die sie unvermeidlich machen, fortbestehen. Und diese Ursachen gründeten in den objektiven, das heißt materiellen Bedingungen der gesellschaftlichen Organisation. So entwarf er eine völlig neue Konzeption der Unterdrückung, nicht mehr als Usurpation eines Privilegs, sondern als Organ einer gesellschaftlichen Funktion. Sie besteht in der Entwicklung der Produktivkräfte, solange diese Entwicklung harte Anstrengungen und schwere Entbehrungen erfordert. Zwischen der Produktionsentwicklung und der gesellschaftlichen Unterdrückung haben Marx und Engels wechselseitige Beziehungen entdeckt. Sie dachten, daß Unterdrückung nur dann einträte, wenn Produktionsfortschritte die Arbeitsteilung soweit getrieben hätten, daß Tausch, Heer und Regierung getrennte Funktionen bildeten. Andererseits erzeugt die einmal errichtete Unterdrückung die weitere Entwicklung der Produktivkräfte, sie verändert sich nach den Erfordernissen dieser Entwicklung, bis zu dem Tage, wo sie, eine Fessel und keine Hilfe mehr, ganz einfach verschwindet. Wie glänzend die konkreten Analysen auch sein mögen, mit denen die Marxisten ihr Schema illustrierten, und obwohl dies einen Fortschritt darstellt gegenüber der bisher üblichen naiven Entrüstung, kann man nicht sagen, daß der Unterdrückungsmechanismus dadurch deutlich geworden sei. Das Schema beschreibt nur teilweise dessen Entstehen: denn warum muß die Arbeitsteilung notwendig in Unterdrückung umschlagen? Auch läßt sich vernünftigerweise daraus nicht auf ihr Ende schließen. Wenn Marx zu zeigen glaubte, auf welche Weise das kapitalistische Regime letztlich die Produktion behindern würde, so hat er noch nicht einmal darzustellen versucht, daß heutzutage jedes andere Unterdrückungsregime sie gleichfalls behindern müßte. Überdies verzichtet er darauf zu untersuchen, weshalb Unterdrückung nicht fortbestehen könne, selbst nachdem sie ein Faktor ökonomischen Rückschritts geworden sei. Vor allem unterläßt es Marx zu erklären, warum Unterdrückung unbezwingbar sei, solange sie nützlich ist; warum revoltierenden Unterdrückten noch nie die Errichtung einer nichtunterdrückenden Gesellschaft gelang, sei es auf der Basis der Produktivkräfte ihrer Epoche, sei es sogar um den Preis eines ökonomischen Rückschritts, der kaum ihr Elend hätte vermehren können. Schließlich läßt er ganz und gar im dunkeln die allgemeinen Prinzipien jenes Mechanismus, kraft dessen eine bestimmte Form der Unterdrückung durch eine andere ersetzt wird.

Noch mehr, die Marxisten haben nicht allein keines dieser Probleme gelöst, aber sie glaubten noch nicht einmal, sie formulieren zu müssen. Es schien ihnen ausreichend, die soziale Unterdrückung dargestellt zu haben mit der These, sie entspreche einer Funktion im Kampf gegen die Natur. Überdies haben sie diesen Zusammenhang nur für das kapitalistische Regime konkretisiert. Wie dem auch sei, die Annahme, solch ein Zusammenhang sei eine Erklärung des Phänomens, heißt, unbewußt Lamarcks berühmtes, ebenso unverständliches wie bequemes Prinzip – »die Funktion schafft das Organ« – auf gesellschaftliche Organismen anwenden. Die Biologie begann als Wissenschaft erst, nachdem Darwin dieses Prinzip durch den Begriff der Existenzbedingungen ersetzt hatte. Der Fortschritt besteht darin, daß jetzt die Funktion nicht mehr als Ursache, sondern als Wirkung des Organs – der einzigen verständlichen Ordnung – begriffen wird. Die Kausalität wird nur noch einem blinden Mechanismus, der mit zufälligen Abänderungen kombinierten Erblichkeit, beigemessen. Dieser blinde Mechanismus kann selbsttätig durch Zufall nur irgend etwas erzeugen; die Anpassung des Organs an die Funktion bewirkt hier eine Begrenzung des Zufalls mit Hilfe der Beseitigung nicht lebensfähiger Strukturen. Anstelle einer geheimnisvollen Tendenz findet man eine Existenzbedingung, definiert durch die Beziehung des betreffenden Organismus zur leblosen und lebendigen Umwelt, besonders zu ähnlichen, rivalisierenden Organismen. Nunmehr ist die Anpassung an Lebewesen als äußere, nicht mehr innere Notwendigkeit begriffen. Selbstverständlich ist diese überzeugende Methode nicht allein in der Biologie gültig, sondern überall dort, wo organisierte Strukturen sich vorfinden, die niemand organisiert hat. Um die Soziologie wissenschaftlich begründen zu können, müßte man gegenüber dem Marxismus einen entsprechenden Fortschritt vollziehen wie jenen, den Darwin gegenüber Lamarck verwirklicht hat. Die Ursachen der gesellschaftlichen Entwicklung dürfen nirgendwo anders als in den täglichen Anstrengungen der als Individuen betrachteten Menschen gesucht werden. Diese Anstrengungen bewegen sich gewiß nicht ungezwungen nach da und dorthin; für den einzelnen werden sie bedingt vom Temperament, von der Erziehung, den Gewohnheiten, den Sitten, den Vorurteilen, den natürlichen oder erworbenen Bedürfnissen, von der Umwelt und besonders, ganz allgemein, von der menschlichen Natur – ein schwer definierbarer, aber wahrscheinlich nicht sinnloser Begriff. Aufgrund der fast unendlichen Vielfalt der Individuen und vor allem aufgrund der menschlichen Natur, die unter anderem die Macht besitzt zu erneuern, zu schaffen, sich zu transzendieren, würde dieses Geflecht ungeordneter Anstrengungen im Bereich gesellschaftlicher Organisation irgendein beliebiges Resultat erzeugen, wenn der Zufall nicht durch Existenzbedingungen begrenzt wäre, die jede Gesellschaft beachten muß, will sie der Unterjochung oder dem Untergang entgehen. [...]

Dennoch kann nichts auf der Welt das Gefühl des Menschen verhindern, für die Freiheit geboren zu sein. Niemals, was auch geschehen mag, kann er die Knechtschaft ertragen; denn er denkt. Nie hat er aufgehört, von einer grenzenlosen Freiheit zu träumen, sei es als vergangenes Glück, dessen eine Sühne ihn beraubte, sei es als künftiges Glück, das eine Art Pakt mit einer geheimnisvollen Vorsehung ihm gewährleiste. Der von Marx entworfene Kommunismus ist die neueste Form des Traums. Wie alle Träume blieb auch dieser bisher vergeblich, oder wenn er tröstete, war es wie ein Opium. Es ist endlich Zeit aufzuhören, von der Freiheit zu träumen; man muß sich entschließen, sie zu konzipieren.

Man muß sich bemühen, die vollkommene Freiheit klar zu entwerfen, nicht in der Hoffnung, sie zu erreichen, aber um eine weniger unvollkommene Freiheit zu erlangen, als sie unser gegenwärtiger Zustand gewährt. Denn das Beste ist nur durch das Vollkommene denkbar. Man kann sich auf ein Ideal allein hinbewegen. Das Ideal ist so wenig zu verwirklichen wie der Traum, aber im Unterschied zum Traum bezieht er sich auf die Realität. Er erlaubt es, als Kriterium wirkliche oder zu verwirklichende Situationen nach dem geringsten bis zum höchsten Wert einzuordnen. Die vollkommene Freiheit kann nicht begriffen werden als bloße Beseitigung jener Notwendigkeit, deren Druck wir ständig erleiden. Solange der Mensch leben wird, das heißt solange er ein winziges Fragment dieses erbarmungslosen Universums ist, wird der Druck der Notwendigkeit nie auch nur einen Augenblick nachlassen. Ein Zustand, der dem Menschen so viel Genuß und so wenig Mühe gewährte, wie es ihm gefiele, kann in unserer Welt nichts anderes als eine Fiktion sein. Gewiß zeigt die Natur, je nach dem Klima oder vielleicht auch nach den Epochen, den menschlichen Bedürfnissen gegenüber mehr Güte oder mehr Strenge. Aber eine wunderbare Erfindung erwarten, die sie überall und für immer gütig machte, das wäre ungefähr so vernünftig wie die Hoffnungen, die sich einstmals an das Jahr 1000 knüpften. Prüft man diese Fiktion überdies näher, dann ergibt sich noch nicht einmal, daß sie Bedauern verdient. Es genügt, die menschliche Schwäche zu berücksichtigen, um zu verstehen, daß ein Leben, das die Vorstellung der Arbeit so gut wie verbannt hätte, den Leidenschaften und vielleicht dem Wahnsinn ausgeliefert wäre. Es gibt keine Selbstbeherrschung ohne Disziplin, und für den Menschen gibt es keinen anderen Anlaß zur Disziplin als die von äußeren Hindernissen geforderte Anstrengung. Ein Volk von Müßiggängern könnte sich zum Spaß Hindernisse geben, es könnte sich der Wissenschaft, der Kunst, dem Spiel widmen. Aber die Anstrengungen, die allein der Phantasie entspringen, sind für den Menschen kein Mittel zur Beherrschung seiner eigenen Phantasien. Nur Hindernisse, gegen die man stößt und die man überwinden muß, geben Gelegenheit, sich selbst zu besiegen. Die scheinbar freieren Tätigkeiten der Wissenschaft, der Kunst, des Sports besitzen insofern einen Wert, als sie die der Arbeit eigene Genauigkeit, Strenge, Gewissenhaftigkeit nachahmen und sogar noch steigern. Ohne das Modell, das der Bauer, der Schmied, der Seemann ihnen unbewußt liefern, die – nach einem Ausdruck von bewunderungswürdigem Doppelsinn – arbeiten, wie es sich gehört, würden sie in reinster Willkür zugrunde gehen. Die einzige Freiheit, die dem Goldenen Zeitalter entspräche, ist die von Kleinkindern, deren Eltern ihnen keine Anstrengungen auferlegten. In Wirklichkeit wäre sie nur eine bedingungslose Unterwerfung unter Launen. Der menschliche Körper kann seine Abhängigkeit vom gewaltigen Universum, das ihn umfaßt, nicht unterbinden. Selbst wenn der Mensch aufhörte, den Dingen oder den Menschen durch Bedürfnisse und Gefahren unterworfen zu sein, wäre er ihnen um so vollständiger durch Emotionen ausgeliefert, die ihn ständig bis ins Innerste erschüttern würden, ohne daß eine regelmäßige Tätigkeit ihn gegen sie beschützte. Verstände man unter Freiheit einfach die Abwesenheit jeglichen Zwanges, dann verlöre dieses Wort jede konkrete Bedeutung, aber es stellte dann für uns nicht das dar, dessen Entbehrung dem Leben seinen Wert entzieht.

Man kann unter Freiheit etwas anderes verstehen als die Möglichkeit, mühelos zu erhalten, was einem gefällt. Es gibt einen ganz anderen Freiheitsbegriff: den heroischen Begriff der Lebensweisheit. Die wirkliche Freiheit wird nicht durch die Beziehung zwischen Wunsch und Erfüllung definiert, sondern durch die zwischen Denken und Handeln. Vollständig frei wäre der Mensch, dessen Aktionen in einer vorherigen Erkenntnis des erstrebten Zwecks sowie der Verknüpfung der für die Erreichung des Zwecks geeigneten Mittel gründeten. Es ist unwichtig, ob diese Aktionen an sich leicht oder schmerzhaft sind, es ist sogar unwichtig, ob sie erfolgreich enden. Schmerz und Mißerfolg können den Menschen unglücklich machen, aber sie sind außerstande, ihn zu erniedrigen, solange er selbst über seine Fähigkeit zu handeln verfügt. Über seine eigenen Aktionen verfügen bedeutet keineswegs, willkürlich handeln. Die willkürlichen Aktionen gründen in keiner Erkenntnis und können daher eigentlich nicht als frei gelten. Jede Erkenntnis bezieht sich auf eine objektive Situation, folglich auf ein Gewebe von Notwendigkeiten. Der lebende Mensch kann keineswegs aufhören, allseitig durch eine absolut unerbittliche Notwendigkeit bedrängt zu werden. Aber da er denkt, kann er entscheiden: blind dem Stachel der äußeren Notwendigkeit nachgeben oder der inneren Vorstellung darüber. Hier ist der Gegensatz zwischen Knechtschaft und Freiheit. Die beiden Begriffe dieses Gegensatzes sind übrigens nur theoretische Grenzen, zwischen denen das menschliche Leben sich bewegt, ohne je eine erreichen zu können, sofern es nicht aufhören soll, Leben zu sein. Ein Mensch wäre vollständig versklavt, wenn alle seine Gesten einer anderen Quelle als seinem Denken entstammten: entweder den unvernünftigen Reaktionen des Körpers oder dem Denken eines anderen. Der hungrige Primitive, dessen Bewegungen die Krämpfe seines schmerzenden Leibes hervorrufen, der römische Sklave, stets auf die Befehle eines peitschenbewaffneten Aufsehers harrend, der moderne Fließbandarbeiter: sie sind diesem elenden Zustand nahe. Die vollständige Freiheit kann man im abstrakten Modell der Lösung eines arithmetischen oder geometrischen Problems finden, denn in einem Problem sind alle Lösungselemente gegeben. Und der Mensch kann Hilfe nur von seiner eigenen Erkenntnis erwarten, die allein fähig ist, zwischen diesen Elementen eine Beziehung herzustellen, die an sich die gesuchte Lösung bildet. Die Anstrengungen und Siege der Mathematik reichen über ein Blatt Papier, Königreich der Zeichen und Zeichnungen, nicht hinaus. Ein ganz freies Leben wäre ein solches, wo alle realen Schwierigkeiten sich als Probleme darstellten, wo alle Siege in Aktion umgesetzte Lösungen sein würden. Alle Erfolgselemente wären bereits gegeben, das heißt bekannt und gefügig wie die Zeichen des Mathematikers. Zur Erreichung eines gewünschten Resultats genügte es, diese Elemente miteinander zu verbinden mit Hilfe einer methodischen Anleitung, die das Denken nicht mehr einzelnen Federstrichen gäbe, sondern wirklichen Bewegungen, die in der Welt ihre Spuren hinterlassen würden. Noch deutlicher: die Ausführung irgendeines Werkes bestände aus einer Kombination von Anstrengungen, ebenso bewußt und methodisch wie die Kombination von Zahlen, kraft deren die Lösung eines Problems erfolgt, wenn sie in der Reflexion gründet. Der Mensch würde dann stets über sein eigenes Schicksal bestimmen, er würde in jedem Augenblick mit Hilfe eines Denkaktes die Bedingungen seiner Existenz schmieden. Gewiß führte ihn der einfache Wunsch zu nichts, er erhielte nichts umsonst, und sogar die Möglichkeiten wirksamer Anstrengung wären eng begrenzt. Aber allein die Tatsache, nichts erhalten zu können, ohne alle Mächte des Denkens und des Körpers eingesetzt zu haben, würde dem Menschen erlauben, sich unwiderruflich dem blinden Einfluß der Leidenschaften zu entreißen. Eine klare Sicht des Möglichen und des Unmöglichen, des Leichten und des Schwierigen, der Mühe, die das Projekt von seiner Erfüllung trennt, vermag allein unerfüllbare Wünsche und nutzlose Ängste auszulöschen. Daraus und aus nichts anderem ergeben sich sowohl Mäßigung wie Mut – Tugenden, ohne die das Leben ein schändlicher Wahn wird. Überdies entspringt jede Tugend dem Zusammenstoß des menschlichen Denkens und einer Materie ohne Nachsicht noch Perfidie. Nichts Größeres ist für den Menschen denkbar als ein Schicksal, das ihn unmittelbar mit der nackten Notwendigkeit konfrontiert, ohne daß er etwas anderes als von sich erwarten könnte, so daß sein Leben eine fortwährende Schöpfung seiner selbst durch sich selber wäre. Der Mensch ist ein begrenztes Wesen, dem es nicht gegeben ist, gleich dem Gott der Theologen, unmittelbarer Urheber seiner eigenen Existenz zu sein. Aber der Mensch besäße das Äquivalent jener göttlichen Macht, wären die materiellen Bedingungen, die sein Dasein erlauben, ausschließlich das Werk seines die Muskelkraft lenkenden Denkens. Das wäre die wirkliche Freiheit.

Diese Freiheit ist nur ein Ideal, in der Wirklichkeit so unmöglich wie die von einem Bleistift gezogene vollkommene Gerade. Aber es wäre nützlich, dieses Ideal zu konzipieren, wenn wir zugleich bemerken, was uns davon trennt, welche Umstände uns ihm näherbringen oder von ihm entfernen können. Das erste Hindernis ist die Komplexität und Weite der Welt, mit der wir konfrontiert sind und die die Möglichkeiten unseres Verstandes unendlich übertrifft. Die Schwierigkeiten des wirklichen Lebens sind keine unserem Maßstab entsprechenden Probleme; sie ähneln Problemen, deren Größen in unendlicher Zahl vorhanden wären, denn die Materie ist doppelt unbegrenzt: in ihrer Ausdehnung und in ihrer Teilbarkeit. So ist es dem menschlichen Geist unmöglich, alle Faktoren zu berücksichtigen, die den Erfolg der scheinbar einfachsten Aktion bedingen. Jede Situation erlaubt zahllose Zufälle, und die Dinge entgleiten unserem Denken wie eine Flüssigkeit, die man mit den Händen greifen wollte. So hat es den Anschein, als könnte das Denken sich nur in sinnlosen Zeichenkombinationen bekunden und als müßte die Aktion blindes Umhertasten sein. Aber tatsächlich verhält es sich anders.

Gewiß können wir nie mit ganzer Sicherheit handeln, aber das ist weniger wichtig, als man es glauben könnte. Wir vermögen leicht zu ertragen, daß die Folgen unserer Aktionen von unkontrollierten Zufällen abhängen. Aber dem Zufall müssen gebieterisch die Aktionen selbst entzogen werden, um sie der Lenkung des Denkens unterzuordnen. Zu diesem Zweck genügt es, daß der Mensch eine Kette von Vermittlungen zu denken vermag, welche die Bewegungen, deren er fähig ist, mit den von ihm erstrebten Resultaten vereint. Das kann er häufig tun dank der relativen Stabilität, die, ungeachtet der blinden Bewegungen des Universums, den menschlichen Organismus auszeichnet und allein dessen Existenz ermöglicht. Natürlich ist diese Vermittlungskette nur ein abstraktes Schema; geht man an die Ausführung, dann können Unfälle in jedem Augenblick die besten Pläne durchkreuzen. Aber wenn der Verstand den durchzuführenden abstrakten Aktionsplan zu entwerfen wußte, dann bedeutet es, daß es ihm gelang, den Bereich des Zufalls – ohne ihn ausschalten zu können – einzuengen und zu begrenzen, ihn sozusagen zu filtern vermittels einer auf den Plan bezogenen Klassifizierung der unendlichen Anzahl möglicher Zufälle in einige genau bestimmte Serien. So ist der Geist unfähig, inmitten des Meeres sich mit den zahllosen Strömungen des Windes und des Wassers zurechtzufinden; setzt man jedoch in diese Strömungen ein Boot aus, dessen Segel und Steuer auf bestimmte Art eingestellt sind, dann kann man eine Liste jener Aktionen entwerfen, die sich mit ihm durchführen lassen. So sind alle Werkzeuge mehr oder weniger vollkommene Instrumente zur Definition der Zufälle. Der Mensch könnte derart den Zufall beseitigen, wenn nicht in seiner Umwelt, so wenigstens in sich selber. Gleichwohl ist gerade das ein unerreichbares Ideal. Die Welt bietet zu viele Situationen, deren Komplexität uns überragt, als daß der Instinkt, die Routine, das Herumtasten, die Improvisation je aufhören könnten, unsere Arbeiten zu beeinflussen. Der Mensch vermag nichts anderes, als diesen Einfluß, dank der Fortschritte von Wissenschaft und Technik, immer mehr einzuschränken. Wichtig ist, ihn unterzuordnen, damit er die Methode nicht hindere, die eigentliche Seele der Arbeit zu bilden. Er muß auch als vorübergehend erscheinen, Routine und Herumtasten dürfen nie als Aktionsprinzipien gelten, sondern als Hilfsmittel zur Ausfüllung der

Lücken des methodischen Denkens. Die wissenschaftlichen Hypothesen leisten hierbei eine gewaltige Hilfe, indem sie halbbekannte Phänomene als durch die gleichen Gesetze bestimmt darstellen wie die bereits klar bekannten. Und sogar dort, wo wir gar nichts wissen, können wir annehmen, ähnliche Gesetze seien anwendbar. Das reicht aus, um, wenn nicht die Unwissenheit, so doch das Gefühl des Geheimnisses zu beseitigen und das Verständnis dafür wachzurufen, daß wir in einer Welt leben, in der der Mensch nur von sich selbst Wunder erwarten darf.

Simone de Beauvoir
Das andere Geschlecht. Kritik an der Psychoanalyse und am historischen Materialismus

I. Der Standpunkt der Psychoanalyse

Die Psychoanalytiker haben es leicht, empirische Bestätigungen für ihre Theorien zu finden; bekanntlich konnte man auch durch eine immer kompliziertere Verfeinerung des Ptolemäischen Systems lange die Behauptung aufrechterhalten, es gebe die Position der Planeten genau wieder. Indem man den Ödipuskomplex mit einem umgekehrten Ödipuskomplex überlagert und in jeder Angst ein Begehren nachweist, gelingt es, selbst die Tatsachen in die Freudsche Lehre zu integrieren, die ihr widersprechen. Man kann eine Form nur vor einem Hintergrund erfassen, und die Art, wie die Form wahrgenommen wird, hebt ihren Hintergrund als positive Zeichnung ab. Wenn man es also darauf anlegt, eine individuelle Geschichte in Freudscher Perspektive darzustellen, wird man dahinter das Freudsche Schema finden. Wenn eine Doktrin aber dazu zwingt, die sekundären Erklärungen unbegrenzt und willkürlich zu vermehren, wenn bei den Beobachtungen ebenso viele Anomalien wie normale Fälle entdeckt werden, sollte man das alte Schema besser aufgeben. Ohnehin bemüht sich heute jeder Psychoanalytiker, die Freudschen Begriffe auf seine Art aufzuweichen und Abstriche zu machen. [...]

Alle Psychoanalytiker lehnen die Idee der *Wahl* und deren Korrelat, den Begriff Wert, systematisch ab. Eben darin liegt die intrinsische Schwäche des Systems. Freud trennt Triebe und Verbote von der existentiellen Wahl ab und versagt darin, ihren Ursprung zu erklären: er hält sie für gegeben. Er hat versucht, den Begriff des Wertes durch den der Autorität zu ersetzen, aber in ›Der Mann Moses und die monotheistische Religion‹ gesteht er ein, daß diese Autorität durch nichts zu erklären ist. Der Inzest zum Beispiel ist verboten, weil der Vater ihn verboten hat, aber warum gibt es dieses Verbot? Das bleibt ein Rätsel. Das Überich verinnerlicht Befehle und Verbote, die von einer willkürlichen Tyrannei ausgehen, und die Triebstrebungen sind da, man weiß nicht, warum. Diese beiden Realitäten sind ungleichartig, weil die Moral als etwas der Sexualität Fremdes gesetzt wurde. Die menschliche Ganzheitlichkeit erscheint zerbrochen, es gibt keinen Übergang vom Individuum zur Gesellschaft: Freud muß, um sie zu vereinen, sonderbare Romane erfinden. [...]

Eben diesen Begriff der Wahl weist der Psychoanalytiker im Namen des Determinismus und des »kollektiven Unbewußten« am heftigsten von sich. Dieses Unbewußte soll dem Menschen fertige Bilder und einen universellen Symbolismus liefern und die Analogien von Träumen, Fehlleistungen, Wahnvorstellungen, Allegorien und menschlichen Schicksalen erklären; von Freiheit sprechen hieße sich die Möglichkeit versagen, diese verwirrenden Übereinstimmungen zu erklären. Die Idee der Freiheit ist aber nicht unvereinbar mit dem Vorhandensein bestimmter Konstanten. Daß die psychoanalytische Methode sich trotz ihrer theoretischen Fehler als fruchtbar erweist, liegt daran, daß in jeder individuellen Geschichte Tatsachen vorkommen, deren Allgemeinheit niemand leugnen wollte: Situationen und Verhaltensweisen wiederholen sich; innerhalb des Allgemeinen und der Wiederholung kommt es zum Moment der Entscheidung. »Anatomie ist Schicksal«, sagt Freud. Dieser Ausspruch findet seinen Widerhall in dem von Merleau-Ponty: »Der Körper ist das Allgemeine.«

Die Existenz ist durch das Getrenntsein der Existierenden hindurch eins: sie manifestiert sich in analogen Organismen. Es gibt also Konstanten in der Verbindung von Ontologischem und Sexuellem. In ein und derselben Epoche geben die Technik, die ökonomische und soziale Struktur einer Gemeinschaft allen ihren Mitgliedern eine identische Welt wieder: es gibt auch eine konstante Relation der Sexualität zu den sozialen Formen. Analoge Individuen, die unter analogen Bedingungen leben, werden im Gegebenen analoge Bedeutungen erfassen. Diese Analogie begründet zwar keine uneingeschränkte Universalität, erlaubt es aber, in den individuellen Geschichten allgemeine Typen zu erkennen. Das Symbol ist keine von einem mysteriösen Unbewußten ausgebrütete Allegorie: es ist das Erfassen einer Bedeutung über ein Analogon des signifikanten Objekts. Aufgrund der identischen existentiellen Situation für alle Existierenden und aufgrund der identischen Faktizität, der sie sich stellen müssen, enthüllen sich Bedeutungen einer Vielzahl von Individuen in der gleichen Weise. Die Symbolik ist weder vom Himmel gefallen noch aus unterirdischen Tiefen aufgetaucht: sie wurde, genauso wie die Sprache, von der menschlichen Realität hervorgebracht, die zugleich Mitsein und Getrenntsein ist. Dies erklärt, daß auch die individuelle Erfindung darin ihren Platz hat: das muß die psychoanalytische Methode in der Praxis ohne Rücksicht auf die Doktrin zugestehen. Diese Sichtweise macht es zum Beispiel möglich, den dem Penis allgemein zuerkannten Wert zu verstehen. Es ist unmöglich, ihm Rechnung zu tragen, ohne von einem existentiellen Faktum auszugehen: der Tendenz des Subjekts zur *Entfremdung*. Die Angst vor seiner Freiheit führt das Subjekt dazu, sich in den Dingen zu suchen, was eine Art Flucht vor sich selbst ist. Diese Tendenz ist so fundamental, daß das Kind unmittelbar nach der Entwöhnung, sobald es vom Ganzen getrennt ist, danach strebt, in den Spiegeln, im Blick seiner Eltern seine entfremdete Existenz dingfest zu machen. Die Primitiven entfremden sich im Mana, im Totem; die Zivilisierten in ihrer individuellen Seele, in ihrem Ich, ihrem Namen, ihrem Eigentum, ihrem Werk: das ist die erste Verlockung zur Unauthentizität. Der Penis ist besonders geeignet, für den kleinen Jungen diese Rolle eines »Doubles« zu spielen: er ist für ihn ein fremdes Objekt und gleichzeitig er selbst; er ist ein Spielzeug, eine Puppe, und er ist sein eigenes Fleisch. Eltern und Ammen behandeln ihn wie einen kleinen Menschen. So begreift man, »daß das Kind versucht, ihn als ein außer ihm stehendes, fremdes Etwas zu betrachten... dieser gewisse andere ist sehr stark und schlau, so daß man mit ihm nicht so leicht fertig werden kann«. Aufgrund der Tatsache, daß das Urinieren und später die Erektion halb willkürliche und halb unwillkürliche Funktionen sind, und aufgrund der Tatsache, daß der Penis eine gewissermaßen fremde, eigenwillige Quelle einer subjektiv empfundenen Lust ist, wird er vom Subjekt als es selbst und als Anderer gesetzt. In ihm verkörpert sich die spezifische Transzendenz in greifbarer Weise, und er ist eine Quelle des Stolzes. Weil der Phallus für sich ist, kann der Mann das über ihn hinausreichende Leben in seine Individualität integrieren. So wird verständlich, daß die Länge des Penis, die Stärke des Urinstrahls, der Erektion und der Ejakulation für ihn das Maß seines Selbstwerts wird. Es ist also konstant, daß der Phallus fleischlich die Transzendenz verkörpert. Da ebenso unveränderlich feststeht, daß das Kind sich vom Vater transzendiert, das heißt um seine eigene Transzendenz gebracht fühlt, findet sich die Freudsche Idee vom »Kastrationskomplex« wieder. Ohne dieses *alter ego* geboren, kann das kleine Mädchen sich nicht in einem greifbaren Ding entfremden, kann es seine Integrität nicht wiedererlangen: dadurch wird es dazu veranlaßt, sich ganz zum Objekt zu machen, sich als das Andere zu setzen. Die Frage, ob es sich mit den Jungen verglichen hat oder nicht, ist sekundär; wichtig ist, daß das Fehlen des Penis, sogar wenn es nicht davon weiß, das Mädchen hindert, sich selbst als Geschlecht zu vergegenwärtigen. Daraus ergeben sich viele Konsequenzen.

Doch sind die genannten Konstanten nicht schicksalsbestimmend: der Phallus bekommt einen so großen Wert, weil er eine Souveränität symbolisiert, die sich auf anderen Gebieten verwirklicht. Gelänge es der Frau, sich als Subjekt zu behaupten, würde sie Äquivalente zum Phallus erfinden: die Puppe, in der sich die Verheißung des Kindes verkörpert, kann ein kostbarerer Besitz werden als der Penis. Es gibt matrilineare Gesellschaften, in denen die Frauen die *Masken* verwahren, in denen die Gemeinschaft sich entfremdet: so verliert der Penis viel von seiner

Herrlichkeit. Nur innerhalb der in ihrer Totalität erfaßten Situation begründet das anatomische Privileg ein menschliches. Die Psychoanalyse kann ihre Wahrheit nur im historischen Kontext finden. [...]

Hier soll die Frage nach der Bestimmung der Frau auf ganz andere Weise gestellt werden: die Frau soll in eine Welt von Werten eingeordnet und ihren Verhaltensweisen soll eine Dimension von Freiheit gegeben werden. Ich glaube, daß sie zwischen der Behauptung ihrer Transzendenz und ihrer Entfremdung als Objekt wählen muß. Sie ist nicht der Spielball widersprüchlicher Triebe; sie erfindet Lösungen, unter denen eine ethische Rangordnung herrscht. Indem die Psychoanalyse den Wert durch die Autorität, die Wahl durch den Trieb ersetzt, bietet sie eine Ersatzmoral an: ihre Vorstellung von Normalität. Diese Vorstellung ist in der Therapie sicher überaus nützlich, aber sie hat in der Psychoanalyse im allgemeinen beunruhigend überhandgenommen. Das beschreibende Schema wird als Gesetz hingestellt. Eine mechanistische Psychologie könnte den Begriff moralische Erfindung bestimmt nicht akzeptieren, sie kann allenfalls einem *Weniger*, niemals einem Mehr Rechnung tragen, sie kann allenfalls Niederlagen anerkennen, niemals Schöpfungen. Wenn ein Subjekt die als normal angesehene Entwicklung nicht in ihrer Gesamtheit reproduziert, wird behauptet, die Entwicklung sei unterwegs steckengeblieben, und dieses Steckenbleiben wird als Mangel, als Verneinung und nie als positive Entscheidung gedeutet. Das macht unter anderem die Psychoanalyse bedeutender Menschen so schockierend: es wird behauptet, diese Übertragung oder jene Sublimierung sei von ihnen nicht vollständig vollzogen worden, und nie wird angenommen, daß sie sie vielleicht abgelehnt haben und vielleicht gute Gründe dafür hatten. Es wird nicht in Betracht gezogen, daß ihr Verhalten durch frei gesetzte Ziele motiviert gewesen sein kann. Das Individuum wird immer in seiner Bindung an die Vergangenheit erklärt und nicht mit Bezug auf eine Zukunft, in die es sich entwirft. Daher erhalten wir immer nur ein unauthentisches Bild, und in dieser Unauthentizität läßt sich kaum ein anderes Kriterium finden als die Normalität. Die Beschreibung des weiblichen Schicksals ist in dieser Hinsicht besonders vielsagend. Im Verständnis der Psychoanalytiker bedeutet, sich mit der Mutter oder dem Vater zu »identifizieren«, daß man sich in einem Modell *entfremdet*, daß man der spontanen Bewegung seiner eigenen Existenz ein fremdes Bild vorzieht, daß man zu sein spielt. Die Frau wird als zwischen zwei Arten von Entfremdung hin- und hergerissen dargestellt. Wenn sie spielt, ein Mann zu sein, muß sie natürlich scheitern; aber auch wenn sie spielt, eine Frau zu sein, ist dies eine Illusion: Frau sein hieße das Objekt, der *Andere* sein; und der Andere bleibt in seiner Selbstaufgabe unterworfen. [...]

Der feministische Historiker Donaldson wies darauf hin, daß die Definition »der Mann ist ein männlicher Mensch, die Frau ist ein weiblicher Mensch« einseitig verstümmelt worden ist. Besonders bei den Psychoanalytikern wird der Mann als Mensch und die Frau als Weibchen definiert: jedesmal, wenn sie sich als Mensch verhält, heißt es, sie imitiere den Mann. Der Psychoanalytiker beschreibt das kleine Mädchen und die Jugendliche als zwischen der Identifikation mit dem Vater und mit der Mutter, zwischen »viriloiden« und »femininen« Neigungen schwankend, während ich sie zwischen der Rolle des *Objekts*, des *Anderen*, die ihr angetragen wird, und dem Anspruch auf ihre Freiheit zögern sehe. So kann es vorkommen, daß unsere Ansichten bei einer Reihe von Fakten übereinstimmen, insbesondere bei der Betrachtung der unauthentischen Fluchtwege, die sich den Frauen bieten. Aber ich messe ihnen eine ganz andere Bedeutung bei als die Freudianer oder Adlerianer. Für mich ist die Frau ein Mensch auf der Suche nach Werten in einer Welt von Werten, einer Welt, deren ökonomische und soziale Struktur man unbedingt kennen muß. Die Frau soll hier aus einer existentiellen Perspektive unter Berücksichtigung ihrer Gesamtsituation erforscht werden.

II. Der Standpunkt des historischen Materialismus
Die Theorie des historischen Materialismus hat überaus wichtige Wahrheiten an den Tag gebracht. Die Menschheit ist keine Tierart; sie ist eine historische Realität. Die menschliche Gesellschaft ist eine Antiphysis: sie läßt das Vorhandensein der Natur nicht passiv über sich ergehen, sondern macht sie sich zunutze. Diese

Nutzbarmachung ist keine innere, subjektive Operation: sie vollzieht sich objektiv in der Praxis. So kann auch die Frau nicht bloß als geschlechtlicher Organismus gesehen werden, denn nur jene biologischen Gegebenheiten sind wichtig, die im Handeln einen konkreten Wert bekommen. Das Bewußtsein, das die Frau von sich erlangt, wird nicht allein durch ihre Sexualität bestimmt: es spiegelt eine Situation wider, die von der ökonomischen Struktur der Gesellschaft abhängt, einer Struktur, die den Grad der technischen Entwicklung zeigt, den die Menschheit erreicht hat. [...]

In der Menschheitsgeschichte wird der Zugriff auf die Welt nie durch den nackten Körper bestimmt: schon die Hand mit ihrem Greifdaumen überschreitet sich auf das Werkzeug hin, das ihr Können vervielfacht; bereits in den ältesten Zeugnissen der Vorgeschichte tritt der Mann bewaffnet in Erscheinung. Zu der Zeit, als es darum ging, schwere Keulen zu schwingen und wilde Tiere in Schach zu halten, stellte die körperliche Schwäche der Frau einen offenkundigen Nachteil dar: das Werkzeug braucht nur ein wenig mehr Kraft zu erfordern als der Frau zu Gebote steht, damit sie von Grund auf unfähig erscheint. Es kann aber sein, daß die Technik im Gegenteil den Unterschied zwischen der Muskelkraft von Mann und Frau aufhebt: der Überschuß schafft nur im Hinblick auf seinen Bedarf eine Überlegenheit: zuviel zu haben ist nicht besser, als genug zu haben. Die Handhabung einer Vielzahl moderner Maschinen beansprucht zum Beispiel nur einen Teil der männlichen Kraftreserven: wenn das erforderliche Minimum nicht über die Kräfte der Frau hinausgeht, wird sie dem Mann bei der Arbeit ebenbürtig. Tatsächlich kann man heute ungeheure Energieentfaltungen durch einen bloßen Knopfdruck in Gang setzen. Und die Belastungen durch die Mutterschaft haben je nach den Sitten ein sehr verschiedenes Gewicht: sie sind eine Überlastung, wenn der Frau zahlreiche Tätigkeiten auferlegt sind und sie die Kinder ohne Hilfe ernähren und aufziehen muß. Wenn sie ihre Schwangerschaften frei bestimmen kann und die Gesellschaft sie in dieser Zeit unterstützt und sich später um das Kind kümmert, sind die Mutterpflichten gering und können im Arbeitsbereich leicht ausgeglichen werden.

Unter diesem Gesichtspunkt zeigt Engels in ›Der Ursprung der Familie‹ die Geschichte der Frau auf: danach würde diese Geschichte hauptsächlich von der Technik abhängen. [...]

Das Los der Frau und das des Sozialismus sind also eng miteinander verbunden, wie auch aus Bebels umfassendem Werk über die Frau hervorgeht: »Die Frau und der Arbeiter haben seit alter Zeit gemein, Unterdrückte zu sein«, heißt es darin. Dieselbe wirtschaftliche Entwicklung, die mit der Umwälzung durch die Mechanisierung begonnen hat, soll beide befreien. Das Problem der Frau besteht nur im Ausmaß ihrer Arbeitsfähigkeit: mächtig zu der Zeit, als die Technik ihren Möglichkeiten entsprach, entmachtet, als sie unfähig wurde, sie zu nutzen, wird sie in der modernen Welt dem Mann wieder gleichwertig. Nur die Widerstände des alten kapitalistischen Paternalismus verhindern in den meisten Ländern, daß diese Gleichstellung konkret vollzogen wird: sie wird verwirklicht werden, sobald diese Widerstände gebrochen sind. In der UdSSR besteht sie bereits, wie die sowjetische Propaganda behauptet. Und wenn die sozialistische Gesellschaft in der ganzen Welt verwirklicht ist, wird es keine Männer und Frauen, sondern nur noch untereinander gleichgestellte Arbeiter geben.

Obwohl die von Engels skizzierte Synthese einen Fortschritt gegenüber den zuvor erwähnten darstellt, enttäuscht sie uns: die wichtigsten Probleme werden übergangen. Angelpunkt der ganzen Geschichte ist der Übergang vom Gemeinschaftssystem zum Privateigentum, aber wie es dazu kommen konnte, wird in keiner Weise erklärt. Engels gibt sogar zu, daß »wir darüber bis jetzt nichts (wissen)«. Ihm sind nicht nur die historischen Einzelheiten unbekannt, er schlägt auch keinerlei Deutung vor. Ebensowenig ist klar, weshalb das Privateigentum unvermeidlich die Unterjochung der Frau nach sich gezogen hat. Der historische Materialismus hält Tatsachen für ausgemacht, die erklärt werden müßten: ohne Diskussion setzt er die *Habsucht*, die den Mann an das Eigentum bindet. Worin aber hat diese Habsucht, der Ausgangspunkt der sozialen Einrichtungen, selbst ihren Ursprung? So bleibt Engels' Darstellung oberflächlich, und die Wahrheiten, die er entdeckt, wirken zufällig. Das liegt daran, daß man sie unmöglich genauer untersuchen kann, ohne über den historischen Materialismus hinauszugehen. Er kann keine Lösungen der hier angesprochenen Probleme liefern, weil diese den ganzen Menschen betreffen und nicht jene *homo oeconomicus* genannte Abstraktion.

Zum Beispiel ist klar, daß schon die Idee des persönlichen Besitzes nur einen Sinn bekommen kann, wenn man von der ursprünglichen Situation des Existierenden ausgeht. Damit sie überhaupt entsteht, muß zunächst im Subjekt eine Tendenz bestehen, sich in seiner radikalen Individualität zu definieren, seine Existenz als autonom und getrennt zu behaupten. Begreiflicherweise mußte dieser Anspruch subjektiv, nur im Innern gültig und ohne Wahrheit bleiben, solange das Individuum nicht die praktischen Möglichkeiten hatte, ihm objektiv gerecht zu werden: mangels geeigneter Werkzeuge war es sich zunächst seiner Macht über die Welt nicht bewußt, es fühlte sich in der Natur und in der Gemeinschaft verloren, passiv, bedroht, als Spielball dunkler Kräfte. Erst als es sich mit dem ganzen Clan identifizierte, wagte es, sich zu denken: das Totem, das Mana, die Erde waren kollektive Realitäten. Die Entdeckung der Bronze hat es dem Mann ermöglicht, sich in der Erfahrung harter, produktiver Arbeit als Schöpfer zu entdecken. Da er nun die Natur beherrscht, hat er keine Angst mehr vor ihr und hat angesichts der überwundenen Widerstände die Kühnheit, sich als autonome Aktivität zu begreifen, sich in seiner Individualität zu erfüllen. Aber diese Erfüllung wäre nie zustande gekommen, wenn der Mann sie nicht ursprünglich gewollt hätte: die Lektion aus der Arbeit hat sich nicht einem passiven Subjekt eingeprägt, sondern das Subjekt *hat sich selbst geformt* und erobert, indem es seine Werkzeuge formte und die Erde eroberte.

Andererseits genügt die Selbstbehauptung des Individuums nicht, um das Eigentum zu erklären: in der Herausforderung, im Kampf, im Zweikampf kann jedes Bewußtsein versuchen, sich zur Souveränität zu erheben. Damit die Herausforderung die Form des Potlatch, das heißt einer wirtschaftlichen Rivalität, annehmen kann, damit von da an zuerst das Oberhaupt und dann die Mitglieder des Clans private Besitztümer beanspruchen können, muß im Menschen eine weitere ursprüngliche Tendenz vorhanden sein: wie im vorigen Kapitel erläutert wurde, kann das Existierende sich nur in der Entfremdung erfassen. Es sucht sich über die Welt in einer fremden Gestalt, die es sich zu eigen macht. Im Totem, im Mana, in dem von ihm bewohnten Gebiet begegnet der Clan seiner entfremdeten Existenz. Wenn das Individuum sich von der Gemeinschaft trennt, verlangt es nach einer individuellen Verkörperung: das Mana vereinzelt sich im Oberhaupt und dann in jedem Individuum. Gleichzeitig versucht jeder, sich ein Stück des Bodens, einen Teil der Arbeitsgeräte und der Ernten anzueignen. In diesen Schätzen findet der Mensch sich selbst wieder, weil er sich in ihnen verloren hat: nun wird begreiflich, warum er ihnen eine ebenso grundlegende Wichtigkeit beimißt wie seinem Leben als solchem. So wird das *Interesse* des Menschen an seinem Eigentum eine verständliche Beziehung. Doch wie man sieht, kann man es nicht allein aus dem Werkzeug erklären: man muß das gesamte Verhalten des mit dem Werkzeug ausgerüsteten Menschen erfassen, ein Verhalten, das einen ontologischen Unterbau einschließt.

Ebenso unmöglich ist es, aus dem Privateigentum die Unterdrückung der Frau *abzuleiten*. Auch hier wird das Unzulängliche des Engelsschen Standpunkts wieder deutlich. Er hat richtig verstanden, daß die Muskelschwäche der Frau nur in ihrem Umgang mit dem Bronze- und Eisenwerkzeug eine konkrete Unterlegenheit geworden ist, aber er hat nicht gesehen, daß die Grenzen ihrer Arbeitsfähigkeit nur unter einer bestimmten Perspektive einen konkreten Nachteil darstellten. Weil der Mann Transzendenz und Ehrgeiz ist, entwirft er mit jedem neuen Werkzeug neue Anforderungen: als er Bronzegeräte erfunden hatte, begnügte er sich nicht mehr mit dem Gartenbau, sondern wollte große Felder urbar machen und bestellen: dieses Wollen ist nicht aus der Bronze selbst entstanden. Das Ungenügen der Frau hat zu ihrem Sturz geführt, weil der Mann es im Hinblick auf seine Bereicherung und Expansion bewertet hat. Dieses Vorhaben genügt aber noch nicht, um ihre Unterdrückung zu erklären: die Arbeitsteilung nach Geschlechtern hätte ja auch ein freundschaftliches Bündnis sein können. Wäre die ursprüngliche Beziehung des Menschen zu seinesgleichen ausschließlich eine Freundschaftsbeziehung gewesen, ließe sich keine Art von Unterjochung erklären: dieses Phänomen ist eine Folge des imperialistischen menschlichen Bewußtseins, das seine Souveränität objektiv erlangen will. Gäbe es in ihm nicht die ursprüngliche Kategorie des Anderen und einen ebenso ursprünglichen Anspruch auf die Beherrschung des Anderen, hätte die Entdeckung des Bronzewerkzeugs nicht die Unterdrückung der Frau nach sich ziehen können. Engels berücksichtigt auch nicht die Einzigartigkeit dieser Unterdrückung. Er hat versucht, den Gegensatz zwischen den Geschlechtern auf einen Klassenkonflikt zurückzuführen, allerdings ohne große Überzeugung: die These ist nicht haltbar. Es stimmt, daß die Arbeitsteilung nach Geschlechtern und die daraus resultierende Unterdrückung in manchen Punkten an die Einteilung in Klassen erinnert, aber man muß beides auseinanderhalten: die Aufspaltung in Klassen hat keinerlei biologische Grundlage. Bei der Arbeit gelangt der Knecht gegen den Herrn zum Bewußtsein von sich selbst. Das Proletariat hat seine Lage immer in der Auflehnung erfahren, womit es auf das Wesentliche zurückkam und für seine Ausbeuter eine Gefahr darstellte. Was es anvisiert, ist sein Verschwinden als Klasse. In der Einleitung wurde gesagt, wie anders die Situation der Frau ist, besonders aufgrund der Lebens- und Interessengemeinschaft, die sie mit dem Mann solidarisch macht, und durch das Einverständnis, das er bei ihr findet: in ihr regt sich kein Wunsch nach Revolution, sie könnte sich ja als Geschlecht nicht abschaffen. Sie verlangt nur, daß bestimmte Konsequenzen der Geschlechtertrennung aufgehoben werden.

Hannah Arendt
Vita activa. Arbeiten und Handeln

Der Unterschied zwischen dem privaten und dem öffentlichen
Bereich läuft letztlich auf einen Unterschied zwischen Dingen,
die für die Öffentlichkeit, und denen, die für die Verborgenheit
bestimmt sind, hinaus. Erst in der Neuzeit und in der Rebellion
gegen die Gesellschaft ist entdeckt worden, wie außerordentlich
reich und vielfältig das Reich der Verborgenheit sein kann, wenn
es in der Intimität sich voll erschließt und entwickelt. Dennoch
bleibt zu beachten, daß in einer sehr elementaren und grundsätz-
lichen Hinsicht sich unsere Auffassung des Privaten in nichts von
dem unterscheidet, was gegolten hat, soweit wir historisch überhaupt zurücksehen können, und das ist, daß alle körperlichen
Funktionen »privat« sind und verborgen werden müssen, all das,
wozu der Lebensprozeß unmittelbar nötigt; nur daß man vor
den Jahrhunderten der Neuzeit unter solche Nötigung alle Tätigkeiten miteinbegriff, die überhaupt der Erhaltung des einzelnen
und dem Bestand der Gattung dienen. Dies ist der Grund,
warum die Arbeiter, die »mit ihrem Körper den [körperlichen
Lebens]notwendigkeiten dienen«, und die Frauen, die ebenfalls
durch ihren Körper das physische Fortbestehen der Gattung ge-
währleisten, in der Verborgenheit gehalten wurden. Frauen und
Sklaven gehörten zusammen, zusammen bildeten sie die Familie,
und zusammen wurden sie im Verborgenen gehalten, aber nicht
einfach, weil sie Eigentum waren, sondern weil ihr Leben »arbeitsam« war, von den Funktionen des Körpers bestimmt und
genötigt. Diese uralten Zusammenhänge melden sich in der modernen Gesellschaft noch, wenn sie römischem Brauch folgt und
die Arbeiterklasse als »Proletariat« bezeichnet, ein Wort, das ursprünglich »Kindererzeuger« (proletarii) hieß und Leute in Rom
bezeichnete, die dort nicht ansässig waren, also eine besitzlose
Klasse, deren Funktion es gleichsam war, Kinder zu erzeugen
und sich durch Arbeit am Leben zu erhalten. Als zu Beginn der
Neuzeit die freigewordene Arbeit, aus dem Bereich und dem
Schutz des Haushalts entlassen, auf dem freien Markt erschien,

wurden die »freien« Arbeiter erst einmal von der Gemeinschaft getrennt, gleichsam vor ihr verborgen, und wie Verbrecher hinter Mauern unter ständiger Bewachung gehalten. Die Arbeit, wie die ihr ja so eng verwandte Armut, wurde bekanntlich in den Anfangsstadien der modernen Entwicklung, als die werdende Gesellschaft sie ihres natürlichen Schutzes bereits beraubt hatte, der öffentliche Raum aber noch nicht auf die Entprivatisierung des Privaten vorbereitet war, wie ein Verbrechen behandelt; beiden haftete noch die Scham an, mit der auch wir unsere körperlichen Funktionen allen Blicken entziehen, und ihre plötzliche Sichtbarkeit erweckte in jedem, der »noch wußte, was sich gehört«, ein Gefühl der Empörung. Daß die Neuzeit die Arbeiter und die Frauen in nahezu dem gleichen historischen Augenblick emanzipiert hat, geht nicht nur auf das Konto einer größeren Vorurteilslosigkeit, sondern hängt aufs engste damit zusammen, daß die moderne Gesellschaft die mit den Lebensnotwendigkeiten verbundenen Tätigkeiten und Funktionen aus ihrem jahrtausendealten Versteck an das Licht der Öffentlichkeit gebracht hat. Um so charakteristischer für das Wesen dieser Phänomene ist, daß die wenigen Restbestände des auch in unserer Zivilisation unbedingt zu Verbergenden sich auf die nötigenden Notwendigkeiten beziehen, die aus der Natur des Körpers selbst stammen.

Obwohl der Unterschied zwischen privat und öffentlich sich bis zu einem gewissen Grade mit solchen Gegensatzpaaren deckt wie Notwendigkeit und Freiheit, Flüchtigkeit und Bestand, schließlich Scham und Ehre, so folgt daraus doch keineswegs, daß nur das Notwendige, das Flüchtige, das Schamvolle im Bereich des Privaten zu Hause ist. Die elementarste Bedeutung dieser beiden Bereiche besagt, daß es Dinge gibt, die ein Recht auf Verborgenheit haben, und andere, die nur, wenn sie öffentlich zur Schau gestellt werden, gedeihen können. Denkt man diesen Phänomenen nach, ohne sich erst einmal darum zu kümmern, an welcher Stelle wir sie jeweils in einer gegebenen Zivilisation antreffen mögen, so erweist sich bald, daß jeder menschlichen Betätigung etwas innezuwohnen scheint, das darauf hinweist, daß sie nicht gleichsam in der Luft schwebt, sondern einen ihr zugehörigen Ort in der Welt hat. Dies gilt jedenfalls für die Haupttätigkeiten, in die die Vita activa sich gliedert – das Arbeiten, Herstellen und Handeln. [...]

Im Altertum war die Einrichtung der Sklaverei nicht wie später ein Mittel, sich billige Arbeit zu verschaffen oder Menschen zwecks Profit »auszubeuten«, sondern der bewußte Versuch, das Arbeiten von den Bedingungen auszuschließen, unter denen Menschen das Leben gegeben ist. Was dem menschlichen Leben mit anderen Formen tierischen Lebens gemeinsam ist, galt als nicht-menschlich. Dies ist natürlich auch der Grund, warum man annehmen konnte, die Sklaven hätten eine nicht-menschliche Natur. Aristoteles, dessen ausführlichen Erörterungen wir eine genauere Kenntnis dieser Auffassungen, die der Polis selbstverständlich waren, verdanken, hat immerhin auf dem Totenbett seine Sklaven befreit, und er hat damit nicht so inkonsequent gehandelt, wie moderne Autoren anzunehmen geneigt sind. Denn er hat natürlich nie an der Fähigkeit der Sklaven, Menschen zu sein, gezweifelt, sondern nur bestritten, daß man das Wort »Mensch« auf Wesen anwenden dürfe, die nur noch Exemplare der Gattung des Menschengeschlechts sind, weil sie der Notwendigkeit ganz und gar unterworfen sind. Richtig an diesen Meinungen bleibt, daß im Begriff des Animal laborans – im Unterschied zu der höchst fragwürdigen Definition des Menschen als eines Animal rationale – das Animalische der Sache nach im Vordergrund steht. Bestimmt man den Menschen als ein Animal laborans, so kann er in der Tat nichts wesentlich anderes sein als ein Tier, bestenfalls die höchste der Tiergattungen, die die Erde bevölkern. [...]

Zweifellos spielt die tatsächliche geschichtliche Entwicklung, in der die Arbeit aus dem Dunkel ihrer Verborgenheit in das Licht der Öffentlichkeit trat, wo sie organisiert und »aufgeteilt« werden konnte, eine hervorragende Rolle für das Zustandekommen der modernen Arbeitstheorien. Von noch größerer Bedeutung aber ist, was schon die klassische Nationalökonomie gespürt und Marx dann eigentlich entdeckt und begrifflich formuliert hat, daß nämlich rein sachlich und ganz unabhängig von historischen Umständen dem Arbeiten in der Tat eine nur ihm eigene »Produktivität« zukommt trotz der Flüchtigkeit seiner »Produkte«, und daß diese Arbeitsproduktivität sich sowohl im privaten wie im öffentlichen Bereich durchsetzt. Nur beruht diese »Produktivität« nicht in den jeweiligen Ergebnissen der Arbeit selbst, sondern vielmehr in der Kraft des menschlichen Körpers, dessen Leistungsfähigkeit nicht erschöpft ist, wenn er die eigenen Lebensmittel hervorgebracht hat, sondern imstande ist, einen »Überschuß« zu produzieren, das heißt mehr als zur »Reproduktion« der eigenen Kraft und Arbeitskraft notwendig ist. Daher ist die Einführung des Begriffs der »Arbeits*kraft*«, wie schon Engels bemerkte, in der Tat Marx' wesentlichster Beitrag zur Theorie der Arbeit; es ist der Kraftüberschuß des menschlichen Körpers, und nicht die Arbeit selbst, worin das eigentlich »Produktive« des Arbeitens besteht. Denn im Unterschied zu der Produktivität des Herstellens, das dem gegenständlichen Bestand der Welt dauernd neue Gegenstände hinzufügt, ist das Gegenständliche, das die Arbeitskraft produziert, nur gleichsam ein Abfallsprodukt der Tätigkeit selbst, die im Wesentlichen darauf gerichtet bleibt, die Mittel ihrer eigenen Reproduktion sicherzustellen. Nur weil sich ihre Kraft hiermit nicht erschöpft, kann sie dazu benutzt werden, die Reproduktion der Lebens-mittel für mehr als ein Leben sicherzustellen; aber darum bleibt sie doch immer der »Produktion des Lebens«, des eigenen oder des sie »ausbeutenden« fremden verhaftet. So kann die Gewalt in einer Sklavengesellschaft oder die Ausbeutung in einer kapitalistischen Gesellschaft so ausgenutzt werden, daß ein Teil der jeweils vorhandenen Gesamtsumme menschlicher Arbeitskraft hinreichend ist, das Leben aller zu reproduzieren.

Von diesem Gesichtspunkt der Gesellschaft im Ganzen, der die Sicht der gesamten Neuzeit bestimmt und seinen größten und konsequentesten Ausdruck in Marx' Werk gefunden hat, muß alles Arbeiten als »produktiv« erscheinen, so daß die vorherige Unterscheidung zwischen der Unproduktivität der Haus- und Gesindearbeiten, die keine Spuren hinterlassen, und der Produktion von Gegenständen, die dauerhaft genug sind, um akkumuliert zu werden, ihre Gültigkeit verliert. Dieser rein gesellschaftliche Gesichtspunkt ist, wie wir sahen, ausschließlich von dem Lebensprozeß des Menschengeschlechts bestimmt, der durch die Produktion seiner Lebens-mittel sich selbst ständig erneuert und reproduziert, und für den daher alles Gegenständliche als ein »Konsumwert« erscheint. In einer wirklich ganz und gar »gesellschaftlichen Menschheit«, deren einziges Anliegen die Aufrechterhaltung und Erneuerung des Lebensprozesses wäre – und dies ist das leider gar nicht utopische Ideal, das den Marx'schen Theorien ausgesprochen oder unausgesprochen vorschwebt –, würde es in der Tat keinen Unterschied mehr zwischen Arbeiten und Herstellen geben. Denn alle Herstellung verwandelt sich in dem Moment in Arbeit, wenn man ihre Produkte nicht mehr als Dinge versteht, die einen weltlich gegenständlichen Bestand haben, sondern als das Resultat der lebendigen Arbeitskraft und als Funktionen des Lebensprozesses. [...]

Das Niveau des Marx'schen Denkens zeigt sich vielleicht nirgends deutlicher als darin, daß er diese noch halb metaphorischen Gleichsetzungen von Wirtschafts- und Lebensprozessen auf die beiden fundamentalen Modi zurückführte, in denen der menschliche Lebensprozeß wirklich verläuft und die ihm eigentümliche Fruchtbarkeit entfaltet, nämlich auf die Arbeit und das Zeugen. Die Voraussetzung, von der Marx ausgeht und die er niemals aus den Augen verliert, ist, »daß die Menschen, die ihr eignes Leben täglich neu machen, anfangen, andere Menschen zu machen«, daß sie also »die Produktion des Lebens, sowohl des eignen in der Arbeit wie des fremden in der Zeugung« leisten. In diesen Sätzen aus der »Deutschen Ideologie« liegt sachlich der Ursprung seines Systems, den er dann im Verlauf seines Lebens und Denkens ausarbeitete, indem er an die Stelle der »abstrakten Arbeit« die »Arbeitskraft« eines lebendigen Organismus setzte und den »Mehrwert« auf den Kraftüberschuß zurückführte, der übrigbleibt, wenn die Reproduktion der eigenen Lebensmittel und der eigenen Lebens- und Arbeitskraft geleistet ist. Dadurch, daß Marx die Arbeit und die Zeugung zusammensah – »durch Arbeit produziert der Mensch sich selbst, durch Zeugung produziert er andere« –, gelangte er in eine Tiefenschicht, die keiner seiner Vorgänger, denen er im einzelnen nahezu alle seine Einsichten verdankte, und keiner seiner Nachfolger je erreicht hat. So konnte er vor allem die moderne Arbeitstheorie in Übereinstimmung bringen mit den ältesten und bestbezeugten Erfahrungen der Menschheit, zu denen die neuzeitliche Verherrlichung der Arbeit in einen unüberbrückbaren Widerspruch geraten war. Denn daß die Mühsal der Arbeit und die Mühsal des Gebärens nur zwei verschiedene Formen eines Selbigen sind, darüber sind sich die sonst so disparaten Traditionen des hebräischen und des klassischen Altertums einig. In Marx' Werk wird daher deutlich, daß die neuentdeckte »Produktivität« der Arbeit einfach darauf beruht, daß man Fruchtbarkeit und Produktivität gleichsetzte, so daß die berühmte Entwicklung der menschlichen Produktivkräfte zu einem gesellschaftlichen Überfluß in Wahrheit keinem anderen Gesetz untersteht und an keine andere Notwendigkeit gebunden ist als an das uralte Gebot: »Seid fruchtbar und mehret Euch«, aus welchem gleichsam die Stimme der Natur selbst zu uns spricht.

Die Fruchtbarkeit des Stoffwechsels des Menschen mit der Natur, die aus dem natürlich gegebenen Überschuß an Arbeitskraft, über den ein jeder verfügt, herauswächst, gehört zu dem Überfluß und der Überfülle, die wir überall im Haushalt der Natur beobachten können. Der Segen der Arbeit, den man neuerdings »Arbeitsfreude« nennt, ist die menschliche Art und Weise, der Seligkeit des schier Lebendigen teilhaftig zu werden, die wir mit allen Kreaturen teilen. Und ein in der Arbeit sich verbrauchendes Leben ist der einzige Weg, auf dem auch der Mensch in dem vorgeschriebenen Kreislauf der Natur verbleiben kann, in ihm gleichsam mitschwingen kann zwischen Mühsal und Ruhe, zwischen Arbeit und Verzehr, zwischen Lust und Unlust mit derselben ungestörten und unstörbaren, grundlosen und zweckfreien Gleichmäßigkeit, mit der Tag und Nacht, Leben und Tod aufeinanderfolgen. Den Lohn für Mühe und Arbeit zahlt die Natur selbst, der Lohn ist Fruchtbarkeit; er liegt in dem stillen Vertrauen, daß, wer in Mühe und Arbeit sein Teil getan hat, ein Teil der Natur bleibt in Kindern und Kindeskindern. [...]

Sprechend und handelnd unterscheiden Menschen sich aktiv voneinander, anstatt lediglich verschieden zu sein; sie sind die Modi, in denen sich das Menschsein selbst offenbart. Dies aktive In-Erscheinung-treten eines grundsätzlich einzigartigen Wesens beruht, im Unterschied von dem Erscheinen des Menschen in der Welt durch Geburt, auf einer Initiative, die er selbst ergreift, aber nicht in dem Sinne, daß es dafür eines besonderen Entschlusses bedürfte; kein Mensch kann des Sprechens und des Handelns ganz und gar entraten, und dies wiederum trifft auf keine andere Tätigkeit der Vita activa zu. Die Arbeit mag noch so charakteristisch für den menschlichen Stoffwechsel mit der Natur sein, das besagt nicht, daß jeder Mensch auch arbeiten müßte; er kann sehr gut andere zwingen, für ihn zu arbeiten, ohne daß seinem Menschsein darum Abbruch geschähe. Und genau das Gleiche gilt für das Herstellen, sofern man sehr wohl die Welt der Dinge benutzen und genießen kann, ohne je selbst auch nur ein einziges nützliches Ding hergestellt und ihrem vielfältigen Reichtum hinzugefügt zu haben. Das Leben eines Sklavenhalters, eines Ausbeuters oder eines Parasiten mag moralisch anfechtbar sein, es ist immer noch eine spezifisch menschliche Weise zu existieren. Ein Leben ohne alles Sprechen und Handeln andererseits – und dies wäre im Ernst die einzige Lebensweise, die auf den Schein und die Eitelkeit der Welt im biblischen Sinne des Wortes verzichtet hätte – wäre buchstäblich kein Leben mehr, sondern ein in die Länge eines Menschenlebens gezogenes Sterben; es würde nicht mehr in der Welt unter Menschen erscheinen, sondern nur als ein Dahinschwindendes sich überhaupt bemerkbar machen; wir wüßten von ihm nicht mehr als wir, die Lebenden, von denen wissen, die in den Tod schwinden, den wir nicht kennen.

Sprechend und handelnd schalten wir uns in die Welt der Menschen ein, die existierte, bevor wir in sie geboren wurden, und diese Einschaltung ist wie eine zweite Geburt, in der wir die nackte Tatsache des Geborenseins bestätigen, gleichsam die Verantwortung dafür auf uns nehmen. Aber wiewohl niemand sich diesem Minimum an Initiative ganz und gar entziehen kann, so wird sie doch nicht von irgendeiner Notwendigkeit erzwungen wie das Arbeiten, und sie wird auch nicht aus uns gleichsam hervorgelockt durch den Antrieb der Leistung und die Aussicht auf Nutzen. Die Anwesenheit von Anderen, denen wir uns zugesellen wollen, mag in jedem Einzelfall als ein Stimulans wirken, aber die Initiative selbst ist davon nicht bedingt; der Antrieb scheint vielmehr in dem Anfang selbst zu liegen, der mit unserer Geburt in die Welt kam und dem wir dadurch entsprechen, daß wir selbst aus eigener Initiative etwas Neues anfangen. In diesem ursprünglichsten und allgemeinsten Sinne ist Handeln und etwas

Neues anfangen dasselbe; jede Aktion setzt vorerst etwas in Bewegung, sie agiert im Sinne des lateinischen *agere*, und sie beginnt und führt etwas an im Sinne des griechischen ἄρχειν. [...]

Handeln und Sprechen sind so nahe miteinander verwandt, weil das Handeln der spezifisch menschlichen Lage, sich in einer Vielheit einzigartiger Wesen als unter seinesgleichen zu bewegen, nur entsprechen kann, wenn es eine Antwort auf die Frage bereit hält, die unwillkürlich jedem Neuankömmling vorgelegt wird, auf die Frage: Wer bist Du? Aufschluß darüber, wer jemand ist, geben implizit sowohl Worte wie Taten; aber so wie der Zusammenhang zwischen Handeln und Beginnen enger ist als der zwischen Sprechen und Beginnen, so sind Worte offenbar besser geeignet, Aufschluß über das Wer-einer-ist zu verschaffen, als Taten. Taten, die nicht von Reden begleitet sind, verlieren einen großen Teil ihres Offenbarungscharakters, sie werden »unverständlich«, und ihr Zweck ist gemeinhin, durch Unverständlichkeit zu schockieren oder, wie wir sagen können, durch die Schaffung vollendeter Tatsachen alle Möglichkeiten einer Verständigung zu sabotieren. Als solche sind sie natürlich verständlich, sie lehnen das Reden und Sprechen ab, und ihre Verständlichkeit ist der Ablehnung geschuldet; was wir verstehen, ist gerade die zur Schau getragene Stummheit. Gäbe es darüber hinaus wirklich ein prinzipiell wortloses Handeln, so wäre es, als hätten die aus ihm resultierenden Taten auch das Subjekt des Handelns, den Handelnden selbst, verloren; nicht handelnde Menschen, sondern Roboter würden vollziehen, was für Menschen prinzipiell unverständlich bleiben müßte. Wortloses Handeln gibt es streng genommen überhaupt nicht, weil es ein Handeln ohne Handelnden wäre; »beides, beredt in Worten zu sein und rüstig in Taten«, gehört zusammen, weil es keinen eigentlichen Täter der Taten – πρηκτήρ τε ἔργων – gäbe, würde ihn nicht gleichzeitig der Sprecher der Worte – μύθων τε ῥητήρ – offenbar machen (Ilias IX, 445). Erst durch das gesprochene Wort fügt sich die Tat in einen Bedeutungszusammenhang, wobei aber die Funktion des Sprechens nicht etwa die ist, zu erklären, was getan wurde, sondern das Wort vielmehr den Täter identifiziert und verkündet, daß er es ist, der handelt, nämlich jemand, der sich auf andere Taten und

Entschlüsse berufen kann und sagen, was er weiterhin zu tun beabsichtigt.

Es gibt keine menschliche Verrichtung, welche des Wortes in dem gleichen Maße bedarf wie das Handeln. Für alle anderen Tätigkeiten spielen Worte eine untergeordnete Rolle; sie dienen lediglich der Information oder begleiten einen Leistungsvorgang, der auch schweigend vonstatten gehen könnte. Zwar ist die Sprache durchschnittlich ein durchaus adäquates Mittel für Informationszwecke, aber sie könnte als solche auch durch eine Zeichensprache ersetzt werden, die zweckentsprechender wäre; in der Mathematik und anderen Wissenschaften, aber auch bei bestimmten Kollektivarbeiten, werden solche Zeichensprachen dauernd verwandt, und zwar einfach, weil die natürliche Sprache sich als zu umständlich für ihre Zwecke erweist. Der Umstand, der sie so umständlich macht, ist die Person, die in ihr mitspricht. Im gleichen Sinne könnte man sagen, daß die Fähigkeit des Handelns durchaus für Zwecke der Selbstverteidigung oder zum Verfolg bestimmter Interessen adäquat ist; stände aber nicht mehr auf dem Spiel, als durch Handeln bestimmte Zwecke zu erreichen, so könnten solche Zwecke offenbar noch erheblich besser und schneller mit Hilfe stummer Gewaltmittel erreicht werden. Vom Standpunkt des bloßen Nutzens ist Handeln nur Ersatz für die Anwendung von Gewalt, die sich immer als wirksamer erweist, so wie das Sprechen vom Standpunkt der bloßen Information eine Art von Notbehelf ist, mit dem man sich nur solange abfindet, als eine Zeichensprache nicht erfunden ist.

Handelnd und sprechend offenbaren die Menschen jeweils, wer sie sind, zeigen aktiv die personale Einzigartigkeit ihres Wesens, treten gleichsam auf die Bühne der Welt, auf der sie vorher so nicht sichtbar waren, solange nämlich als ohne ihr eigenes Zutun nur die einmalige Gestalt ihres Körpers und der nicht weniger einmalige Klang der Stimme in Erscheinung traten. Im Unterschied zu dem, was einer ist, im Unterschied zu den Eigenschaften, Gaben, Talenten, Defekten, die wir besitzen und daher so weit zum mindesten in der Hand und unter Kontrolle haben, daß es uns freisteht, sie zu zeigen oder zu verbergen, ist das eigentlich personale Wer jemand jeweilig ist, unserer Kontrolle darum entzogen, weil es sich unwillkürlich in allem mitoffenbart, das wir sagen oder tun. Nur vollkommenes Schweigen und vollständige Passivität können dieses Wer vielleicht zudecken, den Ohren und Augen der Mitwelt entziehen, aber keine Absicht der Welt kann über es frei verfügen, ist es erst einmal in Erscheinung getreten. Es ist im Gegenteil sehr viel wahrscheinlicher, daß dies Wer, das für die Mitwelt so unmißverständlich und eindeutig sich zeigt, dem Zeigenden selbst gerade und immer verborgen bleibt, als sei es jener δαίμων der Griechen, der den Menschen zwar sein Leben lang begleitet, ihm aber immer nur von hinten über die Schulter blickt und daher nur denen sichtbar wird, denen der Betreffende begegnet, niemals ihm selbst.

Siege der Vernunft: Eine Zusammenfassung der Philosophiegeschichte der Philosophinnen

Richtiges Erkennen und richtiges Handeln sind die zentralen Themen der Philosophie. Die Ideale Vernunft, Rechtschaffenheit und Gerechtigkeit werden von Christine de Pizan als philosophisches Programm am Ende des Mittelalters postuliert. Damit definiert sie die Geschichte der Philosophie von Frauen als Teil der allgemeinen Wissenschafts- und Philosophiegeschichte. Sie erhebt den Anspruch, an der Philosophie mitzuwirken, die bisher so unvollständig und voller Irrtümer geblieben ist. Es ist sinnvoll, eine Philosophiegeschichte der Frauen der Neuzeit mit ihr beginnen zu lassen, denn sie stellt die Leistungen der Frauen als konstruktive Beiträge zur *Entfaltung von Vernunft und Gerechtigkeit* dar. Im Text von Christine de Pizan wird klar, daß die Arbeit an diesen Begriffen mit der Aufdeckung der Philosophiegeschichte von Frauen einhergeht.

Inwiefern stellt sich diese Philosophie anders oder neu dar? Philosophieren bedeutet die Suche nach Wahrheit und Erkenntnis, das Streben nach Recht und Gerechtigkeit. Anders sind nicht die Inhalte des Althergebrachten, sondern der radikale Anspruch auf die Anwendung der allgemeinen Prinzipien. Damit machen die Philosophinnen Irrtümer und fehlerhafte Anwendungen deutlich.

Wie ein roter Faden zieht sich durch die Texte der Philosophinnen die Forderung nach konsequenter Anwendung philosophischer Prinzipien. Sie legen die Kluft offen, die überall zwischen philosophischen Theorien und deren praktischer Anwendung besteht. Sichtbar wird dies auch an den Thesen von Olympe de Gouges und Mary Wollstonecraft. Olympe de Gouges zeigt, daß der Anspruch der Frauen auf gleiche Rechte keine frauenspezifische Forderung, sondern dem Prinzip der

Gleichheit inhärent ist. Eine Einschränkung des Gleichheitsprinzips auf nur bestimmte Personen erfüllt das philosophische Postulat auf Allgemeinheit nicht. Die allgemeinen Prinzipien der Gleichheit und Freiheit sollten nur für einen Teil der Menschheit gelten? Welcher Widersinn! Welche Paradoxie und Inkonsistenz der Argumentation! wie auch Mary Wollstonecraft zu Recht feststellt. Ähnlich argumentieren Hariett Taylor-Mill und Charlotte Perkins Gilman, die die großen Themen der Sozialphilosophie des 19. Jahrhunderts auf die Frauenfrage anwenden. Sie brandmarken die inkonsequente Anwendung von geltenden Rechts- und Erkenntnisprinzipien im politischen und ökonomischen Bereich und zeigen, daß der Ausschluß der Frauen mit Fehlurteilen zusammenhängt. Ökonomische Differenzierung, Ökonomisierung und Konkurrenz auf dem Arbeitsmarkt werden selbst heute noch unter Ausschluß der Frauenfrage geregelt. Noch immer ist die Gebärfähigkeit eines Teils der Frauen während einer relativ kurzen Phase ihres Lebens Grund dafür, alle Frauen während ihres gesamten Lebens mit Einschränkungen zu belegen und nur zu inferioren Positionen zuzulassen; noch immer ist es nicht gelungen, die Beziehung der Geschlechter als differenzierte Partnerschaft zu gestalten, in der ein jedes nach seinen besten Fähigkeiten wirken sollte. Beruf und Arbeit sind nach wie vor in der Mehrzahl hierarchisch strukturiert, wobei nicht nur Leistungen und Fähigkeiten die Position in der Hierarchie bestimmen, sondern materielle Bedingungen, wie etwa soziale Herkunft, Beziehungen, Parteizugehörigkeiten, Mitgliedschaften in gesellschaftlichen Institutionen und auch das Geschlecht. Den Schaden, der der Ökonomie, dem sozialen und dem Rechtssystem durch die Ausgliederung der Frauen entstanden ist, prognostizierte Perkins Gilman als Untergang der Menschheit.

Der größte Teil unserer Realität wurde und wird von solchen materiellen Argumentationen bestimmt. Frauen waren häufig die Leidtragenden solcher Denkfehler. Dies führt zu einem weiteren Charakteristikum, durch das sich die Philosophie von Frauen auszeichnet: die Bezugnahme auf das rationale Argument und die Zurückweisung von Argumenten, die aus materiellen Bedingungen abgeleitet werden. Machtinteressen und Selbsterhaltungstendenzen, materielle Vorteile und physische Potenz verhindern, daß Wissen und Einsichten umgesetzt werden. Ihre Kritik an den Ableitungen aus materiellen Bedingungen verbinden die Autorinnen mit der konsequenten Suche und Differenzierung rationaler Begriffe. Nicht die Tatsachenbeschreibung, sondern die Theoriebildung und die methodische Anwendung der Prinzipien steht für die Philosophinnen im Vordergrund ihrer Betrachtungen. Die beiden in der vorliegenden Auswahl aufgenommenen Vertreterinnen einer rationalen Ethik, Emilie du Châtelet und Sophie Germain fordern an Stelle der Kasuistik oder Pragmatik eine rationale Ordnung, die Handlung und Handlungsfolgen aus der Theorie entwirft. Sei es das Kalkül, das die Châtelet den Handlungen vorausgehen läßt, sei es die Ordnung der Ungleichheiten, durch die Sophie Germain eine neue Ethik begründen will.

Deutlich wird die Vorrangigkeit der Theorie vor der Praxis auch am Beispiel von Simone de Beauvoirs Texten über die Psychoanalyse und den historischen Materialismus. Beide erkennt sie als Beschreibungen von Tatsachen und historischen Wirklichkeiten an, an beiden kritisiert sie, daß ihre Begründungen nicht hinreichend sind: Die Psychoanalyse bestreite, daß der Mensch wählen kann, also die Freiheit des Menschen. Freud beschreibe die Welt anhand einer phallokratischen Symbolwelt, die jedoch nicht die einzige Interpretationsmöglichkeit sei. Auch die Zwänge der Ökonomie implizierten nicht notwendig die Unterordnung der Frau unter den Mann, »es hätte auch ein freundschaftliches Bündnis sein können«.

Um einen Begriff von Tatsachen zu haben, ist es erforderlich zu wissen, wie sie richtig zueinander geordnet werden. Was klar zutage zu liegen scheint, ist letztlich das Resultat von Interpretation. Entscheidend ist also, wie Tatsachen und Erfahrungen in Urteilen zusammengefaßt werden. Der Mensch ist so frei, wie es ihm die Synthesen erlauben, die er zwischen den Elementen seines Denkens herstellt, so die These von Simone Weil. In ihrer Analyse zur Unterdrückung des Menschen kommt sie zu dem Schluß, daß diese nicht in den materiellen Bedingungen liege, sondern im Denken. Der Mensch ist frei zu handeln, wie es ihm sein Denken erlaubt oder verbietet. Auch in der politischen Philosophie von Hannah Arendt findet sich die Gegenüberstellung von materiellen Bedingungen und rationalem Handeln. Der Mensch ist als physische Kreatur ein *animal laborans*, nur um seine Selbsterhaltung bemüht. Erst im Sprechen und Handeln entstehe der Bedeutungszusammenhang, der die bewußte Tat von der materiell bedingten Notwendigkeit unterscheidet.

Wie also werden Tatsachen zu Theorien geordnet? Viele Thesen beruhen nur auf der Meinung von Autoritäten, sind in Wirklichkeit aber unbewiesen. Jede Philosophie muß sich darüber vergewissern, wie sie das, was als wahr gelten soll, unterscheidet von dem, was falsch ist. Christine de Pizan hat um das Jahr 1400 mit ihrem Plädoyer für *Vernunft und Erfahrung* die Prinzipien der Philosophie der Neuzeit als die Kriterien der Wahrheitsfindung postuliert. Sie erhebt den Satz »Bediene dich deines Verstandes« zum Leitsatz ihrer Philosophie. Vernunft und Erfahrung werden zur unterschütterlichen Grundlage der Philosophie der nachfolgenden Autorinnen. Auf diese Einsicht rekurriert Marie de Gournay, wenn sie die Gleichheit der Geschlechter hinsichtlich ihres Verstandes und ihre Unterschiedenheit hinsichtlich ihrer Körper darlegt. Denselben Gedanken finden wir bei Margaret Cavendish wieder. Sie schreibt, daß es in der *Flammenden Welt* der Geister keine Geschlechtsunterschiede gibt. Ihre radikale These lautet: Jeder kann seine eigene Welt schaffen. Margaret Cavendish bestreitet jede Hierarchie innerhalb der materiellen Welt, auch die Vorrangstellung des Menschen in der Natur. Anne Conway erklärt die Vielfältigkeit der Welt aus einem geistigen Prinzip, als die Verwirklichung ewiger Gesetze.

Schon in der Einleitung wurde darauf aufmerksam gemacht, daß es heute üblich ist, die Philosophie von Frauen als ein Element im pluralistischen Diskurs anzusehen. Dies wird ihrer Bedeutung jedoch nicht gerecht. Die Philosophinnen haben in ihren Schriften einen maßgeblichen Beitrag zur Differenzierung der Begriffe wie Vernunft und Erfahrung, zur Frage der rationalen und materialen Begründung von Argumenten geleistet, sie haben auf widersprüchliche Argumentationen und unrechtmäßige Anwendungen von Begriffen hingewiesen. Die philosophische Arbeit am Begriff, die von den Philosophinnen geleistet wurde, läßt sich durchweg als das Programm zur analytischen Differenzierung rationaler Begriffe und als begriffliche Synthetisierung empirischer Gegebenheiten bezeichnen. Aus den hier vorgelegten, wie auch aus zahlreichen weiteren Texten von Philosophinnen läßt sich so etwas wie ein sie alle verbindendes Programm erkennen, das hier zusammengefaßt wird unter dem Topos: *Siege der Vernunft*. Darauf zu verzichten hieße, auf wichtige philosophische Beiträge zur widerspruchsfreien Erkenntnis und zur gerechten Ordnung der Wirklichkeit zu verzichten.

Quellennachweis

Christine de Pizan, Das Buch von der Stadt der Frauen. Auszüge entnommen aus: Das Buch von der Stadt der Frauen. Aus dem Mittelfranzösischen übertragen, mit einem Kommentar und einer Einleitung versehen von Margarete Zimmermann, © Orlanda Frauenverlag, Berlin 1986, S. 35 f.; 38–48.

Marie de Jars de Gournay, Gleichheit von Männern und Frauen. Auszug entnommen aus: La fille d'Alliance de Montaigne. Marie de Gournay, Essai suivi de ›l'Égalité des Hommes et des Femmes‹ et du ›Grief des Dames‹ avec variantes, des notes, des appendices et un portrait. Herausgegeben von Mario Schiff. Honoré Champion, Paris 1910, S. 57–77. Die Übersetzung besorgte Eva Maria Rüther © Deutscher Taschenbuch Verlag, München 1998.

Margaret Cavendish, Die Beschreibung der Neuen Welt, die Flammende Welt genannt. Auszüge entnommen aus: Margaret Cavendish, The Blazing World & Other Writings. Herausgegeben von Kate Lilley. Penguin, London 1994, S. 123 f.; 180–191; 224 f. Die Übersetzung besorgte Isabel Martin. © Deutscher Taschenbuch Verlag, München 1998.

Anne Finch Conway, Die Prinzipien der ältesten und der gegenwärtigen Philosophie. Auszüge entnommen aus: Anne Conway, The Principles of the Most Ancient and Modern Philosophy. Herausgegeben von Allison P. Coudert und Taylor Corse. Cambridge University Press, Cambridge 1996, S. 15–20. Die Übersetzung besorgte Isabel Martin. © Deutscher Taschenbuch Verlag, München 1998.

Olympe de Gouges, Die Rechte der Frau und Bürgerin. Auszüge entnommen aus: Olympe de Gouges, Mensch und Bürgerin. Die Rechte der Frau (1791). Herausgegeben, eingeleitet und kommentiert von Hannelore Schröder. © ein-FACH-verlag, Aachen 1995, S. 103–117; 119–125.

Mary Wollstonecraft, Die Verteidigung der Rechte der Frauen. Auszüge entnommen aus: Mary Wollstonecraft, Verteidigung der Rechte der Frauen. 2 Bände, Chronologie, Vor- und Nachwort von Berta Rahm, übertragen von Bertha Pappenheim, ergänzt mit Texten der Schnepfenthaler Übersetzung von Salzmann und Weissenborn. Ala-Verlag, Zürich 1978, Band 1, S. 27–31; 35–38, 63 f., 81 f., 83–89. Der Textauszug ist der üblichen Schreibweise angepaßt worden.

Gabrielle-Emilie du Châtelet, Über das Glück. Auszug entnommen aus: Gabrielle-Emilie du Chastelet, Lettres inédites a M. le Comte d'Argental. Xurouet, Paris 1806, S. 337–360. Die Übersetzung besorgte Eva Maria Rüther. © Deutscher Taschenbuch Verlag, München 1998.

Sophie Germain, Allgemeine Betrachtungen über die Beschaffenheit der Wissenschaften. Auszüge entnommen aus: Sophie Germain, Allgemeine Betrachtungen über die Beschaffenheit der Wissenschaften und Literatur in ihren verschiedenen Entwicklungsstufen. In deutscher Bearbeitung herausgegeben von Lilly Michaelis. O. R. Reisland, Leipzig 1931, S. 14 ff., 30–39.

Harriett Taylor-Mill, Über Frauenemanzipation. Übersetzt von Sigmund Freud. Auszüge entnommen aus: John Stuart Mill, Harriet Taylor-Mill, Helen Taylor, Die Hörigkeit der Frau. Texte zur Frauenemanzipation. Herausgegeben und eingeleitet von Hannelore Schröder. Syndikat, Frankfurt a. Main 1976, S. 73 ff., 78–82; 85–91; 103.

Charlotte Perkins Gilman, Die wirtschaftlichen Beziehungen der Geschlechter. Auszüge entnommen aus: Charlotte Perkins Gilman, Mann und Frau. (Women and Economics). Die wirtschaftlichen Beziehungen der Geschlechter als Hauptfaktor der sozialen Entwicklung. Übersetzt von Marie Stritt. Heinrich von Minden Verlag, 2. Aufl. Dresden, Leipzig 1913, S. 3 ff.; 7 ff.; 11–19.

Hedwig Conrad-Martius, Die schöpferische Entwicklung des Lebendigen. Auszug entnommen aus: Hedwig Conrad Martius, Bios und Psyche. Claasen & Coverts, Hamburg 1949, S. 13–20.

Edith Stein, Individuum und Gemeinschaft. Auszüge entnommen aus: Edith Stein, Beiträge zur philosophischen Begründung der Psychologie und der Geisteswissenschaften. Eine Untersuchung über den Staat. Niemeyer, 2. Aufl. Tübingen 1970, S. 116 f.; 119–126.

Simone Weil, Reflexionen über die Ursachen der Freiheit und sozialen Unterdrückung. Aus: Simone Weil, Unterdrückung und Freiheit. Politische Schriften. Aus dem Französischen übersetzt und mit einem Vorwort von Heinz Abosch. Rogner und Bernhard, München 1975, S. 171–174; 198–204. © Gallimard, Paris 1955.

Simone de Beauvoir, Kritik an der Psychoanalyse und am historischen Materialismus. Auszüge entnommen aus: Simone de Beauvoir, Das andere Geschlecht. Sitte und Sexus der Frau. Aus dem Französischen übersetzt von Grete Osterwald und Uli Aumüller. © Rowohlt Verlag GmbH, Reinbek 1951, S. 69–73; 75–83.

Hannah Arendt, Arbeiten und Handeln. Auszüge entnommen aus: Hannah Arendt, Vita activa oder Vom tätigen Leben. © Piper Verlag, München, Zürich 1981, S. 69 f.; 79; 81 f.; 96 f.; 165–169.

Literaturauswahl

Die Literaturauswahl nennt Bücher, die im Text erwähnt wurden; ferner Gesamtdarstellungen der Philosophinnen sowie Titel, die eine Fülle weiterführender Literatur bieten:

Deirdre Bair, Simone de Beauvoir. Eine Biographie. München 1990.

Linda Lopez McAlister (Hrsg.), Hypatia's Daughters. Fifteen Hundred Years of Women Philosophers. Indiana 1996.

Ulrike Klens, Mathematikerinnen im 18. Jahrhundert: Maria Gaetana Agnesi, Gabrielle-Emilie du Châtelet, Sophie Germain. Fallstudien zur Wechselwirkung von Wissenschaft und Philosophie im Zeitalter der Aufklärung. Pfaffenweiler 1996.

Ruth Hagengruber, Otti Stein und Sigrid Wedig (Hrsg.), Begegnungen mit Philosophinnen. Seminar Feministische Ethik. Koblenz 1996.

Ursula I. Meyer, Die Welt der Philosophin. 2 Bände. Aachen 1996 f.

Ursula I. Meyer und Heidemarie Bennent-Vahle (Hrsg.), Philosophinnen-Lexikon. Leipzig 1997.

Wolfgang H. Müller, Eros und Sexus im Urteil der Philosophen. Bonn 1985.

Marit Rullmann u.a., Philosophinnen I und II. Zürich, Dortmund 1993 und 1995.

Hannelore Schröder (Hrsg.), Die Frau ist frei geboren. Texte zur Frauenemanzipation. 2 Bände. München 1979 und 1981.

Mary E. Waithe (Hrsg.), A History of Women Philosophers. 4 Bände. Dordrecht 1987–1991.

Peter Loptson, Introduction. In: Anne Conway, The Principles of The Most Ancient and Modern Philosophy. Den Haag 1982.

Philosophie für Anfänger
im dtv

Hilfreiche Wegbegleiter für den Einstieg
in eine faszinierende, aber nicht leicht
zugängliche Lektüre.
Originalausgaben

**Kant für Anfänger
Die Kritik der reinen
Vernunft**
Eine Lese-Einführung
von Ralf Ludwig
dtv 30135

**Kant für Anfänger
Der kategorische
Imperativ**
Eine Lese-Einführung
von Ralf Ludwig
dtv 4663

**Nietzsche für Anfänger
Also sprach Zarathustra**
Eine Lese-Einführung von
Rüdiger Schmidt und
Cord Spreckelsen
dtv 30124

**Hegel für Anfänger
Phänomenologie des
Geistes**
Eine Lese-Einführung
von Ralf Ludwig
dtv 30125

**Kierkegaard für
Anfänger
Entweder – Oder**
Eine Lese-Einführung von
Asa A. Schillinger-Kind
dtv 30656

**Schopenhauer für
Anfänger
Die Welt als Wille und
Vorstellung**
Eine Lese-Einführung
von Susanne Möbuß
dtv 30672

dtv

Denkanstöße
Philosophie im <u>dtv</u>

dtv-Atlas Philosophie
dtv 3229

Aristoteles
Ausgewählt und
vorgestellt von
Annemarie Pieper
dtv 30682

Michael Hauskeller
**Geschichte der Ethik
Antike**
dtv 30634

**Klassiker des
philosophischen Denkens**
Herausgegeben von
Norbert Hoerster
2 Bände
dtv 4386/4387

**Klassische Texte der
Staatsphilosophie**
Herausgegeben von
Norbert Hoerster
dtv 4455

Ursula I. Meyer
**Einführung in die
feministische Philosophie**
dtv 30635

Platon
Ausgewählt und vor-
gestellt von Rafael Ferber
dtv 30680

Ernst R. Sandvoss
**Geschichte der
Philosophie**
2 Bände
dtv 4440/4441

Eike von Savigny
**Der Mensch als
Mitmensch**
Wittgensteins ›Philosophi-
sche Untersuchungen‹
dtv 4691

Peter F. Strawson
**Analyse und
Metaphysik**
Eine Einführung in die
Philosophie
dtv 4615

Norbert Tholen
Kennen Sie Nietzsche?
dtv 30655

Texte zur Ethik
Herausgegeben von
Dieter Birnbacher und
Norbert Hoerster
dtv 30096

Was ist Natur?
Klassische Texte zur
Naturphilosophie
Herausgegeben von
Gregor Schiemann
dtv 4697

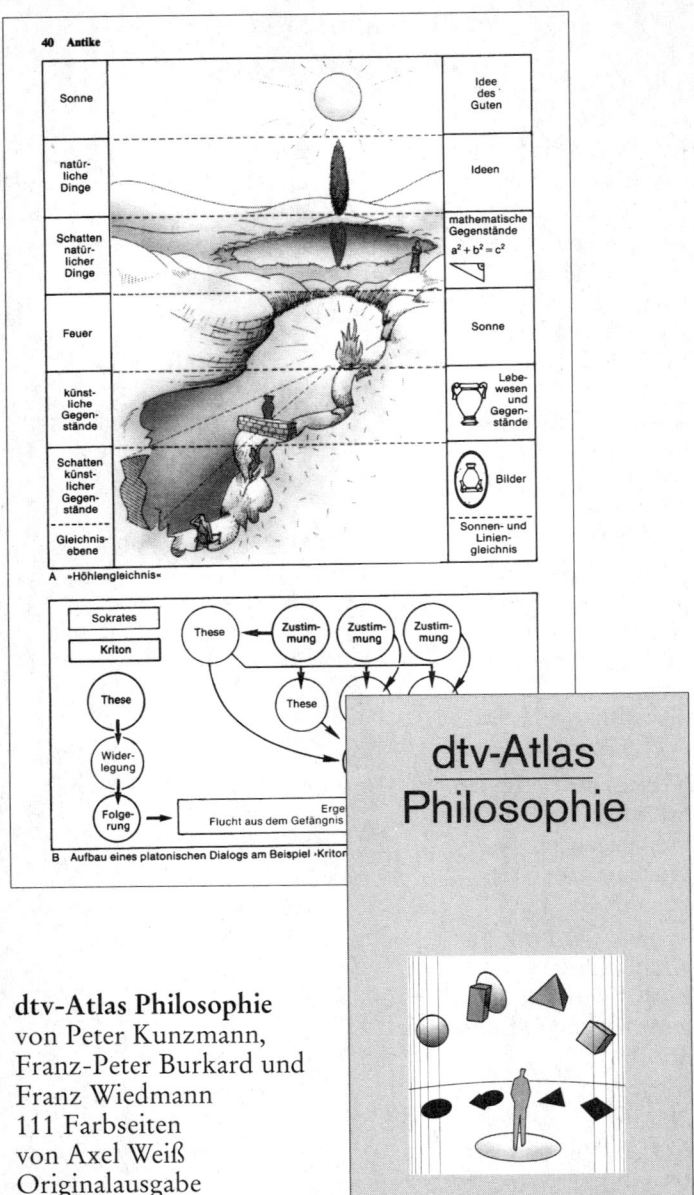

dtv-Atlas Philosophie
von Peter Kunzmann,
Franz-Peter Burkard und
Franz Wiedmann
111 Farbseiten
von Axel Weiß
Originalausgabe
dtv 3229

Friedrich Nietzsche
im dtv

Sämtliche Werke
Kritische Studienausgabe
in 15 Bänden
Herausgegeben von
Giorgio Colli und
Mazzino Montinari
dtv / de Gruyter 5977
Alle Bände sind auch
einzeln lieferbar

Sämtliche Briefe
Kritische Studienausgabe
in 8 Bänden
Herausgegeben von
Giorgio Colli und
Mazzino Montinari
dtv / de Gruyter 5922

Weisheit für Übermorgen
Unterstreichungen aus
dem Nachlaß (1870-1889)
von Heinz Friedrich
dtv 2338

**Frühe Schriften
1854–1869**
BAW 1-5
5 Bände in Kassette
Nachdruck der Ausgabe
Friedrich Nietzsche:
Werke und Briefe
Historisch-kritische
Gesamtausgabe. Werke
(nach 5 Bänden abgebro-
chen) · dtv 59022

**Nietzsche für Anfänger
Also sprach Zarathustra**
Eine Lese-Einführung von
Rüdiger Schmidt und
Cord Spreckelsen
dtv 4664

Werner Ross
Der ängstliche Adler
Friedrich Nietzsches
Leben
dtv 30427

dtv

Régine Pernoud im dtv

Régine Pernoud, die große alte Dame der französischen Mediävistik, hat viel dazu beigetragen, ein helles Bild des »dunklen« Mittelalters zu zeichnen.

Königin der Troubadoure

Eleonore von Aquitanien
dtv 30042
Eine lebendige Darstellung aus dem Frankreich des Mittelalters: Leben und Zeit der schönen und klugen Königin von Frankreich.

Herrscherin in bewegter Zeit

Blanca von Kastilien, Königin von Frankreich
dtv 30359
Königin Blanche, die Enkelin der Eleonore von Aquitanien, lenkte die Geschicke ihres Landes mit sicherer Hand durch die Turbulenzen der ersten Hälfte des 13. Jahrhunderts.

Heloise und Abaelard

Ein Frauenschicksal im Mittelalter
dtv 30394
Die Liebes- und Lebensgeschichte des mittelalterlichen Philosophen, der Entscheidendes der Frau in seinem Schatten verdankte.

Die Heiligen im Mittelalter

Frauen und Männer, die ein Jahrtausend prägten
dtv 30441
Leben, Wirken und Leiden jener Frauen und Männer im Mittelalter, die als Heilige bis heute verehrt werden.

Der Abenteurer auf dem Thron

Richard Löwenherz, König von England
dtv 30538
Er war klug, verwegen und das Ideal eines Ritters: Richard I., König von England. Régine Pernouds spannende und farbige Biographie macht mit diesem königlichen Abenteurer bekannt.

Christine de Pizan

Das Leben einer außergewöhnlichen Frau und Schriftstellerin im Mittelalter · dtv 30631
Régine Pernoud erzählt das Leben der französischen Schriftstellerin, die als erste Feministin in die Geschichte eingegangen ist.

Egon Friedell im dtv

»Ein Kompendium an Weisheit und Einsicht,
an historischer Klugheit und dichterischer Inspiration,
an stilistischer Bravour, fachwissenschaftlicher
Genauigkeit und aller Freiheit der Phantasie.«
Saarländischer Rundfunk

Kulturgeschichte Griechenlands
dtv 30084

Kulturgeschichte Ägyptens und des alten Orients
dtv 30039

Kulturgeschichte der Neuzeit
In zwei Bänden
dtv 30061 und 30062

Egon Friedell (1878–1938) studierte Philosophie und Ger-
manistik und war als Theaterkritiker, Schriftsteller, Schau-
spieler und Feuilletonist tätig. Berühmt machte ihn die ›Kulturgeschichte der Neuzeit‹, die von 1927–1931 erschien. Von
einer geplanten ›Kulturgeschichte des Altertums‹ wurde 1937
die ›Kulturgeschichte Ägyptens und des alten Orients‹ veröffentlicht und – im besetzten Norwegen – 1940 die ›Kulturgeschichte Griechenlands‹.

»Friedell hält von den Geschehnissen einer Epoche jene des
Erzählens und Durchleuchtens wert, in denen das Kräftespiel
offenbar wird, das zu organisieren und auszutragen uns heute
als der geschichtliche Sinn einer Epoche erscheint. Wo das Be-
glaubigte, das geschichtlich Sichere nicht ausreichte, seine In-
terpretationen des Gewesenen zu stützen, verbreiterte er die
Stütze durch Einschmelzung des Wahrscheinlichen in das Sichere. Friedells Wahrscheinlichkeiten sind verführerisch. Sie
bezeugen schöpferische Einbildungskraft und psychologi-
schen Spürsinn.«
Alfred Polgar